CIA 요원, 최강 비즈니스맨이 되다

CIA 요원, 최강 비즈니스맨이 되다

초판 1쇄 발행 2020년 6월 1일

지은이 제이슨 핸슨 / **옮긴이** 김잔디

펴낸이 조기흠
편집이사 이홍 / **책임편집** 박단비 / **기획편집** 유소영, 송병규, 정선영, 임지선
마케팅 정재훈, 박태규, 김선영, 홍태형, 배태욱 / **디자인** 섬세한 곰 / **제작** 박성우, 김정우

펴낸곳 한빛비즈(주) / **주소** 서울시 서대문구 연희로2길 62 4층
전화 02-325-5506 / **팩스** 02-326-1566
등록 2008년 1월 14일 제 25100-2017-000062호

ISBN 979-11-5784-418-0 13320

이 책에 대한 의견이나 오탈자 및 잘못된 내용에 대한 수정 정보는 한빛비즈의 홈페이지나
이메일(hanbitbiz@hanbit.co.kr)로 알려주십시오. 잘못된 책은 구입하신 서점에서 교환해드립니다.
책값은 뒤표지에 표시되어 있습니다.

hanbitbiz.com facebook.com/hanbitbiz post.naver.com/hanbit_biz
youtube.com/한빛비즈 instagram.com/hanbitbiz

지금 하지 않으면 할 수 없는 일이 있습니다.
책으로 펴내고 싶은 아이디어나 원고를 메일(hanbitbiz@hanbit.co.kr)로 보내주세요.
한빛비즈는 여러분의 소중한 경험과 지식을 기다리고 있습니다.

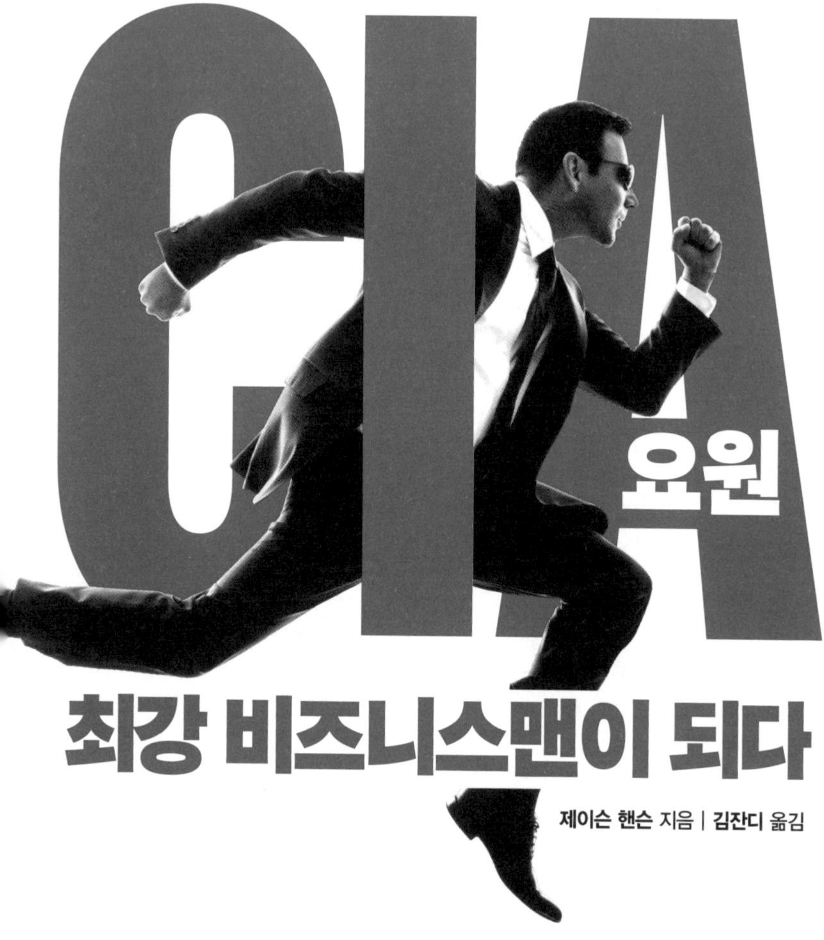

CIA 요원 최강 비즈니스맨이 되다

제이슨 핸슨 지음 | 김잔디 옮김

한빛비즈
Hanbit Biz, Inc.

일러두기

이 책에 제시하는 사실이나 의견, 분석 내용은 저자의 생각일 뿐 미국 중앙정보국CIA을 비롯해 기타 미국 정부 기관의 공식 입장이나 관점을 대변하지 않습니다. 미국 정부가 인증했거나, 저자 의견을 CIA가 승인했다고 주장하거나 암시하지도 않습니다. 모든 자료는 기밀 정보 누설을 막기 위해 CIA의 검토를 받았으며, 이 책은 CIA의 정보를 공식적으로 누출하고 있지 않습니다.

CIA

사업가와 세일즈맨에게,

미국을 위대한 국가로 만드는 데 기여한 이름 없는 영웅들에게,

지구상에서 가장 훌륭한 세일즈맨이자

놀랄 만큼 용감한 CIA의 남녀 요원들에게

이 책을 바칩니다.

기회는 알아서 나타날 것이다.
그때 알아차리고, 알맞게 행동하라.

—《본 슈프리머시》, 로버트 러들럼Robert Ludlum

저자의 말

현직 혹은 전직 CIA 요원으로서 내게 자기 얘기를 들려준 사람들에게 항상 감사하는 마음이다. 나는 모두에게 비밀을 보장하겠다고 약속했다. 짐작이 가겠지만 CIA 요원에게 비밀 보장은 무엇보다 중요한 일이다. 그래서 이름이나 식별 가능한 정보는 전부 바꿨고, 이야기는 이 분야에서 일하지 않는 사람도 쉽게 이해할 수 있도록 좀 더 상세하게 수정했다. 날짜나 지역은 둘 중 하나, 혹은 둘 다 바꾼 경우도 있다. 다시 말하지만 이 책을 쓰는 데 협조해준 사람들의 비밀을 보장하려면 꼭 필요한 일이었다.

차례

들어가며

Prologue

CIA 요원처럼 뛰어난 비즈니스맨은 없다

CIA 요원은 훈련을 시작하는 첫날부터 세계 최강의 비즈니스맨이 될 준비를 한다. 그들이 파는 건 평범한 제품이 아니다. 바로 반역죄다. CIA 요원은 거래를 성사하지 못하면 결국 살해당하거나 여생을 외국 감옥에서 보낼 수도 있다.

반역죄, 즉 모국을 배신하는 죄는 쉽게 팔기 힘든 품목이다. 처벌이 가차 없기 때문이다. 미국에서 에설 로젠버그Ethel Rosenberg와 줄리어스 로젠버그Julius Rosenberg는 1950년대에 미국의 핵 기밀을 소련에 누설하려 했다는 혐의로 유죄 선고를 받고 전기의자에서 처형당했다. 전 세계에서 반역죄는 교수형이나 참수형, 화형으로 처벌해왔고 오늘날에는 보통 종신형에 처한다. 첩보 요원은 상대가 엄청난 결과를 초래할지 모르는 반역의 위험을 기꺼이 감수하고 스스로 그런 선택을 했다고 생각하게 만드는 훈련을 받는다. 주로 다음과 같은 일이 가능하도록 하는 훈련이다.

- 아무리 괴상하고 어이없는 일이라도, 얼마든지 상대를 설득해서 짧은 시간 내에 하게 만든다.
- 비밀이나 걱정, 말 못 할 두려움도 편안하게 털어놓고 싶은 믿을 만한 사람이 된다.
- 상대의 행동을 교묘하게 따라 해 공통의 관심사를 형성한다.
- 상대에게 공감하고 진심으로 관심을 쏟는다. 공감은 성공의 핵심 열쇠다.
- 넘치는 정보들 중에서 목표에 도움이 되거나 방해가 될 단서를 구분한다.
- 누구보다 절제력을 강하게 키워 체계적이고 헌신적으로 일하며, 신체적으로도 가장 좋은 컨디션을 유지하려고 노력한다.
- 융통성 있고 협조적으로 행동한다. 상황은 언제든 꼬일 수 있지만 임무 자체를 무너뜨리는 행동은 금물이다.

나는 이 책을 통해 당신이 다른 사람에게 제품을 판매하는 방법에 변화를 줄 작정이다. 그 제품이 브랜드나 비즈니스, 생각, 그 어떤 것이든 상관없다. CIA 요원이 '보통 사람'과 다른 점이 있다면, '자신 있게' 행동하고 반응하며 어떤 상황에서도 적응하는 능력일 것이다. 지금까지 나는 주로 나와 내 가족을 안전하게 지키는 다양한 방법에 초점을 맞춰 책을 써왔다. 물론 안전이나 생존 관련 정보를 공유하는 일에 힘쓰겠다는 생각엔 변함이 없다. 하지만 지금은 예전에 받았던 전문 훈련이 생존뿐 아니라 비즈니스 세계나 평소 삶을 개선하는 데도 도움이 된다는 사실을 깨달았다.

미리 말해두지만 이 책은 자신감을 키우면 성공할 수 있다는, 지극히 평범한 자기계발서가 아니다. 그런 내용을 다룬 책은 이미 수없이 많고, 그 무더기에 내가 또 한 권을 보탤 생각도 없다. 이 책에서는 CIA 요원이 저마다 자기만의 무기고에 저장해두는 비장의 무기, 즉 첩보 요원의 정신을 소개할 예정이다. CIA 요원은 단순히 호신술이나 악당에게 총 쏘는 법만 배우는 건 아니다. 자국에 해를 끼치려고 하는 적으로부터 자국 시민을 보호하는 정예 요원이 되는 일은, 단순히 육체적인 생존을 넘어 훨씬 미묘하고 복잡한 영역의 일이다. 첩보 요원의 정신에는 호감, 공감력, 자신감, 지성 등 정의하기 어려우면서도 매력적인 자질이 포함된다. 이런 자질이 있으면 어떤 일이든 힘들이지 않고 성공할 수 있다. 이러한 첩보 요원의 정신은 어떻게 보면 위대한 '비즈니스 기술'과 맞닿아 있다.

CIA 요원으로 막 훈련을 시작할 당시에는, CIA에서 배울 기술이 향후 내가 사업가로 성공할 수 있는 이상적인 기반을 마련해줄 줄은 생각지도 못했다. 하지만 그로부터 7년이 지난 2010년, 나는 CIA 밖으로 나아갈 준비를 마쳤다. 처음부터 무엇인가 창조하고 싶었고 내 방식대로 일하고 싶었다. 그러면서 주부부터 대학생, 고액 자산가, 유명인에 이르기까지 모든 이에게 안전과 생존 기술을 전수해줄 회사를 구상했다. 당시에는 아버지조차 내가 미쳤다고 생각했다. 아버지는 그렇게 안정적인 직장을 왜 그만두려 하는지 이해하지 못하셨다. 게다가 애초에 CIA에 들어가려고 갖은 고

생을 다하지 않았던가. 더구나 나는 일반적으로 사업을 시작한 첫 해에 80퍼센트가 망한다는 사실을 알고 있었다. 커다란 위험을 감수해야 하는 일이 분명했다. 솔직히 두려웠다.

그러나 9년 만에, 수백만 달러 규모의 '스파이 탈출 기술Spy Escape & Evasion' 회사를 설립하고 소유하게 됐다. 나는 내가 이룩한 성과에 큰 자부심을 느낀다(물론 내 아내와 멋진 팀원들의 도움이 없었다면 불가능했을 것이다). CIA에서 배운 기술이 작은 회사를 설립하고 운영하고 성장시키는 토대가 되었다. 나는 이 책에서 첩보요원의 정신을 발휘해 어떻게 회사를 발전시켰는지 정확히 보여주고자 한다.

스스로 내성적이라고 하는 사람이 나뿐일까 싶지만 나는 조용한 성격으로, 버지니아 주에서 경찰관으로 일하다 CIA 요원이 됐다. 그래서 ABC 방송의 인기 프로그램 〈샤크 탱크〉[1]에서 우승했을 때나, 레이철 레이Rachael Ray나 해리 코닉 주니어Harry Connick Jr.와 함께 전국 TV 프로그램의 고정 출연자가 됐을 때 스스로에게 누구보다 놀랐다. 더군다나 책을 쓴다는 건 상상도 못 할 일이었

1 Shark Tank 미국의 비즈니스 리얼리티 프로그램으로, 다양한 분야의 개인 사업자들이 '샤크'라고 불리는 다섯 명의 백만장자 투자자들 앞에서 자신의 사업 계획을 설명하고 투자를 받아낸다.

다. 라스베이거스의 대형 카지노에서 무대 공연을 한다는 것도 마찬가지다. 이런 기회를 누릴 수 있다는 건 대단히 감사한 일이다. 덕분에 나는 사업을 한층 높은 수준으로 끌어올릴 수 있었다. 하지만 첩보 요원의 정신이라는 틀이 없었다면 이런 기회를 내 것으로 만들 수 없었을 것이다.

이 책에서 중요한 건 TV 프로그램이나 라스베이거스 공연 출연 기회를 따내는 법이 아니다(물론 진심으로 원한다면 노력으로 가능하다). 이 책에서 다루는 건 첩보 요원의 정신을 발휘해 사업가나 세일즈맨으로서 당신이 생각한 한계를 뛰어넘어 높이 뻗어 나갈 방법이다. 당신의 목표가 사업 규모를 확장하는 것이든 직원 수를 늘리는 것이든 전 세계에 진출하는 것이든 회사에서 살아남는 것이든, 그 무엇이라도 상관없다. 앞으로 어느 방향으로든 한 발짝 크게 내딛는 꿈을 꾼다면, 첩보 요원의 정신이 그 목표를 이루게 도와줄 것이다.

CIA 요원이라는 배경은 비즈니스 세계를 탐색할 때 무엇보다 환영받는 비장의 무기였다. 나는 이 검증된 전술을 활용해, 어떤 사업을 하더라도 위대하고 지속 가능한 성공을 달성하는 법을 보여주고자 한다.

PART 1

모든 것에 가장 기본이 되는 기술이 있다

1부

1장

회사에서 써먹는 첩보 요원 기본기

AGENT OF INFLUENCE

극비

과제: 한 군데 또는 여러 군데 장소에서 익명의 정보원 한 명, 혹은 여러 명으로부터 정보를 수집할 것!

참여자: 훈련생 '타일러'

위치: 농장(비밀 훈련 시설), 메릴랜드 주 베데스다, 워싱턴 D.C.

임무: 훈련생은 농장을 떠나 워싱턴에 있는 전철역에서 익명의 접선 상대를 찾아야 한다. 접선 상대는 훈련생에게 작전 관련 정보를 알려줄 것이다. 훈련생은 워싱턴 D.C.에서 또 다른 익명의 접선 상대를 찾아 미국 시민을 겨냥한 테러 행위 가능성에 관한 정보를 얻어내야 한다.

p.s. 이 문서는 참여자(타일러)에게 노출되지 않도록 한다.
문서 내용은 확인 후 파기할 것.

타일러 이야기

나는 깊이 잠들었다가 방문을 세차게 두드리는 시끄러운 소리에 깼다. 재빨리 시계를 확인했다. 새벽 3시 10분. 보통 이 시간에 누가 문을 두드리면 깜짝 놀라는 게 당연할 터. 그러나 나는 CIA의 사건 담당관이 되기 위해 훈련을 받는 중이고 '농장[2]'에서 롱 코스Long Course를 수강하고 있다. 롱 코스는 18개월 동안 진행되는 엄격한 훈련 프로그램으로, 테러범에게서 유용한 정보를 캐거나 추격자를 따돌리는 등 온갖 기술을 가르친다. 이 과정을 수료하면(만약 수료할 수만 있다면) 전문 요원이 될 것이다. 그러면 미국 정부를 위해 일할 요원을 발굴, 선발하고 관리할 자격이 생긴다.

훈련 기간 중 한밤중에 일어나는 건 드문 일이 아니다. 우리가 무방비한 틈을 타서 허점을 찌르는 게 CIA 쪽 사람들의 장기였기 때문이다. CIA는 자기네 요원들이 어떤 갑작스러운 상황에 부닥치더라도 침착하게 대응하길 원한다. 테러범을 비롯한 악당들이, 우리가 숙면을 취하고 일어날 때까지 기다렸다가 공격할 리는 없으니 항상 만반의 준비를 갖춰야 하

---

2 **the Farm** CIA 및 미 국방정보국 요원들을 훈련시키는 비밀 훈련 시설.

는 것이다.

나는 문을 여는 순간 납치 상황이 연출되리라 생각했다. 억지로 붙잡혀서 머리에 봉투를 쓰고, 어디론가 끌려가서 몇 시간 압류되는 상황 말이다. 조심스럽게 문을 열었다. 다행히 문밖에는 아무도 없었다. 눈에 띄는 거라곤 바닥에 놓인 갈색 봉투뿐이었다. 봉투를 여니 조그만 쪽지가 보였다.

20814 메릴랜드 주, 베데스다, 위스콘신 7450

오전 7시 12분

눈에 익은 주소였다. 워싱턴 지역 지도를 집어 들고 재빨리 훑어봤다. 그 주소는 워싱턴 중심부의 베데스다 역을 가리키고 있었다. 도착하기 전까지 무슨 일인지 알 수 없겠지만, 누군가(과연 누구일까?) 몇 시간 뒤에 내가 베데스다 역에 나타나기를 바라고 있다.

하지만 일단 그곳에 가는 것 자체가 문제였다. 우리는 다른 장소로 이동할 때 스마트폰이나 GPS에 의존하지 말라고 배웠다. 믿을 수 있는 건 지도(그보다 좋은 건 기억력)다. 나는 현재 목적지와는 꽤 떨어진 '농장'에 있었고, 이 시험은 활용 가능한 자원이 거의 없는 상태에서 제때 목적지에 도착할 수 있는지도 평가할 것이다. 실패란 있을 수 없다. 실패했다간 당장 훈련 프로그램에서 제외될 테니까.

수중에 있던 현금, 조그만 손전등, 물병 등 챙길 수 있는 건 다 챙겨서 문을 열고 내 첫 시험, 그것도 아주 큰 시험을 치르기 위해 출발했다. 이제 한밤중에 혼자 고속도로에 나온 낯선 사람을 베데스다까지 태워줄 차량을 구해야 한다. 하지만 '농장'에서 지금까지 배운 게 있다면, 충분히 설득력을 발휘하기만 하면 어떤 상황이든 헤쳐나갈 수 있다는 사실이었다.

멀리서 헤드라이트 한 쌍이 다가오는 게 보였다. 손을 흔들었지만 운전자는 그대로 지나쳐버렸다. 당연히 나라도 그랬을 것이다. 원망할 수 없다. 10분쯤 있다 다른 차가 다가왔다. 어두워서 잘 분간할 수는 없었지만, 꽤 빨리 달리는 것 같았다. 가까워지면서 보니 차창이 내려가 있고 시끄러운 음악이 흘러나왔다. 차에 대학생이 잔뜩 타고 있을 가능성이 높다. 가슴이 뛰기 시작했다. 기회는 지금이다! 그 차가 속도를 늦추고 고속도로 갓길에 섰다. 나는 조수석에 타고 있는 사람이 대문자 G가 적힌 파란색 모자를 쓰고 있는 걸 발견하고 아이디어를 하나 냈다. 제발 효과가 있길 바랄 뿐이었다.

"멈춰줘서 고마워요. 제가 지금 발이 묶였거든요. 혹시 조지타운 대학에 다녀요? 학교에 돌아가는 길인가요? 전 14년도 졸업생이에요. 정치학 전공이죠. 기숙사에 살았고요." 조수석에 있는 남자가 차창을 더 내렸다. 조짐이 좋다. "아니요,

우린 케네디에 사는데요."

첩보 요원 팁

다른 사람과 재빨리 유대감을 형성해야 하는 순간이 언제 올지 아무도 모른다. 첩보 요원은 목표물과 자연스럽게 관계를 형성하기 위해 정보를 꿰고 있어야 한다. 머무는 지역에서 일어나는 행사를 파악하고 인기 있는 술집이나 식당, 대학, 체육 시설, 상점, 예배 장소, 심지어 동네 공원 같은 중요한 장소를 알고 있으면 어떤 사람을 만나더라도 쉽게 유대감을 형성할 수 있다. 내가 필요한 정보를 파악하고 최고의 성과를 끌어내기 위해 사용하는 비즈니스 템플릿은 www.SpymasterBook.com에서 무료로 확인할 수 있다.

"지금까지 한 시간도 넘게 걸었어요." 내가 급하게 말을 이었다. "아까 몇 킬로미터 앞에서 사슴을 쳤거든요. 차도 망가지고 휴대폰도 안 되네요." 조수석에 있는 사람이 대답했다. "휴대폰을 빌려드릴 테니 전화하실래요?" 그는 바보가 아니었다. 나는 당황하지 않고 상대가 나를 당장 차에 태우게 만들 방법을 생각했다. 하지만 겁주고 싶지는 않았다. "그것도 좋지만, 오늘 아침에 꼭 베데스다까지 가야 하거든요. 버지니아 비치에서 여기까지 운전해서 왔어요. 컨설팅 회사랑 인터뷰가 잡혔는데 거기 꼭 취직하고 싶어요. 절대로 늦으면 안 돼요. 태워주면 기름값은 제가 낼게요." 현금을 보여줬더니 역시 대학생들이라 그런지 거부하기 힘든 모양이었다(대학생은 언제나 돈이 부족하다). 뒷좌석에 있던 사람이 문을 열고 다가와서 자기들도 버지니아 비치에서 돌아오는 길이라고 했다.

"아니, 이런 우연이 다 있네요." 나는 고맙다고 한 다음 뒤에 앉아서 두 시간 동안 예의를 차리며 잡담도 했다. "친구들이랑 '멜스'라는 허름한 술집에 자주 다녔어요. 괜찮은 데니까 다음에 꼭 한번 가봐요." 틀림없이 제시간에 도착할 것이다. 대학생들은 나를 워싱턴 D.C.에 내려줬다. 늦지 않게 베데스다 역을 찾아갈 수 있는 적당한 시간이었다. 목적지에 도착하면 내 도전의 2막이 시작될 것이다. 긴장 속에서 베데스다 역에 도착했다. 오전 7시 8분. 앞으로 몇 분 내에 이곳에 있는 '누군가'를 만나야 한다. 출퇴근 시간이 다가오면서 사람들이 끝없이 밀려들자 임무를 수행하기가 점점 힘들어졌다. 나는 고개를 이리저리 돌리며 주위를 탐색했다.

초록색 원피스를 입은 여자가 신문을 읽고 있었다. 여자는 손목시계를 두 번 들여다봤다. 저 여자일까? 아니면 내 왼쪽에 헤드폰을 쓰고 있는 젊은 남자일까? 빨리 찾아내지 못하면 나는 훈련에서 제외될 것이다.

열차가 들어왔다. 문이 열리더니 서류 가방과 신문을 든 젊은 여성 회사원이 이쪽으로 걸어왔다. 순간적으로 그녀가 눈에 들어왔다. 스쳐 지나갈 뻔했지만, 나는 마음을 열고 주위의 모든 사물을 인식하라고 배웠기에 그녀가 나한테 신호를 보내는 건지도 모른다고 생각했다. 여자는 들고 있던 신문을 쓰레기통에 넣고 출구 쪽으로 걸어갔다.

그거면 충분했다. 쓰레기통으로 가서 아무렇지도 않은 척 신문을 도로 꺼내 들고 열차에 탔다. 실수로 접선을 놓친 게 아니었기를 기도하며 자리에 앉아 신문을 펼쳤다. 나는 신문을 읽지도 않고 정신없이 넘기기만 하는 사람으로 보이지 않으려고 조심했다. 무언가를 찾는다는 걸 티 내고 싶지 않았기 때문이다. 미행당하지 않게 늘 조심하라고 배웠고, 다른 훈련생은 물론이고 특히 교관 눈에 띄었다가 주변 환경에 동화되지 못했다고 잔소리를 듣고 싶지는 않았다. 그냥 재미있는 기사를 찾는 것처럼 행동했다. 그때 3면 상단에 파란색으로 적힌 이런 글이 눈에 들어왔다.

윌러드 인터콘티넨털, 오전 8시 15분

이번엔 호텔이다. 레드 라인 전철을 타고 메트로 센터 역에 가서 지정된 위치로 걸어갔다. 파란 야구 모자를 쓴 남자가 몇 발짝 뒤에서 걸어오는 게 눈에 띄었다. 길을 건너가서 혹시 나를 쫓아오는 건 아닌지 확인했다. 그 남자도 길을 건넜다. 날 따라오는 게 확실하니 주의해야 한다는 뜻이었다. 여기까지 와서 실패하고 싶지는 않았다.

나는 분주한 호텔 로비로 들어갔다. 새로운 하루를 시작하는 사업가와 관광객들이 아침 식사를 끝내고 있었다. 내부가 번잡해서 최대한 시야를 확보할 수 있게 로비 한쪽에 자리를 잡았다. 그러다 아까 길에서 본 남자를 발견했다. 내가 몸담은 분야에서 이런 만남은 절대 우연히 일어나지 않는다.

첩보 요원 팁

낯선 이와 마주치는 일을 두고 첩보 세계에서 하는 말이 있다. 첫 번째 만남은 사고, 두 번째는 우연, 세 번째는 적이다. 성공한 사업가, 특히 유명 인사는 사기나 납치 등 범죄의 대상이 될 때가 많다. 안전을 위해 스스로 주변 사람을 관찰하는 습관을 들이자.

그 남자가 나를 쫓아온 게 분명했으므로 뭔가 대응할 필요가 있었다. 내가 다가가자 그는 웃으며 악수를 청했다. 사실 그건 악수가 아니라 '브러시 패스(스파이 두 명이 스쳐 지나가면서 은밀하게 물건을 교환하는 행위)'였다. 이 남자가 날 해치려고 미행한 게 아니라면 이것도 훈련의 연장이겠지. 처음 보는 사람이었지만 나는 2분 정도 자연스럽게 소소한 대화를 이어나갔다. 옆에서 보면 지인끼리 우연히 만나 안부를 묻는 것처럼 보였을 것이다. 남자는 내 등을 두드리고 왼쪽 식당으로 들어갔다.

그가 떠난 후, 나는 건네받은 물건을 확인했다. 방 열쇠였다. 그가 떠나기 전에 '9:03에 회의를 했다'고 낮은 소리로 말한 이유가 짐작되는 대목이다. 아마 방 번호일 것이다. 꼭 그래야만 한다. 이 훈련은 대체 얼마나 더 복잡해지려는 걸까?

나는 무슨 일이 벌어질지 긴장하며 엘리베이터로 향했다. 밤을 새운 탓에 피로가 몰려왔지만 그렇다고 긴장을 풀 수는 없다. 903호로 걸어가서 조심스럽게 문을 열었다. 방 안에 들어선 지 몇 초 만에 전화벨이 울렸다. 무엇인가 불가능한 임무가 떨어질 것을 예상하며 전화를 받았다. '나라 반대편으로 날아가야 할까? 아님 건물 외벽을 타고 기어 올라야 할까?' 전화기 너머 목소리가 신분을 밝히라고 요구했다. 내가 나라는 걸 증명하라는 뜻이었다. 내가 신분을 밝히자 상대는 내게 호텔 정문을 나가면 차가 한 대 대기하고 있을 거라고 했다. 나는 로비로 내려가서 정문을 통과했다. 검은색 차량 한 대가 멈추더니 차창을 내렸다. 계속 집중하려고 굳게 마음먹었지만 이제 무슨 일이 벌어질지 감도 오지 않았다. 긴장됐다. 얼마나 감당해낼 수 있을지 자신이 없었다. 차창 밖으로 빠져나온 손이 이리 오라고 손짓했다. 나는 조심스럽게 다가갔다. 회색 양복을 입은 진지해 보이는 남자가 말했다. "뒤에 타게. 이번에는 성공했군. 잘했어."

나는 훈련이 끝났다는 걸 깨닫고 안도의 한숨을 쉬었다. 이제 뭘 시키든 해낼 준비가 돼 있었다.

최고가 되기 위한 필수템 '정신력'

타일러가 겪은 일은 마치 영화의 한 장면 같다. 이것만 보면 앞으로 첩보 요원이 될 사람들이 이런 재미있고 흥미진진한 훈련만 받을 것 같지만, 사실 그게 전부는 아니다. 예전에 '농장'에서 교관으로 일했던 버나드(신원 보호를 위한 가명)가 이를 절묘하게 표현했다. "'농장'에서 받는 훈련을 견디려면 엄청난 정신력이 필요합니다. 육체적 훈련도 치열하긴 하지만, 훈련 과제를 정신적으로 소화할 줄 아는 사람이야말로 위대한 첩보 요원이 될 거예요. 그걸 버티는 사람은 무엇이든 해낼 수 있죠."

극심한 훈련을 견뎌내고 CIA 요원이 된 사람으로서 말하자면, 당신이 생각하는 그런 사람만이 꼭 훈련 과정을 끝까지 버텨내는 건 아니다. 그러니까 체력이 가장 강하거나 빠르거나 건강하거나, 하다못해 머리가 좋은 사람만은 아니라는 얘기다. 훈련을 받았을 때 특히 기억에 남는 일이 있다. 팔 굽혀 펴기에 윗몸 일으키기, 버피 테스트까지 끝없이 이어졌다. 나는 확신한다. 그때 교관들은 우리를 육체적으로 망가뜨리려고 했다. 우리는 토하거나 죽을 것 같은 느낌이 들 지경까지 몰리기 일쑤였다(어쩌면 죽는 편이 더 빠르고 깔끔했을 거다!). 매일 그런 고강도 훈련이 이어지던 어느 날, 주변을 둘러보는데 훈련생 중에서 가장 체력이 좋고 허세가 심하던 남자가 울고 있었다. 완전히 제정신이 아닌 것 같았다. 난 웃음을 터뜨렸다(당시 수면 부족이었고 체력이 바닥이라 나 또한 제정신이 아니었다는 사실을 기억해줬으면 좋겠다). 우리 중에 제일 강했던 남자가 눈이 빠지게 울다니 믿기지 않았다.

하지만 나는 곧 이 훈련에서나 인생에서 가장 중요한 교훈을 얻었다. 몇 미터 떨어지지 않은 곳에서 몸집이 작고 앳되지만 강인해 보이는 여자가 조용히 홀로 버티고 있었다. 훈련이 진행될수록, 나는 그 여자가 어떤 과제를 던져주든 틀림없이 해결하고야 마는 진정한 다크호스라는 사실을 깨달았다. 그녀의 얼굴에는 뚜렷한 의지가 역력했다. 차분하게 집중하면서, 우리가 하는 일이 '쉬워' 보이게 만드는 사람이었다. 나는 곧 웃음을 멈췄다. 거침없이 윗몸 일으키기와 버피를 해치우는 자그마한 여자처럼 나도 정신을 바짝 차려야 했기 때문이다.

나는 그때 훈련의 완수 여부는 과정을 바라보는 내 관점에 달려 있다는 사실을 깨달았다. 교관들은 어떻게 하면 우리를 극한까지 몰아세울지만 알고 있는 게 아니었다. 정신력 같은 첩보 업무에 필요한 역량을 진짜 갖추고 있다면 무슨 과제든 끝까지 해내리라는 사실도 알고 있었다. 내가 이 훈련에서 살아남는다면 이두박근이 아니라 두뇌(정신력) 덕분일 것이다. 나는 내 관점을 '완전히' 바꿔야 했다. 바로 그 순간부터, 나는 마음을 열고 앞일을 헤쳐나가기로 했다. 어떤 어려움이 있어도 밀어붙일 준비가 돼 있었느냐고? 스스로 성공에 필요한 모든 요소를 갖췄다고 추호도 의심하지 않았느냐고? 그렇다, 당연하다. 나는 언제나 침착함을 유지하면서 위험을 계산하고 감수하기로 했다. 항상 순간적으로 판단하고 번개같이 선택하기로 했다. 아무리 불가능해 보여도, 결승선을 돌파하기 위해 필요한 일은 뭐든 다할 작정이었다.

이런 사고방식은 아주 놀라운 변화를 일으켰다. 이전에 나는 어떻게 행동해야 할지 제때 파악이 안 되거나 다음에 무엇을 해야 할지 갈피를 잡을 수 없을 때면, 자신을 의심하곤 했다. 하지만 사고방식의 변화 이후, 그렇게 힘든 시기가 찾아오면 성공을 위해 했던 다짐을 떠올렸다. 그리고 문제를 깊이 파고들면서 스스로 '자신감 반사'라고 이름 붙인 법칙을 적용했다. 자신감 반사는 내가 무슨 일에 직면하든 '난 할 수 있다'는 자신감을 계속해서 되새기는 것이다. 이것은 어떤 일이든 민첩하게 행동하거나 올바르게 결정할 수 있다는 굳은 믿음을 준다.

자신감 반사는 내 기본자세로 굳어졌다. 그리고 이 자세는 나를 훌륭한 CIA 요원으로 만들어주고, 사업가로서도 성공할 수 있는 기반이 됐다. 나는 사업을 일으키면서 큰 도전에 직면했다. 2014년 2월 ABC 방송에서 방영한 리얼리티 투자쇼 〈샤크 탱크〉에 출연했을 때였다. 사실 내게는 불리한 경쟁이었다. 다른 도전자들이 프로그램에 홍보하러 나온 품목은 대부분 형태가 있는 제품이었다(자금을 가장 많이 조달한 분야는 음식과 음료였다). 유타 주에서 스파이 학교를 운영하는 나 같은 사람이 어떻게 이들과 경쟁할 수 있겠는가(내 제품은 형태도 없고, 바로 와닿기도 쉽지 않았다)? 내가 실패하는 모습을 모두가 생방송으로 지켜볼지도 몰랐다. 하지만 물러설 생각은 없었다. 이때 자신감 반사는 그 일을 해낼 힘이 되고 동기를 부여했다. 나는 당시 자신감을 갖고 방송 출연을 밀어붙였던 걸 항상 행운으로 생각한다.

나는 자신감 반사가 복합적으로 중요한 자질이라는 걸 깨달았다. 하지만 훌륭한 첩보 요원이나 사업가에게는 자신감만큼 다른 능력도 중요하다. 예를 들어 그들은 임기응변에 능하고 협조적이다. 그리고 문제 해결 능력이 뛰어나고 창조적이며, 공감을 잘하고 감성 지능도 역시 높다. 앞으로 언급하게 될 방법들로 이런 자질을 키울 수 있다면 누구든 사업을 크게 성장시킬 수 있다.

어떤 목표든 달성하게 만드는 '자신감'

CIA 요원들은 애국심이 강하며, 해를 끼치려고 덤비는 외부 세력으로부터 미국을 보호할 임무가 있다고 확신한다. 그리고 자신에게 어떻게든 임무를 달성할 능력이 있다고 믿는다. 타일러는 최종 목표가 무엇인지 몰랐지만, 모든 과제를 해결해야 한다는 사실을 받아들였다. 어떤 목표에 직면하든 그것을 달성하는 것이 궁극적으로 타일러의 임무였다. CIA 요원은 임무의 가치를 의심할 수 없다. 사업가가 자기 제품이나 서비스를 의심하지 않는 것과 마찬가지다. 물론 세일즈맨이나 사업가가 국가를 위해 목숨을 던질 필요는 없지만, 사업을 성공시키려면 끝없는 열정과 인내심을 발휘해야 한다.

첩보 요원처럼 '자신감'을 높이는 행동

- **목표를 설정하고, 최종 단계가 어떤 모습일지 늘 인지한다.**
- **진행 상황을 추적 관리한다. 그리고 관찰한 내용, 조치 사항 등 세부 내용**

을 매일 기록한다.

- 한번 하기로 한 일은 중도에 포기하지 않고 끝까지 한다. 일을 끝까지 완수하는 건 목표가 무엇이든 성공에 꼭 필요한 핵심 요소다.
- 다른 사람의 생각에 신경 쓰지 않는다. 스스로 올바르다고 생각한 방침대로 행동하고 있다고 확신한다.
- 스스로 존중한다. 자기 자신에게 정직하고 진실한 모습을 보여주며, 최선을 다한다.
- 몸 관리를 충실히 한다. 꾸준히 운동하고 건전한 생활 습관을 실천한다.

무에서 유를 창조하는 '임기응변'

타일러는 이용할 수 있는 교통수단 없이 상당히 먼 거리를 이동할 방법을 찾아야 했다. 차가 없으니 제시간에 지정된 장소에 갈 도리가 없다고 포기하지 않았다. 그는 어떻게 해서든 A지점에서 B지점으로 갈 방법을 찾아야 한다고 배웠고, 그렇게 했다. 나 역시 살아남기 위해 임기응변을 발휘해야 하는, 말도 안 되는 상황에 부닥친 적이 있다. 야생 생존 훈련을 받으면서 해발 2,700미터 높이의 산에 텐트, 침낭, 외투는커녕 휴지 조각 하나 없이 맨몸으로 남겨진 것이다. 나는 곧 나뭇잎과 솔잎을 쌓아서 잠자리를 만들었다. 그리고 나뭇가지와 나무껍질로 간단한 움막도 지었다. 볼일을 봐야 할 때는, 독이 없는지 확인해야 했지만 커다란 잎이 참 유용했다.

임기응변에는 한계가 없다. 비즈니스 세계에서 최소한의 자원만 가지고 다양한 상황을 처리할 수 있다면, 저절로 경쟁에서 우위를 차지할 수 있다. 그러다 사업이 성장하고 자원이 좀 더 풍부해지면 더욱더 번창할 수 있다. 그땐 아무것도 거칠 것이 없다.

첩보 요원처럼 '임기응변'에 강해지는 행동

- CIA 요원은 'X 탈출'에 능하다. X 탈출은 첩보 세계에서 사용하는 표현인데, 특정 대상이나 상황 X에서 벗어나지 못하면 죽는다는 뜻이다. 그만큼 어떤 일이 저절로 해결되기만 기다려서는 안 된다. 임기응변에 강해지려면 한발 앞서서 행동해야 한다.
- 어려운 상황에 부닥치더라도 예전에 성공적으로 헤쳐나갔던 일을 떠올린다. 풍부한 경험을 밑거름으로 어떤 상황이든 벗어날 수 있다는 걸 스스로 알고 있다.
- 새로운 시도를 두려워하지 않는다. CIA 요원은 끊임없이 공부하면서 자신만의 무기고를 채운다. 당신도 매달 새로운 일을 하나씩 시도해 성장해나가자.
- 항상 완벽하게 규칙을 따르지는 않는다. 첩보 업무에 행동 수칙이 존재하는 건 사실이지만, 일을 제대로 처리하거나 살아남기 위해서는 규칙을 조금 어길 필요가 있다. 이게 바로 임기응변이다.

혼자선 불가능한 일도 성공시키는 '협력'

타일러가 정해진 시간 안에 '농장'에서 워싱턴 D.C.까지 걸어갈 수는 없었다. 그건 불가능했다. 그는 처음 맞닥뜨린 이 커다란 장애물을 극복하려면 자신을 도와줄 사람을 찾아야 한다는 사실을 알고 있었다. 만약 타일러가 다른 사람과 협력하고 그들의 자원을 이용하지 않았다면 목표 장소까지 가지 못했을 것이 틀림없다. 첩보 세계에서는 도움이 필요한 순간을 파악하고 타인과 협력하는 게 필요하다. 내가 CIA 요원으로 일할 때, 협력에 불응했다가 살해당한 사람도 있었다.

CIA 요원으로 있을 때, 미국은 한 작전을 수행하는 과정에서 특별히 실시간으로 전략 정보에 접근할 수 있는 망명 스파이와 공조할 기회가 있었다. 이런 작전을 계획할 때는 '속사포 회의mad minute'를 한다. 시작하자마자 본론으로 들어가 보안과 안전, 건강, 긴급 중단 등에 대한 안건을 집중적으로 따지는 회의다. 우리는 이 회의를 통해 망명 스파이와 은밀하게 의사소통할 구체적인 방법을 수립했다. 하지만 망명 스파이는 우리에게 완벽히 협력하지 않았다. 본인의 안전과 관련된 중요 정보를 전달하지 않고 지체한 것이다. 자기 가족이 집에서 억지로 끌려나가는 데도 도움을 요청하지 않았다. 우리는 즉시 그를 옮기려고 했지만 결국 길가에서 총에 맞아 숨졌다는 소식을 들었다. 다행히 지금 내가 하는 일에서는 그런 끔찍한 상황이 일어날 일은 드물지만, 제때 도움을 요청해야 성공의 기반을 닦을 수 있다는 교훈은 절대 잊지 못할 것이다.

믿거나 말거나, 나는 라스베이거스 거리에서 한시적으로 스파이 공연을 한 적이 있다. 흔치 않은 기회였다. 하지만 공연 업계에 대해서 아는 게 전혀 없었고 평생 무대에 발을 올려놓은 적도 없었다. 나는 내 한계를 알았고, 적절한 도움 없이는 실패할 것도 알았다. 나는 곧바로 이 분야의 전문가를 찾았고, 제니퍼 로페즈부터 마이클 잭슨 모창을 기막히게 잘하는 사람까지 다양한 사람과 일했던 노련한 전문가를 고용했다. 그의 지식과 전문성이 없었으면 공연은 성공하지 못했을 것이다.

크게 성공한 사업가들은 본인은 물론이고 팀원들의 강점과 약점을 인식하고 적절하게 협력해 최상의 성과를 이루어낸다.

첩보 요원처럼 '협력'하기 위한 행동

- **기대치를 설정한다. 관련자 모두에게 궁극적인 목표가 무엇인지, 목표를 달성하려면 무엇이 필요한지 알린다.**
- **의사소통 경로를 명확하게 설정한다. 첩보 세계에서는 어떤 사물에 자기들끼리만 식별할 수 있는 신호를 표시하기도 한다. 누군가를 정해진 장소에서 만나고 싶을 때, 특정 공원 벤치에 분필로 표시해두는 식이다. 혹은 맥주 캔이나 가짜 바위 등 미리 약속한 사물에 메시지를 숨기고 다른 요원에**

게 전달할 수도 있다. 그리고 반가운 얘기는 아니겠지만, 이것은 보고서나 서류를 제때 작성해야 한다는 뜻이기도 하다.

- 특정 분야에서 다른 사람이 자신보다 훨씬 풍부한 전문 지식을 가지고 있다는 사실을 알고 있다. 단순히 마음을 열고 새 직원이나 조직 구성원을 만나는 것도 이에 해당한다. 새로운 생각과 사고방식을 열린 마음으로 받아들이자.
- 팀원들을 상호 존중하는 자세로 대한다.

침착하고 적절하게 상황을 타개하는 '문제 해결 능력'

타일러는 훈련을 받으면서 어떤 임무든 문제가 뒤따른다는 사실을 깨달았다. 나 역시 마찬가지다. 내가 아는 한, 아무 문제없는 임무는 존재하지 않는다. 만사 부정적으로 생각하고 꼭 나쁜 일이 생길 거라고 가정하라는 말이 아니다. 어떤 식으로든 문제가 발생하기 마련이라는 생각을 유념해야 한다는 뜻이다. 타일러는 앞으로 계속 힘든 일이 이어지리라는 사실을 받아들였고, 마음속으로 대비한 덕분에 문제가 발생할 때마다 적절히 대응할 수 있었다.

CIA 요원 훈련에서는 임무 중에 이중, 삼중으로 대비책을 마련하라고 가르친다. 손전등 하나만 가져가면 안 된다. 여분의 배터리를 준비해야 한다. 칼 하나만 챙겨 거리로 나설 게 아니라 여러 개를 품고 가야 한다. 탈출 계획을 하나만 세우지 않고, 여러 가지 사고가 날 것을 고려해서 계획을 세워야 한다. 비즈니스도 마찬가지다. 하드디스크 드라이브에서 이메일에 이르기까지 군데군데 보완책을 마련해둬야 한다. 문제는 예상하지 못할 때 일어나기 마련이다. 길은 마냥 평평하지 않다. 걷다 보면 자연히 움푹 파인 데가 나타난다.

첩보 요원처럼 '문제 해결 능력'을 강화하는 행동

- **장단기적으로 나타날 다양한 장애물을 인식한다.**
- **가능한 해결책을 열린 마음으로 바라보며, 어디서든 해결책이 나타날 수 있다는 사실 또한 이해한다.**

CIA 요원은 필요하다면 해결책을 반복해서 점검한다. 긍정적인 결과를 구상하고, 그 결과에 이르기까지 필요한 단계를 조사한다. 유명한 과학자로부터 정보를 얻는 것이 목표라면, 첩보 요원은 그 사람에게 집중하고 접근하는 데 필요한 사건을 하나하나 계획한다.

하지만 지나치게 세세히 분석하지는 않는다. 분석만 하다가 행동에 옮기지 못할 가능성이 있기 때문이다. 내 친구는 기밀 정보를 수용성 종이에 적어 보온병 안에 숨긴다. 미행당하는 느낌이 들면 그 안에 탄산음료와 발포성 소화제를 넣고 그냥 보온병을 던진다. 그러면 음료가 폭발하고 수용성 종이는 사라진다. 친구는 어느 날 밤 집으로 돌아오다가 두 남자가 뒤에 있는 걸 봤다고 한다. 두 사람이 자기를 따라오는 건지 확실하지는 않았지만 친구는 보온병을 떨어뜨려서 쪽지를 없애버렸다. 알고 보니 그들은 자기 볼일을 보는 것뿐이었다. 그러나 친구는 자칫하면 끔찍한 결과가 생긴다는 사실을 잘 알고 있었다. 여기서 핵심은 망설이면 죽는다는 것이다.

유리한 위치를 선점하게 하는 '창의력'

CIA 요원에게 창의력이라니 이상하게 들리는가? 하지만 타일러처럼 한밤중에 조용한 길에서 낯선 사람에게 차를 빌려 타야 하는 상황에 부닥친다면 창의력이 얼마나 중요한지 감이 오리라 생각한다. 타일러는 차를 얻어 타기 위해 상대와 같은 학교에 다녔다며 호감 사기를 시도하고, 이에 실패하자 다시 직장 면접에 빠질 수 없다며 상대를 재빨리 설득했다. 모두 타일러가 지어낸 기발한 이야기였다. 첩보 요원이 임무에 성공하려면 창의력을 발휘해야 할 때가 많다. 완벽하고 흠잡을 데 없는 신분을 지어내는 것부터 소다 캔으로 무기를 만드는 것까지 어떤 일이든 창의력이 필요하다. 위험한 순간으로부터 목숨도 건질 수 있는 게 창의력이다. '상자 밖에서 생각하라'라는 진부한 말을 누구나 들어봤겠지만, 첩보 요원은 항상 상자에서 크게 한 발짝 떨어져 있다. 그들은 틀에 박히거나 예측 가능한 수법을 쓰지 않는다. 창의력을 키우면 언제나 유리한 위치를 선점할 수 있다.

첩보 요원처럼 '창의력'을 발휘하기 위한 행동

- 첩보 요원은 기술을 쌓는다. 브러시 패스를 연습하고 누군가의 감시를 탐지할 경로를 파악하며 심지어 변장 도구까지 가지고 다닌다. 첩보 요원이 아니더라도 무엇이든 자기 기술을 연마하다 보면 틀림없이 새로운 접근법이나, 명백하지만 간과했던 아이디어를 발견할 것이다.
- 겉으로는 관련 없어 보이는 요소를 연결해서 생각한다. 첩보 요원은 항상 더 큰 의미를 찾는다. 식당에 가서 한 남자가 종업원과 대화하는 모습을 봤고, 그다음 다른 남자가 화장실에서 나와서 두 사람 옆을 지나갔다고 하자. 첩보 요원은 단순히 스쳐 지나간 듯한 장면에서도 더 많은 의미를 찾을 줄 안다. 방금 브러시 패스가 일어났을지도 모른다. 즉 아무도 눈치채지 못하는 사이에 한 사람이 상대에게 물건을 전달했다는 뜻이다.
- 위험을 감수하는 걸 두려워하지 않는다. 창의적 사고에는 '틀린' 답이 많지 않다.
- 바보 같은 생각이라고 말하는 부정적 목소리를 모두 무시한다.

상대를 무장해제시키는 '공감 능력'

타일러에게는 공감 능력이 있었으므로, 차에 탄 대학생들이 한밤중에 낯선 사람을 태우는 걸 꺼린다는 사실을 금방 파악했다. 그리고 사람들이 자기를 들여보내도 된다고 생각하게끔 자기 사정을 조금 바꿔서 표현했다. 동네 술집 얘기를 꺼내 공감을 표시하기도 했다. 타일러가 결과에만 집중한 나머지 고압적으로 나갔다면, 대학생들은 불안해서 타일러를 태워주지 않았을 것이다. 그는 차 안에 있는 모두가 안전하고 편하게 느끼기를 원했다. 다양한 상황에서 사람들을 편안하게 해줄 수 있다면 임무가 성공할 가능성이 커진다. CIA 요원은 외국인이 반역죄를 저지르게 만들어야 하므로 공감 능력을 갖추는 게 중요하다. 사실 이것이야말로 첩보 요원의 필수 능력이라고 할 수 있다.

동료 버나드는 훌륭한 첩보 요원에게 가장 중요한 자질로 공감 능력을 꼽았다. "첩보 요원은 주어진 임무를 완수하는 게 중요하고, 그러려면 다른 정보원으로부터 정보를 얻어야 할 때가 많습니다. 그런데 정보원이 당신을 믿지 않고 좋아하지도, 가까이 있고 싶어 하지도 않으면 정보를 얻을 수가 없죠. 이용당하는 사람은 그 사실을 잘 압니다. 상대와 상호작용할 때 진정성이 없으면 필요한 정보를 수집할 수 없을 거예요."

첩보 요원처럼 '공감 능력'을 높이기 위한 행동

- 다른 관점에서 사물을 보는 연습을 한다.
- (섣부른) 판단을 자제한다.
- 적극적으로 경청한다.
- 질문한다.
- 상대방에게 100퍼센트 집중한다.
- 다른 사람의 행복을 중시한다.

자신의 감정을 통제하고 상대를 이해하는 '정서 지능'

타일러는 훈련의 모든 단계에서 완벽한 CIA 요원처럼 행동했다. 물론 실수한 것 같다고 걱정할 때도 있었지만, 그 감정을 인정하고 앞으로 나아갔다. 의심이나 불안 때문에 잘못된 결정을 내리는 법은 없었다. 달리 말하면, 역경에 부딪혔을 때 두렵기도 하고 좌절도 느꼈지만 감정을 추스르고 당황하지 않았다. 비즈니스 감각을 타고나면 좋겠지만, 심리학자들은 성공하려면 어떤 비즈니스 감각보다 인간의 행위를 이해하는 게 더 중요하다고 입을 모아 얘기한다. 한마디로, 정서 지능을 제대로 이해하는 게 핵심이다.

감정을 조절하지 못하거나 다른 사람과 협력하고 공감할 수 없다면 성공하기 힘들다. 전 세계에서 임무를 수행해온 동료 로드니는 정서 지능 덕분에 자기 분야에서 성공할 수 있었다고 말한다. "그중에서도 비판에 제대로 대응하는 게 중요합니다. 비판을 받아들이고 거기서 도움 될 만한 것을 받아들일 수 있습니까? 비판에 귀를 기울이되, 마음속 깊이 자기 방식이 옳다는 것을 알고 원래 계획이나 생각을 고수할 수 있습니까? 살아남으려면 비판에 개방적이면서도, 때에 따라서는 영향을 받지 않아야 합니다."

첩보 요원처럼 '정서 지능'을 높이기 위한 행동

- **자기감정을 이해한다.**
- **자기 행동을 관찰하고 인식한다.**
- **왜 그런 식으로 감정을 표현하고 행동했는지 자아 성찰한다.**
- **비판에 적절히 대응한다.**

세계적으로 성공한 사업가들은 자신감 반사의 달인이다

나는 자신감 반사 덕분에 살면서 가장 힘들었던 몇 주를 견딜 수 있었다. 자신감 반사가 아니었다면 그 고된 훈련을 버텼을지 지금도 궁금하다. 당시에는 몰랐지만, 자신감 반사는 비즈니스 세계에서 성공을 거두는 기반이 되기도 했다. 우리 회사는 최고 유명 인사와 정치인들에게 보안 서비스를 제공한다. 내가 운영하는 스파이 탈출 기술 회사의 소식지는 구독자가 18만 9,000명을 넘었고, 특별 회원 사이트의 유료 가입자도 3만 7,000명이 넘는다.

생존과 안전에 중점을 둔 회사를 운영하다 보니 유명한 마약왕을 잡거나 적대적인 국가에서 정보를 얻는 등, 상상하기도 힘든 임무를 수행했던 전직 첩보 요원과 만날 기회가 있었다. 또한 자기 분야에서 정상에 오른 사람들, 일부는 이름만 대면 누구나 알 만큼 성공한 사업가와 접촉하기도 했다. 첩보 요원이 죽지 않고 살아남아서 마약왕을 잡을 때 필요했던 자질은, 사업을 10억 달러 규모로 성장시키거나 주요 글로벌 기업을 운영하는 데 필요한 자질과 다를 바 없었다. 나 역시 화려한 경영학 학위도, 사업을 시작할 때 아무런 인맥도 없었다는 사실을 기억하라.

자신감 반사는 내가 사업을 시작할 때 영업과 마케팅을 하거나 인맥을 쌓고, 직원을 고용하고, 시장 환경의 변화나 경쟁에 감을 잃지 않는 데 큰 도움이 됐다. 물론 자신감 반사를 사용하는 법을 배우려고 '농장'에서 엄격한 훈련을 받을 필요는 없으니 안심하라. 그러나 자신감 반사를 활용하려면 연습이 필요하다는 사실만은 기억하자. 한번 매끄럽게 업무에 적용하고 나면 상상도 못 했던 성공을 경험할 것이다. 자신감 반사를 이용하면 어느 산업 분야든 정상에 오를 수 있다.

첩보 요원에 대한 오해

"모두 언어 능력을 타고났고, 외국어를 유창하게 구사한다."

땡! TV나 영화를 보면, 첩보 요원이 식당 구석의 어두운 테이블에서 식사하는 장면이 나온다. 그는 임무를 생각하며 저녁 식사를 한다. 친구와 함께 할 때도 있다. 우연히 옆 테이블에 앉은 부부가 러시아어로 대화하고 있다. 요원은 그들이 계획하는 테러나 납치에 대한 중요한 정보를 엿듣고(붐비는 식당 한가운데에서), 벌떡 일어나 위기 상황을 해결한다. 다 뛰어난 외국어 능력 덕분이다. 사실 나와 함께 훈련받았던 사람들 대다수가 외국어를 전혀 하지 못했다(물론 외국어를 한다는 게 늘 득이 된다는 건 안다). 아랍어로 대화하거나 러시아어로 얘기하는 납치 음모를 즉각 이해하는 첩보 요원은 거의 없다는 소리다. 이건 전혀 근거 없는 얘기다.

PART 2

2부

SADR 단계는 사람을 사로잡는 가장 효과적인 기술이다

최고의 영업 기술

SADR 단계는 '첩보 사이클Intelligence Cycle'이라고도 하며 '식별, 평가, 개발, 설득'이라는 네 단계로 뚜렷이 구분된다. 첩보 요원은 임무를 계획한 다음 정확한 대상을 찾아서 접근하고, 궁극적으로 그들을 '설득'해 가치 있는 정보를 내놓게 하거나 그럴 수밖에 없는 위치로 몰아넣어야 한다. 세계 곳곳에 퍼진 첩보 요원들이 이 단계를 사용한다. 정부는 이렇게 수집한 정보를 계획 수립이나 의사 결정에 활용하거나, 자살 폭탄, 생화학 공격 같은 위협으로부터 국가를 보호하는 데 사용한다.

그런데 신기하게도 SADR 단계의 본질을 간추리면 궁극적으로 세계에서 가장 효과적인 비즈니스 기술이 된다. 첩보 요원은 필요한 정보를 얻기 위해, 이용 가치가 있고 자국이 처해 있는 상황과 연관성이 짙다고 판단되는 사람들에게 상당히 귀한 것을 판매한다. 판매 품목에는 종교의 자유, 억압으로부터의 자유, 음식과 주택을 마련할 자금, 애인에게 쓸 수 있는 현금, 선물, 비싼 저녁 식사 따위가 있다. 사람들은 방금 언급한 '제품'을 보통 특정한 행위, 즉 반역죄와 교환한다. 어떤 형태든 보상을 받고서 외국 정부에 국가 기밀을 제공한다면 그것은 반역죄다. 반역죄는 팔기 쉬운 제품이 아니므로, 첩보 요원은 SADR 단계의 4가지 요소를 신중하게 구사해 세상에서 가장 복잡한 거래를 성사한다. 첩보 요원에게 중요한 건 영업 할당량을 채우는 게 아니다. 자신과 가족을 안전하게 지키기 위해 올바른 대상으로부터 정확한 정보를 수집하는 것이다. 이보다 더 중대한 일이 어디 있겠는가.

한 국가의 정부가 시민을 보호할 때와 같은 방법으로 자기 사업에 유익한 정보를 수집할 수 있다면 어떨까? 분명히 밝히지만, 내부 기밀을 훔치거나 무엇인가 불법을 저지르자는 얘기가 아니다. 기술을 활용해서 유용한 정보를 수집하고, 사람이든 사물이든 대상을 막론하고 효과적으로 접근하는 방법을 설명하려는 것이다.

사업하는 사람이라면 누구나 알겠지만, 정보가 성공의 열쇠가 될 때가 많다. 그리고 SADR 단계를 활용하면 중요한 정보를 모아 사업을 키우거나 지구상의 어떤 제품도 판매할 수 있다. 당신이 자동차 판매원이든 냄비와 프라이팬 방문 판매원이든, 〈포천Fortune〉 500대 기업의 CEO든 상관없이, 무엇을 판매하건 이 기술을 사용하면 된다. 당신이 염원하던 시장이나 고객층에 곧장 접근하고, 당신의 사업이 즉시 수익을 창출할 수 있는 기반을 마련하는 데 이 기술이 유용하게 쓰일 것이다. 또한 직원을 채용하기 전에 재빨리 자질을 평가해, 팀에 암적인 존재가 들어와서 비용과 시간이 소모되는 일을 방지할 수도 있다. 경쟁에서도 뒤처지지 않고, 느닷없이 상황이 변하는 바람에 직격탄을 맞고 당하는 일도 없어진다. SADR 단계에 존재하는 개념을 활용할 수 있으면 자기 영업이나 사업에 비장의 무기가 생긴다. 게다가 의외로 상당히 재미있는 방법이기도 하다. 앞으로 소개할 장에서 여러분이 직접 느끼길 바란다.

2장

식별Spotting: 성공에 도움이 될 사람을 재빨리 파악하는 법

AGENT OF INFLUENCE

극비

장소: 네덜란드 암스테르담 바이텐벨데르트

참여자: 라이언 J. 존스

콘퍼런스 암호명: 이소크라테스ISOKRATES

임무: 'TXT 프로젝트'에 관한 지식과 연줄 중 어느 한쪽, 혹은 모두를 지닌 사람을 찾아라

라이언 이야기 1부

계속 진행할 만한 정보가 사실상 전혀 없었다. 단지 네덜란드에서 작은 학회가 열리는데 세계 최고의 물리학자들이

그곳에서 단 나흘 동안 머무를 것이라고만 했다. 우리는 그곳에서 우리나라 안보에 영향을 미치는 중대한 진전이 있을지도 모른다는 첩보를 입수했고, 나는 그 주체가 누구인지 알아내야 했다. 그리고 보통 때보다 빨리 일을 진행해야 한다.

CIA 요원으로 일하다 보면 장님이 된 것 같을 때가 있다. '무엇인가' 알기는 하지만, 더 큰 그림을 제대로 이해하려면 수많은 물밑 작업이 필요하다. 나는 몇 년 동안 집중 훈련을 받으면서, 많은 사람 중에서 가치 있는 정보를 줄 수 있는 사람을 체계적으로 파악하는 방법을 배웠다.

학회 장소에 도착했다. 고전적인 네덜란드풍으로, 밝은 파란색 대문이 있는 아름다운 집이었다. 위치는 암스테르담의 조용한 주택가였다. 집 안에는 많은 음식과 음료가 장만되어 있었다. 특히 네덜란드식 전채요리와 그롤쉬 맥주가 눈에 띄었다. 벽난로의 장작불이 방을 아름답게 비췄다. 전반적으로 교양이 느껴지면서도 그리 답답하지 않은 모임이었다.

나는 물리학자들이 몇 개 그룹으로 나뉜 것을 발견했다. 한쪽 구석에서 젊어 보이는 남자 몇 명과 젊은 여자 두 명이 즐겁게 대화를 나눴다. 아주 유쾌해 보였고 다른 참석자들보다 약간 편한 차림이었다. 어색한 기색이 역력한 재킷을 입은 남자들도 있었다. 차려입는 일이 드물다는 뜻이다. 여자 한 명이 같이 있던 다른 여자의 어깨를 두드리며 벽난로 쪽을 가리켰다. 그 그룹의 사람들 모두 그쪽을 보며 약간 놀라는 표정을 지었다. 나는 그녀가 방금 내게 첫 단서를 줬다고 생각했다. 벽난로 쪽에 누가 모여 있든, 틀림없이 이 젊은 축에 속하는 그룹이 관심을 두는 사람들일 것이다. 그리고 내가 오늘 밤 내내 지켜봐야 할 사람들이다. 나는 신중하게 다음 단계를 생각하면서 휴대폰을 보는 척 몇 분 정도 시간을 벌었다. 벽난로 앞에 모인 사람들의 대화가 궁금했다. 그쪽에서 끊임없이 에너지가 넘쳤기 때문이다. 그 그룹은 다른 그룹보다 사람이 꾸준히 많았다. 그쪽에서 진행되는 대화가 사람들을 끌어들이는 듯했다. 하지만 내 타깃이 거기 있는지 확신하려면 좀 더 시간이 필요했다.

다른 사람들 몇 명이 방 한가운데에 모였다. 대화를 나누는 품을 보니 서로 꽤 잘 아는 사이 같았다. 그중에 한 사람이 두드러져 보였다. 보통 대학교수와는 달리 세련된 정장 차림이었다. 대화에 참여하고는 있었지만, 발이 계속 다른 사람들과 조금 떨어져 있었다. 무슨 이유인지는 모르지만 그 남자는 대화를 끝내고 싶어 했다.

나는 음식이 마련된 테이블로 걸어갔다. 그러자 남자는 기회를 틈타서 내게 말을 걸었다. 30대 후반이나 40대 초반으로 보였다. 값비싼 시계를 찼고 신발은 이탈리아제였으며 넥타이는 고급 실크였다. 차림새로 봐서 분명 교수나 연구원은 아니다. 나는 그를 돌아보며 눈을 맞추고 악수를 했다. "안녕하세요, 저는 라이언입니다." 그는 이름이 클라이브였고 규모는 작지만 영향력 있는 엔지니어링 회사에 다닌다고 했다. 그 회사 이름은 내 자료에도 있었다.

나는 우리가 같은 사람에게 관심이 있다는 느낌을 받았다. 그래서 클라이브도 아까 얘기를 나누다가 빠져나왔을 것이다. 참고로 나는 수학과 물리학에 관해 간단히 대화할 정도는 되지만 진짜 전문가와 깊이 있는 토론을 할 수 있을 정도의 지식은 없었다. 그래서 최대한 대화를 가볍게 이어가면서도, 그를 중요하게 생각하는 것처럼 행동하며 나와 계속 대화하고 싶게 만들었다. 몇 분쯤 얘기하다가 내가 말했다. "혹시 저기 있는 사람들 알아요?" 나는 벽난로 근처에 모인 사람들을 가리켰다.

"알고말고요. 여기 있는 사람들은 다 새드한테 말을 걸고 싶어 하거든요. 입자 물리학 분야에서 대단한 연구를 하는 사람이에요. 소개해드릴까요?" 빙고. 타깃일 가능성이 높은 사람을 찾았을 뿐 아니라 자연스럽게 소개받을 기회가 생겼다. 클라이브는 따라오라고 손짓하더니 그 그룹에 부드럽게 끼어들었다. 클라이브는 새드의 팔을 가볍게 두드리며 말했다. "이쪽은 라이언이에요. 미국 컨설팅 회사에서 학계에 새로운 진전이 있는지 확인하려고 왔대요."

새드가 내 쪽을 보며 말했다. “반가워요.”

나는 그의 눈을 바라보고 손을 단단히 쥐며 말했다. “저야말로 영광이에요.”

그러자 새드가 말했다. “여기는 마커스와 프란체스카, 릴리언, 그리고 프랭크예요.” 새드는 하던 대화로 돌아갔고 나도 다른 사람과 얘기를 나눴다. 두 시간쯤 지난 뒤 저녁 식사가 끝났다. 새드와 직접 대화할 기회는 없었지만 이 정도면 오늘 저녁은 대성공이었다. 나는 호텔 방으로 올라가서 문을 잠그고 컴퓨터에 메모했다. 내일은 다음 단계에 돌입할 수 있기를 기대한다.

나는 외투를 걸치고 신발을 신은 다음 호텔을 나와 시원한 밤거리를 걸었다. 거리는 어둡고 조용했고, 사방에 안개가 자욱했다. 조심스럽게 북쪽으로 400미터쯤 이동해 작지만 아름다운 공원에 들어섰다. 그리고 왼쪽에서 세 번째 벤치에 앉아 구두끈을 묶는 척했다. 늦은 밤에 내가 공원에 앉아 있는 걸 누군가 볼 가능성은 거의 없지만 혹시 모를 위험을 피해야 한다. 이 시간에 공원에 앉아 있는 건 부자연스러운 일이다. 구두끈을 묶으면 자연스러운 핑계가 될 수 있다. 외투 왼쪽 호주머니에 손을 넣고 빨간 압정 하나를 꺼냈다. 그리고 그 압정을 벤치 왼쪽에 박았다. 압정이 거기 박혀 있다는 건 아무도 모를 것이다. 물론 조지나만 빼고.

이 암정에는 의미가 있다. "그 남자를 발견했다. 즉시 다음 단계에 돌입한다." 조지나는 내일 공원을 걸어가다가 아주 기뻐하겠지.

목표를 파악하고 타깃을 설정하라

라이언의 이야기는 암스테르담에 도착하기 한참 전부터 시작됐을 가능성이 높다. 분석가들은 전 세계 현장 담당자들이 모은 정보를 선별, 검토, 평가해 필요에 따라 '임무'를 꼼꼼하게 추려낸다. 그들은 정보를 분석하고 패턴을 찾아서, 국가를 보호하려면 특정 조치가 필요한 건 아닌지 판단한다. 라이언은 이행 사항을 신중하게 분석하고 최종 목표에 대해 분석가들과 오랫동안 논의해 자신이 할 일을 정확하게 파악했을 것이다. 분석가들은 엄선한 목록 중에서 라이언의 타깃이 될 만한 사람을 신중하게 추리고, 그중에서도 가장 구체적인 능력을 보유한 사람을 전 세계에서 10명 정도 선발했으리라. 첩보 세계에서, 타깃에 접근하기 위해 무작정 넓은 그물을 치는 건 시간도 오래 걸릴뿐더러 위험한 일이다. 라이언은 만날 사람을 의도적으로 정했을 테고, 안건에 맞는 타깃을 찾게 도와줄 사람에게 곧바로 다가갔을 것이다.

내가 CIA를 떠나 사업을 시작했을 때는 아는 사람이 별로 없었다. 내성적인 성격인데다(당신의 생각이나 영화에서 본 것과는 다르겠지만 많은 첩보 요원이 그렇다) 친구와 가족, 이웃과 교회 사람들을 제외하면 내 인맥은 상당히 제한적이었다. 사업을 키우고 싶었지만 사업가이자 가족이 있는 남자로서 시간은 내게 중요한 자원이었고 항상 부족했다. 이런저런 행사에 참석해서 만나는 사람마다 명함을 건네는 데 엄청난 시간을 들이는 게 의미가 있을까? 물론 운이 좋아서 훌륭한 인맥을 보유한 사람을 만날 수도 있겠지만 가능성은 희박했다.

나는 더 똑똑하게 일하고 싶었다. 나는 시간을 효율적으로 쓰고 싶었고, 목표를 빨리 달성하려면 다음과 같이 접근하는 게 더 나을 거라고 확신했다. 첩보 요원 훈련에 따르면, 최종 목표를 고려해서 구체적인 기준에 맞는 사람을 찾아보는 편이 낫다. 분석가들이 타깃 목록을 좁히는 것처럼, 당장 사업의 성공을 위해 가장 필요한 것에 집중하기로 했다. 보안과 생존을 담당하는 시장에서 회사를 시작하는 만큼, 특정 분야의 사람들과 가까워져야 한다. 시장 조사 결과 생존 장비 및 보급품 분야에 수요가 있다는 걸 알아냈지만, 실제로 그것을 원하는 고객 집단에 접근할 방법은 미지수였다. 도대체 내 사업을 일으키게 도와줄 주요 업자들과 어떻게 관계를 맺을 것인가? 수천 명이 나와 똑같이 노력하는 상황에서 어떻게 성공할 수 있을까?

첩보 요원 팁

접근할 방법은 항상 있다

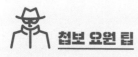

첩보 요원은 적당한 연줄을 금방 찾아내지 못해도 위축되지 않는다. 상대가 아무리 멀리 있고, 강력하고, 유명하고, 위험하거나 은둔 생활을 한다고 해도 접근할 방법은 항상 있다. 그리고 그 방법이란 단순히 내 인맥 중에 누가 그 간격을 좁혀줄 수 있을지 알아내는 것만으로도 충분하다. 첩보 요원은 자기 인맥을 이해할 뿐 아니라 누구와 연결되는지 습관적으로 파악한다. 그 사람이 누구를 알고, 그의 친척이나 이웃, 동료는 누구인가? 그의 관심사는 무엇이고 인맥은 어디로 연결되는가? 하지만 그 인맥을 일방적으로 이용하지 않게 주의하고, 항상 '가는 게 있어야 오는 게 있다'는 사실을 의식한다. 누군가에게 자연스럽게 소개해주는 대가로 부탁을 들어주거나, 다음에 무엇인가 도와줄 수 있다는 점을 분명히 밝히는 것이다.

사업가나 판매원으로 살아가는 건 무척 스트레스가 크고 부담스러운 일이다. 인맥을 쌓고 내 제품을 실제로 구매할 만한 사람들 앞에 선보이는 일은 불가능에 가까워 보이기도 한다.

그래서 나는 내 안에 존재하는 분석 능력을 이용해 사업에 도움이 되는 '집중 기반focus base'을 구축하기로 했다. 집중 기반은 수백만 달러 규모의 성공적 기업을 구축하는 데 가장 필수적인 3가지로 구성했다.

성공을 위한 3가지 집중 기반 설정

① 대중 매체

대중 매체 분야에는 전혀 인맥이 없었지만, 사업을 널리 알리려면 TV와 라디오에 출연하고 잡지에 회사를 소개할 필요가 있었다. (TV에 출연하는 방법을 운 좋게 알아낸다 해도) TV에 나가는 건 내키지 않았지만, 우리 문화가 유명 인사를 호의적으로 생각한다는 사실을 받아들이기로 했다. 누가 TV나 라디오에 출연했고 잡지에 기고했다고 하면 그 사람에게 금방 믿음이 가기 마련이다. 사업을 새로 일으킬 때는 정말 중요한 요소다.

② 협력 업체

내가 사업을 시작할 때는 대규모 고객 기반이 없었기 때문에 협력 업체를 마련하는 게 핵심이었다. 더 확고한 브랜드와 탄탄한 고객 기반을 보유한 사람과 거래해서 제품을 판매할 수 있다면, 초기 단계에 혼자 애썼을 때보다 더 많은 사람과 접촉할 수 있다. 이는 분명 판매를 촉진하고 곧바로 수익을 창출하는 데 도움이 된다.

③ 합작 투자

다시 말하지만, 새로운 회사를 수백만 달러 규모의 회사로 빠르게 성장시키려면 제품을 많은 사람에게 소개해야 한다. 그래서 나는 합작 투자를 하고 싶었다. 이 업계에서 나와 함께 일하며 제품이나 서비스를 '공동'의 고객들에게 판매하고 싶어 하는 사람을 찾아야 했다. 우리는 이 벤처 기업과 수익은 물론 위험도 공유할 것이다.

내 회사와 잘 어울리는 회사와 합작하면 제품과 서비스를 더 많은 사람에게 노출할 수 있다. 또 고객 명단에 있는 사람들에게도, 아직 판매하지 않았지만 관심이 있을지 모르는 제품을 소개할 기회가 된다. 고객 명단이 증가하면서, 내가 열심히 구축한 고객 기반을 다른 회사에 빌려주어 수익을 창출할 수 있다는 사실도 깨달았다.

일단 집중 기반을 설정했더니 회사를 수백만 달러 규모로 성장시키는 일이 갑자기 가능해 보였다. 이제 중요한 다음 단계를 공략할 차례였다. 즉 앞의 3가지 핵심 목표를 달성하게 도와줄 사람을 찾아야 한다. 이 책을 읽는 사람이 전부 생존 관련 산업에 몸담고 있을 리는 없지만, 이 시스템은 판매하는 품목과 관계없이 효과가 있다. '살아남기 위해(또는 성공하기 위해) 필요한 3가지 핵심 목표'를 정하면, 사업이나 매출의 기반을 탄탄하게 닦을 수 있다. 이때 무엇이든 원하는 대로 정해도 좋지만, 그 목표가 자신이 몸담은 산업의 기대치에 근접하는지 먼저 연구해야 한다. 그런 의미에서 집중 기반을 정하기 전에 먼저 다음 2가지 질문을 고민해보자.

최종 목표는 무엇인가?

유능한 분석가는 궁극적인 목표가 무엇인지 항상 알고 있다. 마약왕을 제거하는 일이든, 테러 가능성에 대한 정보를 얻는 일이든, 자국에 위협이 될 과학 연구를 진행하는 국가를 찾는 일이든 마찬가지다. 자국민의 안전이 위험에 처했으므로 실수해선 안 된다. 사업의 생명줄이 위험에 처했을 때도 마찬가지다. 분석할 때는 의도에 맞고 분명하게 안건을 도출해야 한다. 최종 목표를 구상할 때는 일관된 논리를 따르는 게 중요하다.

생존에 필수적인 요소는 무엇인가?

사업가라면 누구나 회사를 유지하기 위해 수익을 창출해야 한다고 말할 것이다. 나 역시 수익 창출이 생존에 필수 요소였다. 그럼 여기서 한 단계 더 들어가 보자. 설립 초기에 가능한 한 빨리 수익을 창출하려면 어떻게 해야 할까? 의사 결정 권한이 있는 사람에게 접근해야 하는가? 권한 자체를 매수해야 하는가? 투자자를 확보해서 자본을 늘려야 하는가? 나는 수익을 낼 때까지 몇 년이나 기다릴 여유가 없다는 사실을 잘 알고 있었다. 사실 그럴 필요도 없다. 몇 년이나 인내했다가 겨우 몇 푼을 벌 거라면 뭐하러 사업을 시작하겠는가? 그러니 운영 초기에 자본을 확보할 수단을 마련해야 한다. 그래서 나는 즉시 공략하고 싶은 고객과 나를 연결해줄 수 있는 사람들에게 접근했다. 당장 인기 상품을 출시해서 수백만 명에게 팔지 못하더라도, 제품을 판매하거나 수익을 창출할 방법을 정확히 마련해둬야 한다.

첩보 요원 팁

항상 주위를 탐색한다

이때 탐색이란 주변에서 일어나는 모든 일을 점검하고 주의 깊게 관찰하는 것을 의미한다. 첩보 요원은 탐색을 중단하는 법이 없다. 심지어 은퇴한 후에도 마찬가지다. 탐색 본능은 정신 속에 깊이 뿌리박혀 있으며, 늘 주변 환경의 변화를 인식하고 있다. 예를 들어 새 건물을 짓는 바람에 병목 현상이 생겨, 응급 상황에서 이 지역을 떠나기 어려워진다고 하자. 첩보 요원은 이 현실을 인지하고 대체 경로를 조사할 것이다. 안전을 위해 절대로 한 가지 경로에만 의존하지 않는다. 이런 개념은 사업에도 적용된다. 한 가지 길에만 의존하는 건 금물이다. 당신의 생계가 다른 길에 좌우될 가능성이 얼마든지 존재하기 때문이다.

나만의 '수배 명단'을 만들어라

누구나 FBI나 CIA의 지명 수배자 명단에 오른 범죄자들을 뉴스에서 본 적 있을 것이다. 오사마 빈 라덴에서 멕시코의 마약왕 엘 차포에 이르기까지 역사상 최악의 범죄자가 이런 명단에 포함된다. 하지만 첩보 세계에서는 사회 안전을 위해 검거해야 할 범죄자 명단만 있는 건 아니다. 지적이고 개척 정신이 강하고 혁신적이며, 자기 분야에서 세계 최고의 위치에 오른 인물들의 명단도 있다. 물리학자나(라이언 이야기에 등장한 것처럼) 수학자, 컴퓨터 프로그래머, 해커, 화학자 등 뛰어난 능력을 지닌 인물이 여기에 해당한다. 범죄자는 아니지만 그 지식은 상당히 중요하므로, 우리는 그들이 잘못된 사람과 엮이기를 원하지 않는다. 다시 말하면 그들이 무엇을 하든 우리가 가장 먼저 알기를 원하고, 그 결과 전혀 성격이 다른 '지명 수배 명단'이 생긴다.

나는 이 개념을 응용해서 사업을 위한 상위 25인의 수배 명단을 선정했다. 회사를 수백만, 수천만 달러 규모로 성장시킨다는 사명을 달성하게 도와줄 최고 능력자들을 찾아서 접근하고 싶었다. 물론 사업 분야에 따라 숫자가 달라지겠지만, 내게는 25인 정도가 적당해 보였다. 관리 가능하면서도, 내 안전지대를 넘어서 목표를 밀어붙일 만한 인원이었다.

수배 명단을 설정하는 법

1단계: 기준 설정

이 단계에서는 감이 잘 오지 않을 것이다. 우선 수배 대상을 정할 기준을 마련한다. 당시 나는 가장 중요한 연락처로 등록할 사람이 누구인지 찬찬히 생각했다. 다시 말하지만, 사업과 관련된 콘퍼런스가 있을 때마다 얼굴을 들이밀기보다는 신중하게 인맥을 쌓을 생각이었다. 다행히 요즘은 인터넷 덕분에 몇 가지만 간단히 검색해도 해당 업계의 리더들이 금방 눈에 띈다. 무엇보다 수많은 구독자나 팔로워를 거느린 유튜브 채널, 인스타그램, 트위터를 찾을 수 있다. 내 관심 분야의 베스트셀러 작가도 뜬다. 이런 식으로 하루에 15분만 투자하면 큰 진전을 이룰 수 있다. 그리고 나는 기준을 설정하기 위해 이렇게 자문하기도 했다.

- 어떤 성격을 지닌 사람을 가장 찾고 싶은가?
- 내 수배 명단에 있는 사람은 어떤 직위에 있을까?
- 어떤 회사에 접근하고 싶은가?

꼭 만나야 할 사람이 누구인지 집중해서 찾다 보니, 예전에 받았던 훈련이 사업을 일으키는 데 얼마나 도움이 되는지 새삼 깨달았다. 첩보 세계와 마찬가지로 사업에서도 특정 조건을 충족하는 사람은 제한적이다. 그물을 넓게 드리운다고 해서 더 나은 사람을 찾을 수 있는 건 아니다(수학자를 고용해서 정교한 알고리즘을 개발할 필요도 없다). 그래 봤자 시간만 낭비할 뿐이다.

2단계: 핫 플레이스 선정

CIA 요원은 해외로 파견되면 먼저 자기가 머물 곳의 주변 거리를 걸어 다닌다. 그래서 그곳의 문화와 위험지대, 목적지를 찾아가는 가장 쉬운 방법, 도움 될 사람을 찾을 장소 등을 훤히 꿰뚫고 있다. 나는 사업도 비슷한 방식으로 접근하고 싶었지만, 돌아다니거나 메모를 하는 데 시간을 허비할 생각은 없었다. 대신 작전 지역을 사전 답사하듯이, 원하는 사람과 인맥을 쌓을 수 있는 장소를 체계적으로 계획하면 시간과 에너지를 크게 절약할 수 있다는 사실을 알았다. 예를 들어 라이언은 콘퍼런스에 대한 구체적인 정보를 얻었고, 자원을 활용해 특정 파티에 참석했다. 결정적으로 그 파티가 출발점으로 적절한지 판단하기 위해 수많은 요원들이 발품을 팔았다. 라이언이 파티에 갔을 때는 훌륭한 인맥을 쌓을 것이 분명했다.

나는 수배 명단에 구체적으로 3가지 부류를 넣고 싶었다. 언론, 나와 파트너가 될 가능성이 있는 생존업계 관련 회사, 내 서비스를 구매할 의사가 있는 고소득 개인이었다. 처음 시작할 때는 그물을 넓게 던졌고 결국 선택지를 좁혀가며 가장 적합한 명단을 추렸다.

내가 그들을 만날 핫 플레이스를 찾기 위해 실행한 방법은 다음과 같다.

- 지역 TV와 라디오 프로그램에 출연하려고 애썼다(평생 한 번도 출연해본 적이 없었기 때문에 쉽지 않으리란 건 알고 있었다). TV에 출연하는 방법은 이 책의 마지막에 삽입한 보너스 챕터에 상세히 소개했다.
- 고객이 될 가능성이 높은 고액 자산가를 겨냥한 잡지나 여러 가지 간행물을 구독했다(예: 롭 리포트)[3].
- 관심 있는 다양한 분야에서 전문가가 쓴 최신 서적을 꾸준히 읽고, 저자에게 연락하기도 했다(저자들은 독자가 연락해오면 생각보다 무척 기뻐한다).
- 수백만 달러 규모의 회사를 소유한 사람들이 어울리는 산업 리더 모임에 들어가려고 2만 5,000달러를 썼다. 모임에 처음 나갔을 때 동종 업계에서 일하는 남자를 만나서 거래를 텄고 순식간에 25만 달러를 벌어들일 수 있었다. 당장 그 정도로 투자할 여력이 없더라도 상관없다. 또한 지역 상공회의소에도 가입해서 여러모로 도움을 받았다. 인연을 맺고 싶은 지역 회사 소유주에게 연락해 매월 모임을 제안하는 것도 방법이다.
- 강연 업무를 잡으려고 노력한다. 나는 러버메이드Rubbermaid 같은 대기업에서 강연하면서 인맥을 쌓았고, 강연을 들은 경영진이 내가 운영하는

---

3 **Robb Report** 전용기, 리조트, 부동산, 자동차 등 고급 제품과 서비스에 대한 최신 정보를 제공하는 월간지.

교육 과정에 등록하기도 했다. 요즘 나는 강연료로 2만 달러를 받는다. 정말 감사한 일이다.

3단계: 전반적으로 관찰

첩보 요원은 당면한 환경에서 모든 걸 관찰하는 법을 오랫동안 교육받는다. 처음에는 특정 지역에서 일어나는 모든 활동을 전반적으로 파악하는 데 집중한다. 이 단계에서는 주변에서 일어나는 일에 점점 익숙해지고 자신 주변의 '정상'과 '표준'상태를 정의한다. 첩보 세계에서는 '기준선baseline'이라는 표현을 사용한다. 그리고 요원들은 주어진 상황에서 '정상'이나 '표준'으로 보이는 것에 항상 주의한다.

예를 들어 스포츠 경기에서 사람들이 응원하거나 소리를 지르는 건 정상이다. 하지만 야구 경기 도중에 갑자기 침묵이 흐르면 뭔가 잘못됐다는 신호다. 교회에서 많은 사람이 고함을 치는 것도 마찬가지다. 라이언의 이야기로 돌아가서, 라이언은 방의 출구와 창문 위치를 포함해 전반적인 배치를 관찰했을 것이다. 그리고 그곳에 모인 남자와 여자의 수도 파악했다. 그뿐 아니라 가구가 어떻게 배치됐고 종업원은 몇 명인지 따위의 사소한 사실에도 관심을 기울였다. 라이언은 일반적인 특성을 관찰해 그 방의 기준선을 결정하고, 그다음에 이어질 중요한 식별 작업에 대비했다.

첩보 요원 팁

주변 지역의 기준선 설정하는 법

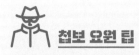

우리는 매일 다양한 환경에서 시간을 보낸다. 대중교통을 이용해서 출퇴근을 하며, 직장에 가거나 자녀를 학교에 데려다주고, 쇼핑하고, 행사에 참석하기도 한다. 이런 상황은 당신에게 저마다 독특한 기준선을 지닌 환경으로 다가온다. 말하자면 기준선은 해당 지역의 분위기다. 시끄러운가, 조용한가? 복잡한가, 휑한가? 예를 들어 맨해튼 미드타운에서 일한다면, 그곳의 기준선은 복잡하고 시끄럽고 혼란스럽다고 볼 수 있다. 사무실 건물을 나왔더니 길거리에 차와 사람이 없다면 우려해야 한다는 뜻이다.

그 지역의 기준선을 정하려면 미리 몇 가지 일반적인 사항을 알고 있어야 한다. 어떤 방이나 시설 내부에 있다면 전체적인 분위기에 주의한다. 식당에 있다면 보통 행복하고 신나는 기운이 감돈다(추도식이라면 그 반대일 것이다). 누가 있는지도 확인하자. 그 장소가 붐비는가, 아니면 사람이 드문가? 모인 사람의 면면은 어떠한가? 마지막으로, 어떤 활동이 이뤄지는가? 사람들이 식사하는가, 아니면 대화하거나 신문을 읽는가? 누가 무슨 행동을 하는가? 환경의 기준선을 파악하는 게 습관이 되면, 스스로 안전을 지키는 한편, 가까워지고 싶은 사람에게 금방 다가갈 방법을 찾을 수 있다.

4단계: 연관성 관찰

전반적인 관찰은 훨씬 큰 목표를 위한 토대를 마련하는 작업이다. 하지만 관찰이 의미가 있으려면 당신이 처한 상황과 연관이 있어야 한다. 첩보 요원은 더욱더 심오한 수준까지 관찰하는 훈련을 받는다. 그들은 방에 들어가서 상황을 평가한 다음, 개별 사건 가운데 중요한 것을 추려낼 수 있다. 길 건너편에서 자동차가 어슬렁거리는데, 그 운전자의 시선이 창문에서도 분명히 보인다. 종업원이 음료를 따르는데, 자기 앞에서 벌어지는 대화를 전부 들을 수 있을 만큼 천천히 움직인다. 차가 왜 저기 있을까? 운전자는 집 안에 있는 사람의 신호를 기다리는 걸까? 종업원은 왜 이 대화를 듣고 싶어 할까? 단순히 사람들을 기다리는 게 아니라 더 큰 임무를 띤 걸까? 이런 모든 요소가 진짜 그림을 그리게 하는 재료가 되며, 이 그림의 영향력은 막대하다. 연관성을 잘 관찰할수록 당신의 사업이 클 수 있게 도와줄 사람을 식별하기가 쉬워진다. '진짜 그림'을 볼 수 있는 것이다.

예를 들어, 아까 라이언 이야기에서 라이언은 흥미로운 점을 몇 가지 발견했다. 그는 한 남자의 옷차림이 다른 사람들과 다르다는 사실을 눈치챘다. 나중에 알고 보니 그는 엔지니어링 회사에서 일하는 사람이었다. 비싼 신발과 넥타이를 착용했다는 건 다른 사람들과 달리 학계 종사자가 아니라는 뜻이었다. 남자의 발 역시 모여 있는 사람들과는 반대 방향을 가리켰다. 대화에서 빠져나갈 기회를 엿보고 있다는 의미다.

첩보 요원 팁

발도 말을 한다

누군가의 발이 지금 대화 상대와 반대 방향을 향하고 있으면, 더 이상 대화를 잇고 싶지 않다는 확실한 신호다. 어쩌다 별 볼 일 없는 사람과 대화하느라 오도 가도 못하는 상황이라면, 자기 발을 내려다보자. 발은 이미 빠져나갈 방향을 향해 있을 것이다.

라이언은 벽난로 근처에 특히 많은 사람이 모였고, 특정 인물을 둘러싸고 있다는 사실을 알아차렸다. 그 인물에게 여러 사람의 관심이 집중됐으며 그를 중심으로 상당히 오랫동안 활동이 진행됐다. 이는 그 인물을 찾는 사람들이 많고, 라이언이 찾고 있는 뛰어난 과학자일 가능성이 높다는 뜻이었다. 이런 요소 하나하나가 의미도 있고 유용하긴 하지만 라이언에게 가장 중요한 사실은 따로 있었다. 클라이브가 라이언을 새드에게 소개해주겠다고 나섰을 때, 클라이브는 부드럽게 새드의 팔을 만졌다. 라이언의 입장에서 이런 행동을 발견한 건 대박을 터뜨린 거나 다름없었다. 얼핏 보기에는 스치듯 접촉했을 뿐이지만 그 이면에는 커다란 의미가 존재한다. 클라이브는 대화 도중에 끼어들어서 다른 사람을 소개해줄 만큼 새드와 잘 아는 사이였다. 또한 새드는 클라이브가 몸을 만지는 걸 불편해하거나, 그가 소개하는 사람을 만나는 걸 꺼리지도 않았다. 달리 말하면 두 사람은 서로에게 우호적인 관계였고, 라이언에게는 더없이 유리한 설정이었다.

연관성 관찰 시 주의할 점

- 누가 함께 모여 있는가?
- 서로 아는 것 같은 사람은 누구인가?
- 특별히 인기가 많은 사람이 있는가?
- 모든 사람을 아는 듯한 사람은 누구인가?

5단계: 자연스러운 소개 유도

누군가 다가와서 근무 경력이나 회사에 대한 구체적인 정보를 물어온 경험이 있을 것이다. 구직을 위해서, 혹은 단순히 지혜를 빌리려는 의도일지도 모른다. 보통 이런 질문에 굳이 시간을 쓰고 싶지는 않을 때가 많다. 하지만 친구나 친척이 그런 요청을 하면 핑계를 대기가 어려워 들어줄 때가 많다. 그렇기에 일반적으로 사람들은 낯선 사람과 어울리는 걸 불편하게 생각하지만, 가까운 누군가 그 사람을 연결해준다면 대부분 받아들일 가능성이 높다. 이렇게 자연스럽게 소개받는 상황은 첩보 세계에서 큰 비중을 차지하는 전략 중 하나다.

첩보 요원은 고위 정부 관료나 자기 분야에서 높은 평가를 받는 전문가, 권력자와 연줄이 있는 사람, 혹은 무자비한 범죄자에게 접근하라는 임무를 받을 때가 있다. 이런 사람들에게 접근하기는 쉽지 않다. 그럴 때는 목표를 직접 공략하기보다 측면에서 접근하는 게 좋다. 타깃과 친분이 있는 사람에게 접근해 그 사람에게 소개를 받는 편이 훨씬 안전하기 때문이다. 내 동료는 이런 말을 했다. "자연스러운 소개로 상황을 뒤집을 수 있죠. 어느 순간 위협적인 존재가 아니라 믿을 만한 사람으로 다가갈 수 있으니까요."

라이언에게 클라이브는 여러모로 완벽한 존재였다. 그는 새드의 지인들과 편안하게 어우러졌고 새드는 그를 믿는 듯했다. 게다가 학자가 아닌 사업가였으므로, 라이언 같은 미국인과 사귀어둘 가치가 있다고 생각했을 것이다. 그래서 다른 사람보다 라이언에게 호의를 베풀려 했다. 또한 클라이브와 새드 사이에 오간 신체 접촉으로 보아 두 사람은 어느 정도 친분이 있었지만 매우 가까운 친구 사이는 아니었다. 클라이브와 새드가 친한 사이였다면 포옹을 하거나, 새드가 하던 대화를 중단하고 클라이브와 대화했을지도 모른다. 그리고 클라이브는 보호 심리가 작동해서 굳이 라이언을 소개해주지 않았을 가능성이 높다. 클라이브야말로 자연스러운 소개에는 안성맞춤이었고, 아무런 의심도 일으키지 않고 접근할 수 있게 해준 일등공신이었다. 이렇듯 교묘한 접근이 생명이다.

자연스러운 소개를 동원하면 만나고 싶은 사람을 사실상 전부 만날 수 있다. 나는 경험상 일단 집중 기반을 결정한 다음에는 나를 가르치고 정보를 제공하며, 궁극적으로 파트너가 될 수 있는 사람을 찾아야 한다는 사실을 알고 있었다. 그리고 그런 사람에게 접근할 수 있는 사람이 어디에 있는지 파악해야 한다는 사실도 알고 있었다. 다행히 인터넷 덕분에 이 모든 게 가능했고, 어렵지 않게 베스트셀러 작가나 출연하고 싶은 TV 프로그램 피디에게 이메일을 보낼 수 있었다. 기고하고 싶은 잡지 편집자에게 홍보 메일을 보내거나, 퀵서비스로 자필 쪽지를 전달하기도 했다. CEO나 자산가들에게 관심을 받기에 좋은 방법이다.

나는 하루에 세 사람씩 접촉하기로 목표를 세웠다. 전화 두 통, 이메일 한 통 정도면 될 것이다. 매일 3명에게 연락만 한다면 수단은 무엇이든 상관없다. 더 많이 접촉할수록 그들을 활용해 다른 사람을 소개받을 확률이 높아졌다.

이 방법은 내 회사의 마케팅을 강화할 때 빛을 발했다. 나는 함께 일하고 싶은 마케팅 전문가 몇 명을 추려냈다. 유일한 문제는 당시 내 회사가 그 사람들이 일하는 회사보다 훨씬 작다는 점이었다. 나는 방법을 찾아야 했다. 내 회사가 지금은 시작 단계에 불과

하지만 커다란 가능성이 있고, 나와 함께 일해야 한다는 확신을 주고 싶었다.

당시 우리 집 근처에서 SNS 마케팅 세미나가 있었는데, 약간 조사해봤더니 세미나의 주요 강연자는 내가 만나고 싶었던 사람들 전부와 연줄이 있었다. 나는 그 세미나에 참석해서 강연자와 친분을 쌓았다. 나를 진정 도와줄 수 있는 핵심 인물로 그를 '식별'해낸 것이다. 나는 그에게 다가가서 강연이 마음에 들었고, 유타까지 와줘서 고맙다고 말했다. 물론 며칠 후에는 이메일을 보내 세미나가 유익했다고 하면서 내 사업을 시작하는 데 도움이 될 사람을 만나고 싶다고 말했다. 혹시 소개해줄 수 있겠느냐고 말이다. 결국 나는 그가 소개해준 마케팅 담당자와 일하게 됐다. 그가 자연스럽게 소개해준 덕분에 커다란 변화가 생겼다.

나는 사람들과 어울리기를 그리 좋아하지 않는 성격이라(내 아내에게 물어보면 알 거다), CIA 훈련을 받지 않았다면 어떻게 사업을 성장시켰을지 상상도 되지 않는다. 인맥을 쌓기 위해 거창한 파티에 참석하거나 심지어 사업차 저녁 식사를 하는 것도 그리 즐기는 편은 아니었다. 나와 비슷한 성격이라면 이렇게 자연스러운 소개 과정을 활용해서 스트레스 받는 일 없이 원하는 인맥을 쌓을 수 있으리라고 장담한다. 네트워킹 행사를 더는 두려워하지 않아도 된다. 이미 네트워킹이나 대화의 대가인 사람들도(축하한다, 정말 부렵다) 내가 소개한 방법을 따르면 더 빨리 인맥을 쌓을 수 있다. 이 방법이 사업상 더욱더 효과적이고 유용할 것이다.

첩보 요원에 대한 오해

"다 몸이 탄탄하고 세련되고, 외모가 준수하다. 마치 제임스 본드처럼."

땡! 대니얼 크레이그나 브래드 피트, 맷 데이먼, 톰 크루즈 같은 배우가 모두 첩보 요원을 연기했다는 사실을 생각해보면, 요원은 다 잘생겼고 세련됐다는 편견을 형성하는 데 할리우드가 크게 한몫한 것 같다. 사실 요원은 외모도 몸집도 다양하고, 길을 가다 흔히 마주칠 법한 사람이 더 많다. 이 책에서 소개하는 교수나 연구원들도 평범한 외모일 가능성이 높다. 상황에 적응해서 제대로 활동하려면 시각적으로 자기 역할에 잘 어울려야 한다. 어떤 환경에서 일하든 자연스러워 보여야 한다는 뜻이다. 동료들은 현장에 나가면 신중하게 외모를 조정했다. 때로는 정교하게 변장해야 할 때도 있지만, 여기서는 그런 의미가 아니다. 라이언은 학자와 과학자 모임에 자연스럽게 어우러져야 했다. 즉 양복을 입고 넥타이를 매야 하지만, 너무 화려하거나 비싼 차림은 안 된다는 뜻이다. 물론 부유한 사람이 자주 가는 곳에서 완벽하게 어울리려고 한다면 훨씬 값비싼 양복과 시계, 신발 등을 착용해야 한다. 궁극적으로 훌륭한 첩보 요원이 되려면 브래드 피트처럼 보일 게 아니라, 대학교수든 자동차 정비공이든 의도하는 대상으로 적절히 탈바

꿈할 수 있어야 한다. 첩보 업무는 겉모습만 보고는 절대로 판단할 수 없다. 알맹이가 훨씬 중요하고, 이 알맹이란 바로 누구에게나 무엇이든 팔 수 있는 능력을 일컫는다.

3장

평가Assessing: 상대의 가치를 제대로 판단하는 법

AGENT OF INFLUENCE

라이언 이야기 2부

며칠 전 공원에 신호를 남겼다. 지정된 벤치에 빨간 압정을 박은 건 동료에게 일이 계획한 대로 진행 중이며 다음 단계를 실행할 때가 됐다는 것을 알리려는 목적이었다. 지금까지 나는 다른 사람들 눈에 평범한 콘퍼런스 참석자로만 보였을 것이다. 그래서 그들과 마찬가지로 강의도 들으면서 눈도장을 찍었다. 콘퍼런스는 규모가 그리 크지 않았으므로 다른 참석자들이 나를 알아보는 게 중요했다. 그렇지 않으면 결국 의심을 샀을 것이다.

19XX년 6월 12일, 오전 11시 30분

오늘 두 번째 강의를 들었지만 아직 새드를 보지 못했다. 나는 강의실을 둘러보며 누가 있는지 파악했고, 되도록 눈에 띄지 않게 주의했다. 점점 초조해졌다. 콘퍼런스, 일명 '이소크라테스'는 며칠이면 끝난다. 이렇게 아무 성과도 없이 돌아갈 순 없었다.

오전 시간표에 따르면 강의가 몇 건 있고, 서로 다른 건물에서 이런저런 주제로 공개 토론이 진행될 것이다. 안타깝게도 새드가 발표자로 지정된 강의나 토론은 없다. 새드와 대화하고 싶은 절박한 마음을 숨기고 그를 찾아야 했다. 내가 찾는 사람이 새드라고 확신했지만, 제대로 평가할 기회를 만들어야 우리 목적에 그가 부합할지 판단할 수 있다. 새드가 나를 돕고 싶어 할까? 정보를 줘도 된다고 확신시킬 수 있을까? 무엇이 동기 부여가 될까? 이쪽에서는 뭘 제안해야 위험을 감수하고 정보를 공유하려 할까? 새드의 성격은 우리 목적과 궁합이 맞을까? 이 중요한 질문의 답을 찾아야 한다. 새드가 우리와 맞지 않으면, 다시 출발점으로 돌아가서 요건에 맞는 다른 사람을 찾아야 할 것이다.

강의가 끝나고 출구로 걸어가다가 나는 어떤 변화를 감지했다. 과학자들은 감정을 잘 표현하지 않는다는 걸 진즉 눈치챘던 만큼, 무슨 일이 있는 게 분명했다. 주변에서 웅성거림이 더 심해졌고 서둘러 짐을 들고 나가는 사람도 있었다. 공포에 빠진 느낌은 아니었다. 예전 연회에서 새드를 둘러싸고 부산했던 분위기와 비슷했다. 강의실을 나오자 모두들 밖으로 나와 길을 건너고 있었다. 나는 학생처럼 보이는 여자에게 다들 어디로 가느냐고 물었다. 여학생은 동네 식당에 모두 모여서 점심을 먹는 게 학교 전통이라고 했다. 내가 현지 음식을 먹어본 적이 거의 없다고 대답하자 그녀는 자신의 친구들과 함께 가자고 제안했다. 나는 그 친절을 받아들였다.

식당에 도착했다. 새드를 포함해 다들 웃으며 먹고 마시는 중이었다. 더 반가운 건 새드는 혼자였고 특별히 대화하는 사람은 없었다. 기회다. 나는 사람들을 헤치고 새드에게 다가갔다. "안녕하세요. 클라이브의 친구죠? 어제 뵀는데, 저는 라이언입니다." 나는 새드가 내민 손을 잡았다.

첩보 요원 팁

독특한 악수로 강렬한 인상을 남기는 법

누군가에게 즉각 깊은 인상을 주고 싶으면 독특한 방식으로 악수해 보자(이어지는 본문에 나오는 라이언의 악수법을 참고하라). 최대한 자연스럽고 자신감 있게 하는 것이 중요하다. 그렇지 않으면 이상해 보이기만 하고 완전히 역효과가 날지도 모른다. 독특한 악수는 상대

에게 친밀하게 다가갈 거라는 직접적인 신호를 보내는 역할을 한다. 제대로 했을 때는 위협적이지 않게 친밀감을 표현하고 외교적인 성과도 거둘 수 있다.

그리고 곧바로 다른 손을 들어 새드의 양손을 잡았다. 너무 힘을 주거나 오래 쥐지 않도록 조심하면서 두 손을 빠르고 가볍게 흔들었다. 그저 내가 특이하게 악수한다는 사실만 인식해주길 바랐다. 경계하게 할 생각은 아니었다. 새드가 미소를 지었다. 내 의도대로, 즉 사소한 친밀감의 표시로 해석했다는 뜻이다.

어서 새드와 수다를 떨어야 한다. 나는 사람들이 잔뜩 모인 쪽을 가리키며 말했다. "여기서 술 한잔 마시기가 늘 이렇게 힘든가요?" 새드는 히죽 웃었지만 대답하지 않았다. 다른 방법을 시도해야 한다. "이곳은 참 아름답네요. 사람들도 반갑게 맞아주고요. 아내랑 아이들도 데려왔으면 좋았을 텐데."

새드가 고개를 들었다. 주저하는 눈치였지만 입을 열었다. "제가 여행을 많이 하는 편은 아니지만 그 말에는 동의해요. 참 예쁜 곳이에요." 새드의 어깨가 열렸고 발이 약간 내 쪽을 향했다. 진심을 담은 미소에 내 마음이 벅차올랐다. "우리 가족도 좋아했을 거예요." 옳지, 기회가 열렸다.

"아이가 있어요?" 내가 물었다. "열두 살짜리 아들이랑 열다섯 살짜리 딸이 있어요. 콘퍼런스도 좋지만 솔직히 애들이 보고 싶네요." 섀드가 덧붙였다. "가족과 떨어져 있으려니 참 힘들어요. 아무래도 익숙하지가 않거든요."

이제 진짜 발전이 보인다는 생각이 들어서 또 질문했다. "일 때문에 여행을 자주 못 하나 봐요?"

섀드는 약간 불편해 보였지만 대답했다. "여행은 저한테 좀 복잡한 문제예요. 하는 일의 성격상 자주 여행 가는 게 쉽지 않아서요." 모국을 자주 떠나는 게 허락되지 않는다는 뜻일까? 의문스러운 말이었다. 무슨 일을 하기에 여행하기가 어려울까? 섀드의 말은 내가 번지수를 제대로 찾았다는 또 다른 증거였다.

나는 구체적인 정보를 더 얻고 싶었다. 하지만 이번 질문이야말로 특히 조심해야 한다. "우와, 휴가를 보내주지 않는다니 정말 중요한 일을 하나 봐요! 무슨 일을 하는데요?"

섀드는 팔짱을 꼈다. 방어 기제가 작동했다는 뜻이다. "그냥 연구원이에요. 주로 입자 물리학을 연구해요."

바로 그거다. "정말요? 저도 그 분야는 항상 궁금했는데. 다음에 한번 자세히 듣고 싶네요." 주제를 바꿀 때가 됐다. 나는 이렇게 질문했다. "떠나기 전에 주변 관광할 시간은 있어요? 뭘 봐야 할지 잘 모르겠어요." 섀드는 박물관 얘기를 들었다고 하면서 거기 들를 시간이 있을지는 모르겠다고 했다. 그러다 바텐더가 드디어 우리 주문을 받으러 와서, 나는 새드에게 뭘 마시겠냐고 물었다. 새드는 어제 현지 술을 마셨는데 강력히 추천한다며, 자기 고향에서는 찾기 힘든 맛이라고 했다. 나도 잘됐다며 그걸 마시기로 했다. 새드가 두 잔을 주문했다. 나는 새드의 손이 지갑에 닿기도 전에 카운터에 술 두 잔 값을 내려놓았다. 새드가 고맙다며 고개를 끄덕였고 학생 몇 명이 새드에게 말을 걸려고 급히 떠밀며 다가왔다. 나는 좋은 술을 알려줘서 고맙다고 말한 뒤 눈을 마주치며 아까와 똑같이 악수했다. 그리고 다른 사람과 얘기를 나누러 자리를 떴다. 대화를 끝내기에 완벽한 타이밍이었다. 새드를 독차지했다가는 다른 사람이 눈치챌 것이기 때문이다.

저녁 8시 30분, 환영 만찬

점심을 먹고 나서 다른 강의를 들었다. 다른 사람이 나를 봤다는 걸 기억할 수 있게 강의 막판에는 질문까지 했다. 합법적인 수강생처럼 보일 필요가 있었다. 질문을 끝내고 복도에 나와서 다른 학생들과 얘기했다. 그리고 조용히 방으로 돌아와 메모한 다음, 저녁에 있는 콘퍼런스 환영 만찬을 위해 옷을 갈아입었다. 미국이 그토록 염원하는 과학 기술의 열쇠를 새드가 쥐고 있다는 확신이 들었지만, 그가 좋은 자산이 될 수 있을지 판단할 만큼 성격을 파악하지는 못했다. 새드한테 가족이 있다는 게 첫 단추였다. 하지만 새드는 그것 말고 또 무엇에 반응할까?

나는 환영 만찬에 모인 사람들과 골고루 대화를 나누면서, 다른 사람들이 부담 없이 식사하는 동안 신중하게 새드를 관찰했다. 그리고 참석한 사람들을 낱낱이 훑어본 뒤 더 대화를 나눌 사람을 결정했다. 그 와중에 누가 새드의 테이블에 앉았는지, 누가 그쪽에 다가갔는지, 직원이 지나치게 새드의 주변을 맴돌지는 않았는지 속으로 메모했다. 나는 화장실에 가거나 술을 마신다는 핑계로 두어 번 자리에서 일어났다. 그때마다 밖에 주차된 자동차에 신경을 썼다. 딱히 의심스러운 것은 없었다. 하지만 내가 자리에서 일어날 때 한 여자가 동시에 일어섰다. 그 여자는 방을 가로질러 오더니 내가 어디로 가는지 볼 수 있는 자리에 앉았다. 그 여자를 지켜볼 필요가 있었다. 새드를 감시하려고 왔을 가능성도 얼마든지 존재한다. 얼마 지나지 않아 그녀는 자기 자리로 돌아간 다음 다른 남자한테 신경을 쓰는 것 같았다. 그건 좋은 신호였다. 특별히 나를 의심하지는 않는다는 뜻이니까.

몇 차례 연설이 있고 난 다음 옆방에서 디저트와 커피가 나왔다. 새드는 또다시 사람들로 둘러싸였다. 나는 방 한쪽에서 몇 분쯤 새드를 지켜보다가 다가갔다. "안녕하세요? 그때 추천해준 술이 정말 좋더라고요. 다음에 한번 술을 살 기회가 있었으면 좋겠네요." 새드는 자기가 추천한 술이 좋았다니 흐뭇해하는 눈치였다.

나는 다른 손님이 다 떠날 때까지 기다릴 작정이었다. 기나긴 밤이 될 것이 틀림없다. 새드를 독점해야 했다. 결국 많은 사람이 자기 방으로 돌아갔고 새드도 외투를 입었다. 피곤해 보였다. 나는 작심을 하고 새드에게 다가갔다. "그쪽은 어떨지 모르지만 저는 여행을 가면 밤에 잠이 안 오더라고요." 새드는 자신도 잠을 자기 힘들다고 했다. "우리 어차피 잠도 못 잘 것 같은데, 어때요? 제가 그 술 살게요."

첩보 요원 팁

첫 만남 성사하기

당신에게 도움이 될 만한 사람을 만나기로 했다면 곧바로 시간과 장소를 정하는 게 중요하다. 그래야 성공 확률이 높아지기 때문이다. 첩보 요원이라면 가볍게 얘기할 것이다. "지금은 뭐해요? 제가 점심 살게요" 혹은 "다음 주 화요일 저녁에 시간 괜찮은데, 그쪽이 제일 좋아하는 식당에 가보면 어떨까요?" 자신감 있게, 그리고 적당히

압력을 가하면 이 전술은 상당히 효과 있게 작용한다. 단, 첫 만남을 성사하는 게 목적이라는 사실을 기억해야 한다. 뭔가 팔려고 할 때가 아니다. 홍보는 그다음 문제다.

새드는 미심쩍은 눈치였지만 대답했다. "안 될 거 없죠, 좋아요." 나는 호텔 방에 들러야 하는데, 그 호텔에 있는 술집이 쉬면서 대화하기에는 안성맞춤이라고 말했다. 우리는 15분 뒤에 거기서 만나기로 했다.

유일하게 마음에 걸리는 건 환영 만찬에서 본 금발 머리 여자였다. 그 여자가 모든 걸 망칠지도 모른다. 나는 일부러 그녀를 따돌릴 만한 곳을 골랐다. 내가 머무르는 호텔은 작았고 술집도 아주 좁아서 그 여자가 나한테 들키지 않고 숨어들 가능성은 없었다. 다행히 작전이 맞아 떨어졌다. 15분 뒤에 새드와 나는 가죽 소파에 앉아 가족과 꿈, 자녀, 빈티지 시계에 이르기까지 다양한 주제로 대화를 나눴다. 우리는 자정쯤 돼서야 헤어졌다. 정확히 내가 바라던 대로 흘러간 밤이었다.

한참 대화하면서 새드가 좋은 사람이고 돈에 끌리는 사람이 아니라는 걸 깨달았다. 비밀을 털어놓게 하려면 훨씬 중요한 것이 필요했다. 하지만 그가 무엇에 반응하는지 알아냈다는 생각이 들었다. 새드는 자녀들에게 가장 좋은 기회를 주고 싶어 했다. 나를 완전히 신뢰하기까지 좀 더 시간이 걸리겠지만, 나는 새드와 새드의 가족이 거부하기 힘들 매력적인 제안을 할 생각이었다. 나는 일을 계속 진행하기 위해 본국에 있는 사람들에게 다시 전화를 걸었다.

원하는 정보를 얻는 '유도의 기술'

첩보 요원들은 대화 능력 하나는 세계 최고 수준이다. 라이언 같은 사람은 외교관, CEO, 정치인, 여왕, 혹은 단순히 놀랄 만큼 부유한 사람과도 쉽게 대화할 수 있다. 대화 상대가 성에 살거나 전용기를 보유하고 벤틀리를 모는 사람이라고 해도 그건 중요하지 않다. 라이언은 자기가 대화 상대와 비슷한 삶을 사는 것처럼(확실히 말해두지만 절대 그렇지 않다) 보일 만큼 자연스럽게 섞여들 수 있다. 라이언이 새드한테 말을 걸었을 때, 두 사람은 그저 친근하고 가벼운 대화를 하는 것처럼 보였다. 라이언은 누군가 처음 만났을 때 으레 얘기할 만한 평범한 주제를 끄집어냈다. 하지만 그의 대화에는 서로 알아가는 게 목적인 일반적인 대화보다 더 깊은 의도가 숨어 있었다.

라이언은 적극적으로 새드에게서 정보를 끌어냈다. 첩보 요원은 오랜 시간 상대가 정보를 털어놓게 대화를 유도하는 법을 배운다. 새드에게 던진 질문 하나하나가 의도적이었다. 라이언은 오케스트라 지휘자처럼, 특정 반응을 유도하며 말과 몸짓을 조정했다. 라이언의 목표는 직접적으로 질문하지 않고도 새드로부터 정보를 끌어내는 것이었다. 라이언은 의심을 불러일으키거나 상대에게 겁을 주지 않고도 원하는 정보를 얻을 수 있었다.

CIA 동료들은 누구나 유도 신문은 하나의 예술과 같다고 말한다. 특히 앤서니는 훈련을 받으면서 자신한테서 정보가 술술 새어 나가는 걸 보고 깜짝 놀랐다. "훈련을 받으면서 스스로 다른 사람들의 머리 꼭대기 위에 있다고 생각했던 걸 잊지 못할 겁니다. 아무도 날 속이지 못할 거라고 확신했거든요. 그러다 내 훈련 영상을 보고 깜짝 놀랐어요. 상대방은 나를 책 읽듯이 줄줄 읽어냈죠. 웃음밖에 나오지 않더군요. 당혹스럽긴 했지만, 유도 신문이란 게 잘 진행되면 얼마나 강력한 효과를 발휘하는지 깨달았습니다."

사람들은 보통 타인을 도와주려고 하고 친절한 편이므로 유도 신문이 효과가 있다. 대부분 질문을 받았을 때, 특히 질문자에게 별다른 의도가 없어 보인다면 굳이 대답을 거부하지 않기 때문이다. 대다수가 살면서 유도 신문을 한 경험이 있을 것이다. 아내를 멋진 생일 선물로 놀라게 해주기 위해 뭘 갖고 싶은지 말하도록 교묘하게 질문해본 적 있는가? 그게 바로 유도 신문이다. 이런 전술은 비즈니스 세계에서 막대한 자산이 될 수 있다. 세일즈맨이나 사업가는 잠재 고객과 가까워지려면 엄청난 시간을 쏟아야 한다고 생각할 것이다. 저녁 식사와 아침 식사, 골프 여행을 하느라 시간(그리고 돈)이 줄줄 새어나간다. 물론 이메일로 재차 확인하고 SNS에 글을 올리고 전화나 방문 등으로 관리도 해야 한다. 설상가상으로 이렇게 시간과 노력을 쏟아도 고객이 주문을 하지 않거나 거래를 마무리하지 않으면 아무 성과 없이 출발점으로 돌아가기도 한다. 하지만 간단한 첩보 요원의 기술을 활용해 제품을 구매하지 않을 고객이나 쓸모없는 인맥을 빠르게 차단할 수 있다면 어떨까? 상대로부터 올바른 정보를 끌어내서 다음 고객이 될 가능성이 있는지 판단한다면?

첩보 세계는 실수를 용납하지 않는다. 잘못된 타깃에게 자원을 몽땅 투입했다가는 전체 작전을 망치기 일쑤다. 그래서 CIA 요원은 상대가 무슨 일이 벌어지는지 전혀 모른 채 유용한 정보를 내뱉게 하는 다양한 유도 신문 기술을 배운다. 요원들은 상대를 평가하고 핵심 정보를 끌어내서 관계를 발전시키는 게 유리할지 판단한다. '발전' 단계에서도 유도 신문을 사용하긴 하지만, 주로 잠재 타깃을 평가할 때 유도 신문을 사용한다. 그들은 상대가 입을 열게끔 여러 기술을 사용할 것이다. 실제로 사용하는 기술은 다음과 같다.

칭찬: 진부하게 들릴지 모르지만 첩보 세계에서 칭찬은 생각보다 효과적인 방식이다. 첩보 요원은 너무 과하지 않게 상대를 띄우면서 정보를 털어놓게

만드는 칭찬 전문가다. 예를 들면, "회사에서 당신 능력을 높이 사는 게 틀림없어요. 그러니 이런 콘퍼런스에 보냈겠죠. 업계 최고의 실력자 같은데요." 이런 식으로 칭찬하면 회사에서 자기 위치를 공개하고, 전문 분야의 정보를 알려주거나 심지어 본인이 어떤 프로젝트를 맡고 있는지 누설할 가능성이 높다.

공통의 관심사: 낯선 이가 당신에게 마음을 열게 하고 싶다면, 두 사람 모두 중요하게 생각하는 주제를 찾는 게 좋다. 당신이 그 분야에 지식이 있다는 걸 알면, 상대는 놀라울 만큼 많은 정보를 공유하려고 할 것이다. 예를 들면, "저도 십분 동의해요. 지금 가정용 보안 기술 분야가 심상치 않거든요." 이런 발언은 당신이 그들의 세계에서 일하고 있으며 이 주제를 함께 논의해도 안전하다는 신호로 작용한다. 이 분야에 정통하다는 인상을 주었으므로 유도 신문 상대는 당신이 알지도 못하는 이야기를 한다고 생각하지 않는다.

질문 위주로 대화 진행: 더욱더 자세한 토론으로 이어지게 만드는 간단한 기술이다. 사람들은 대부분 대화의 중심이 되는 걸 좋아하므로 효과가 있을 때가 많다. 예를 들면, "그 엔지니어링 회사에 오래 근무했나요?" 같은 질문을 하면 상대는 예전에 다녔던 직장 정보를 공유할 것이다. 같은 회사에 오랫동안 근무했다면 이제 더 많은 질문을 할 길이 열렸다. "그 회사는 어떤 점이 좋은가요? 회사를 그만둘 생각을 해본 적은 없어요?"

무지 전략: 사람은 기본적으로 남을 도와주고 싶어 하고 질문하는 사람에게

정보를 주는 걸 즐기는 성향이 있다. 예를 들면, "저는 데이터베이스 구축 분야에는 완전히 문외한이에요. 전체적으로 이해하려면 무엇부터 알아야 할까요?"라면서 어떤 주제를 전혀 모른다고 고백하면 상대가 기꺼이 당신에게 가르쳐주려고 나설 수 있다. 무지를 고백해서 필요한 정보를 얻는 경우가 많다.

상대가 눈치채기 전에 정보를 얻어내는 '모래시계 대화법'

라이언의 이야기를 자세히 들여다보면 흥미로운 점이 눈에 띌 것이다. 라이언은 새드로부터 유용한 정보를 조금씩 얻을 때마다 주제를 바꿨다. 얼핏 생각하면 직관에 어긋나는 일이지만, 이 전략은 첩보 요원들이 '거시에서 미시로' 또는 '모래시계 대화'라고 부르는 방법이다. 처음에는 광범위하고 일반적인 주제로 시작해 특정 주제로 범위를 좁히고, 그다음 다시 범위를 넓혔다가 이쪽에서 캐묻는다는 걸 상대가 눈치채기 전에 중요한 정보를 재빨리 끌어내는 기법이다. 대화를 시작할 때 자녀에 관해 물어본 다음, 일(혹은 당신이 정말 원하는 정보)로 화제를 전환하고, 그러다 휴가 장소나 좋아하는 음식 등 일반적인 주제로 돌아가는 식이다.

사람들은 주로 대화의 시작과 끝을 기억한다. 중간은 잘 기억하지 못한다. 그래서 첩보 요원은 대화 중간에 진짜 질문을 하며, 의심을 사지 않고도 자신이 원하는 걸 상대가 가졌는지 판단한다. 비즈니스 세계에서는 이 방법을 사용해서 상대가 당신의 제품에 얼마나 관심이 있는지, 진짜 필요한 게 무엇인지, 무엇에 움직이는지, 심지어 당신의 경쟁사를 이용할 생각을 하고 있는지도 판단할 수 있다. 모래시계 기술은 조금만 연습해도 실전에 활용하기 쉬운 편이며, 신규 고객을 유치하는 데 걸리는 시간을 절약해주는 방법이다. 내가 이 정보를 공유하는 이유는 이 책을 읽는 모두가 뛰어난 사업가가 되길 바라기 때문이다. 이를 위해 더 유용하고 이익이 되는 인맥을 서둘러 만들기 바란다.

한 가지 기억할 점은(CIA 요원이라면 누구나 동의하겠지만), 자기 잇속만 차리다가는 작전이 실패하기 쉽다는 것이다. 상대가 당신에게 정보를 주길 바란다면, 당신도 그에 상응하는 정도로 보답할 준비를 해야 한다.

라이언은 새드가 소문대로 자기 분야에서 상당한 지식을 보유했는지 확인해야 했다. 그렇다고 라이언이 새드의 일을 깊이 이해해야 한다는 뜻은 아니다. 다만 새드가 하는 일이 라이언의 기준에 적합한지 판단해야 했다. 또한 새드가 무엇에 예민하게 반응하는지, 신뢰할 만한 사람인지 파악해야 했다. 불쑥 이렇게 말할 수는 없다. "당신이 하는 일에 관해 전부 말해줘요. 정말 세상을 바꿀 수 있을 정도입니까? 국제 안보에 문제를 일으킬 가능성이 있나요?

그리고 선택해야 한다면 돈을 받겠습니까, 총을 맞겠습니까?"

마찬가지로 행사에 갔다가 만난 사람에게 "제가 이 관계에 시간과 돈을 쓰기 전에 그냥 먼저 말해주면 안 됩니까? 정말 내 제품을 살 거예요?"라고 말할 수 없는 노릇이다. 이런 직설적인 방법은 신선한 접근 같기는 하지만 사회적으로 용납되지 않는 방식이라는 걸 우리 모두 알고 있다(고객도 잃고 바보 취급을 받기도 쉽다). 라이언이 새드로부터 올바른 정보를 얻어내려고 사용했던 기술은, 잠재 고객이나 인맥이 실제 거래로 이어질지 판단할 때도 사용할 수 있다.

모래시계 대화 기술 사용법

1단계: 명확한 목표 수립

어떤 정보를 찾아야 하는지 모른다면 이 기술은 도움이 되지 않는다. 첩보 요원들은 미리 사람들의 배경을 최대한 자세히 조사해 둔다. 그래서 빈손으로 돌아가는 법이 없다. 좋은 결과를 얻고 싶으면 행동에 옮기기 전에 최대한 많은 정보를 확보하고 목표를 설정해야 한다. 라이언은 다음 3가지를 판단하고 싶었다.

- 이 사람이 올바른 전문 지식을 보유했는가?
- 이 사람은 무엇에 마음이 움직이는가? 그의 마음을 움직일 수 있는가?

- 성격은 어떤가? 진심으로 함께 일하고 싶을 만한 사람인가?

2단계: 미시적 접근 1 – 은근히 도발한다

라이언은 새드와 직접 대화할 기회가 생겼을 때, 은근히 자극하면서 말을 시작했다. 여기서 포인트는 상대로부터 정보를 얻는다는 목표를 품고 일대일로 사소한 대화를 이어가는 것이다. 살짝 자극은 할 수 있지만 열기를 띠거나 깊이 있는 의견이 필요한 주제, 불쾌할 수 있는 주제는 무조건 피해야 한다. 이때 목표는 나중에 좀 더 조사할 여지가 있는 평범한 주제를 찾는 것이다. 라이언은 새드의 가족을 주제로 선택했다. 그리고 이렇게 은근히 도발했다. "이곳은 참 아름답네요. 사람들도 반갑게 맞아주고요. 아내랑 아이들도 데려왔으면 좋았을 텐데."

다시 한번 말하지만 '은근히 도발하는' 발언은 상대를 위협해선 안 된다. 이 단계에서 대화는 편안하고 즐거워야 한다. 일반적으로 다음과 같은 예가 있다.

- "저는 이 콘퍼런스/행사/회의에 처음 왔어요."
- "출장이 항상 즐겁지는 않지만 여기는 정말 멋진 곳이네요."
- "생각했던 것보다 훨씬 춥네요/덥네요."
- "여기 강연자들이 정말 유익한 정보를 주는 것 같아요."
- "상당히 긍정적인 조직으로 보여요."

- "우리 딸이 이제 막 자전거를 배웠어요."
- "여기 스키장은 정말 훌륭해요."
- "저는 보통 이 시간쯤 개를 데리고 산책해요."

대화 평가 및 관찰

라이언이 아내와 아이에게도 이곳을 보여주고 싶다고 하자, 새드는 자기 아내도 오면 좋아했을 거라고 말했다. 새드가 결혼했다는 정보를 끌어내는 데 성공한 셈이다. 무난한 후속 질문으로 새드에게 자녀가 있다는 사실도 알아냈다. 라이언과 새드의 공통점은 가족이었다. 라이언은 눈에 보이는 신호도 세심하게 관찰했다. 새드는 가족 얘기가 나오면 긍정적인 몸짓을 했고, 편안하고 행복하다는 신호를 보냈다. 몸이 개방됐고 대화에는 활기가 생겼다. 발은 라이언 쪽을 향했고 가슴이 편안하게 열렸으며 미소를 짓기도 했다. 새드로부터 구체적인 정보를 얻으려 할 때 이 모든 정보는 계속해서 유용하게 쓰였다.

4가지 지표: 무엇부터 시작할 것인가

라이언 같은 첩보 요원은 몇 년에 걸쳐 자신의 본능을 세심하게 조절하고 기술을 익힌다. 하지만 이런 기술은 시간과 연습에 따라 향상된다. 누구나 처음 기술을 사용할 때는 부담스럽기 마련이다. 어디서부터 시작할 것인가? 무엇을 보고, 어떻게 판단할까? 이런 기술에 익숙해지고 쉽게 해내려면, 우선 상대가 진짜 원하는 게 무엇인지 철저히 파고들어야 한다. 우리는 잠재 고객에게 사업이나 서비스를 홍보하는 데 정신이 팔려서, 그들이 무엇을 찾고 있고 정말 필요한 게 무엇인지 간과하기 쉽다. 다음 4가지 영역에 집중하길 바란다.

- **가격:** 상대가 지금 구매하는 가격보다 더 저렴하게 제조할 수 있는가? 같은 서비스를 할인해서 제공할 수 있는가?
- **속도:** 더 빨리 서비스할 수 있는가? 생산부터 출하까지 걸리는 시간을 현재 고객의 실정보다 줄일 수 있는가?
- **고객 서비스:** 고객이 현재 받는 서비스에 불만은 없는가? 당신이 더 우수하고 빠르고, 안정적인 서비스를 제공할 수 있는가?
- **품질 보증:** 완벽하게 품질을 보증할 정도로 당신의 제품이나 서비스에 확신이 있는가? 고객에게 어떤 보증을 제시할 수 있는가?

이렇게 기본적이면서도 매우 중요한 영역에 집중하다 보면 사업에 도움이 된다. 어떤 기업의 제조 담당 부사장과 대화하다가 제품 생산이 일정보다 늦어져서 스트레스 받는다는 말을 들었다고 하자. 자세한 정보를 확인하고 당신이 문제를 해결할 수 있는지 검토하라. 혹은 누군가 일관되지 않은 서비스로 고객을 잃고 있다면, 그 상황에서 당신은 어떻게 할지 알려주자.

동료들은 여전히 현장에서 발로 뛰면서, 앞으로 커다란 자산이 될 사람이 누구인지 조사한다. 나 역시 마찬가지다. 상대가 진정 원하는 것과 상대에게 필요한 것이 무엇인지 파악하고, 내가 그것을 제공하기 위해 상대를 부드럽게 밀어붙인다. 상대의 말을 반드시 주의 깊게 듣고, 대화에 집중하면서 당신과 대화하는 사람이 신체적으로 어떻게 반응하는지 주목하라. 긍정적인 몸짓을 보이는지 파악하면, 더 밀어붙여야 할지 물러나야 할지 결정할 수 있다.

긍정적인 몸짓의 대표 사례

- 편안하고 느긋한 자세를 취한다.
- 당신 쪽을 정면으로 보고 있으며 발도 당신 쪽을 향한다.
- 몸을 약간 당신 쪽으로 기울인다.
- 팔이 내려가 있고 손바닥이 위를 본다.
- 말하면서 손을 많이 쓴다.
- 계속 눈을 마주친다.
- 동의하며 고개를 끄덕인다.
- 웃는다.
- 손을 단단히, 하지만 너무 세지 않게 쥐고 악수한다.

3단계: 미시적 접근 2 – 대화 범위 좁히기

라이언은 일단 편안하고 일반적인 주제에 정착한 다음, 범위를 좁히면서 대화를 발전시켰다. 새드가 왜 자주 여행을 하지 않는지 집요하게 질문했고, 여행하기 힘들 정도라면 무척 중요한 일을 하는 것 같다고 말했다. 라이언은 새드가 근무하는 곳이 어디인지, 왜 여행을 자주 할 수 없는지 털어놓게 만들려고 했다. 하지만 사람들은 아주 개인적인 일은 잘 털어놓지 않는다. 더구나 모국에서 중요한 자산이라서 자유에 제한이 있는 사람이라면, 그런 말을 하는 자체가 위험할지도 모른다. 여기서는 대화의 첫 물꼬를 터서, 대답이 나오는지 간단히 확인만 하면 된다.

대화 평가 및 관찰

여행을 자주 못 하는 이유로 주제가 전환되자, 새드의 몸가짐이 다시 바뀌었다. 개방적이고 만족스러운 태도 대신 불편한 기색을 드러냈고, 이제 몸을 움츠리는 듯 자세도 바뀌었다. 왜 여행을 자주 못 가는지 구체적인 정보를 얻지는 못했지만, 분명 이유가 있다는 사실을 확인했다.

부정적인 몸짓의 대표 사례

- **눈을 마주치지 않는다.**

- 땅을 쳐다본다.
- 미소가 부자연스럽다.
- 발이 멀어지고 출구 쪽을 향한다.
- 발을 툭툭 찬다.
- 시계를 확인한다.
- 지나치게 자주 눈을 깜빡인다.
- 팔짱을 낀다.

4단계: 거시적 접근 – 다시 주제를 확대한다

새드가 여행에 대한 주제에 불편한 기색을 보이자마자 라이언은 다시 일반적인 주제로 돌아갔다. 두 사람은 술집에 있었기 때문에 라이언은 힘들이지 않고 술 주문 같은 사소한 주제로 전환할 수 있었다. 그들은 지역 술에 대해 간단히 대화를 나눴다. 라이언은 술값을 낸 다음 전날 밤과 같은 방식으로 악수를 하고 새드를 떠나 다른 학생들과 이야기했다. 갑자기 대화를 전환한 건 의도적인 행동이었다. 그 이유는 다음과 같다. 앞서 이야기했던 것처럼 사람들은 보통 중간에 했던 얘기는 모두 잊고, 대화의 처음과 마지막 주제를 기억하는 경향이 있다. 즉 새드는 가족에 관한 따뜻하고 어렴풋한 대화를 기억할 가능성이 높고, 그런 긍정적인 대화와 라이언을 연관 지을 것이다. 불편했던 여행 관련 대화는 기억에 별로 남지 않는다. 라이언은 새드를 평가할 만큼 충분히 정보를 얻을 때까지 이 과정을 반복했다.

첩보 요원 팁

항상 계산서를 먼저 집어 들고 현금을 낸다

요즘 사람들은 대부분 현금보다는 직불카드나 신용카드를 사용한다. 심지어 스마트폰 결제도 점점 보편화하고 있다. 하지만 첩보 요원은 전혀 그렇지 않다. 나는 지금도 가능한 한 현금을 쓰고, 지갑에 현금이 없이는 집을 나가지 않는다. 직불카드나 신용카드에 의존하지 않는다. 첩보 요원은 항상 현금을 들고 다니며, 당신도 그래야 한다.

첫째, 1만 원이나 5만 원짜리 지폐 한 장(혹은 몇 장)만으로 예기치 않은 장애물을 벗어날 때가 많다. CIA 요원 시절, 뒤쫓아 오는 사람을 피해 식당 주인에게 지폐 몇 장을 쥐여주고 부엌 뒷문으로 빠져나간 적이 꽤 있다. 한번은 가벼운 교통사고에 연루된 적이 있었다. 내 잘못이 아니었지만 상대 운전자는 크게 화를 냈고, 분명 합리적인 사람은 아니었다. 하지만 나는 급히 갈 데가 있었다. 가족들이 차에 타고 있는데도 그는 소리를 질렀다. 지폐 두어 장을 건네자 그는 곧바로 조용해졌고 우리는 각자 갈 길을 갔다.

무엇보다, 첩보 요원은 자산이 될지도 모르는 사람이 절대 계산서를 들지 못하게 한다. 또한 액수와는 상관없이 현금으로 계산한다. 첩보 요원이 테이블에 신용카드를 내려놓는 모습은 절대 볼 수 없을 것이다. 이런 첨단 기술 시대에도 현금 계산에는 상징적인 의미가 있다. 그 자체가 목적은 아니지만 현금이 두둑하다는 인상도 줄 수 있고, 무엇보다 상대가 당신에게 빚을 졌다는 구도를 만든다. 보통 사람들은 상대가 계산서를 집어 들면 고마워한다. 갚을 돈이 없다고 해도, 어떤 형태로든 호의를 갚으려 할 것이다. 첩보 세계에서는 이렇게 베푼 호의가 중요한 사람을 자연스럽게 소개받는 결과로 돌아오기도 한다. 비즈니스 세계에서는 정보 및 연락처를 공유하거나, 필요한 정보를 다음에 주겠다는 의무감을 부여한다.

모래시계 대화를 이용해 억만장자와 계약하다

몇 년 전의 일이다. 한정된 인사만 참석하는 행사에 갔는데, 아주 부유한 사업가도 온다는 사실을 우연히 알게 됐다. 나는 이 사람이 살해 위협을 받고 있다는 소식을 들었고(고액 자산가에게 이런 일은 생각보다 흔하다), 내 보안 서비스 고객으로 완벽하겠다는 생각이 들었다. 이 사람에게 경호 서비스나, 본인과 가족을 위한 안전 훈련을 할 수 있다면 분명 수익성이 좋은 다른 일거리로 이어질 것이다. 하지만 무작정 다가가서 내 회사를 홍보하고 고용해달라고 말할 수는 없었다. 사실 여기 모인 모든 이가 필사적으로 그와 이야기하려는 눈치였다. 나는 일부러 그에게 다가가지 않았다. 대신 그의 여자 친구와 얘기를 나눴다. 여자 친구는 본질적으로 그의 접촉 대리인이나 마찬가지였다. 나는 음식이나 여기 온 이유 등 평범한 주제로 대화를 시작했다. 몇 번 농담이 오가자 그녀의 마음이 열리는 듯했다.

나는 보안 쪽으로 주제를 좁혔다. 직접 보안 회사를 운영한다고 하면서, 고액 자산가들이 심각할 정도로 위협을 많이 받는 것 같다고 말했다. 그녀도 자기 남자 친구의 안전이 대단히 걱정된다고 털어놓았다. 남자 친구는 상황을 별로 진지하게 생각하지 않는 것 같고, 직접 나서지 않을 것 같아서 자신이 적당한 사람을 물색하고 있다고도 했다. 이 귀중한 정보를 얻은 후 나는 다시 대화 주제를 넓혔다. 취미에 관해 대화를 나눈 다음, 만나서 반가웠고 이제 가야겠다고 말했다. 그리고 나중에 다시 그녀와 접촉했다. 이틀 뒤 전화를 한 것이다. 그녀는 나를 기억해내고 반가워했고, 결국 내 회사를 고용했다. 나는 억만장자 남자 친구와 그가 운영하는 회사의 전체 임원을 교육했다.

모래시계 대화는 대성공이었다. 그녀가 나를 고용한 이유는, 평소 불안을 느꼈던 주제를 내가 편안하게 다뤘기 때문이다. 많은 사람이 그녀의 남자친구에게 자기 서비스를 구매하거나 회사에 투자하라고 끊임없이 다가간다는 걸 알았기 때문에, 나는 그녀에게 부담을 주거나 강요하지 않았다. 대신 공감하고 걱정을 보였다. 여기에는 놓쳐선 안 되는 중요한 교훈이 하나 더 있다. 실제로 고용 권한을 갖고 있고 거래를 진행할 수 있는 사람이 누구인지는 아무도 모른다는 점이다.

자신의 강점 '평가' 역시 중요한 성공의 열쇠

훌륭한 첩보 요원은 거의 모든 사람과 자연스럽게 대화하는 방법뿐 아니라 자신의 강점과 약점을 이해하는 훈련도 받는다. 첩보 요원이 생존하려면 자신이 어떤 분야에서 곤경에 처하기 쉬운지 제대로, 본능적으로 이해해야 한다. 은밀한 작전을 몇 년이나 수행해온 내 동료 제임스는(제임스 같은 사람은 온갖 임무 중에서도 특히 극비 임무를 수행한다) 정말 말도 안 되는 과제를 해내야 훈련 프로그램을 졸업할 수 있었다. 그중 하나가 동네 쇼핑몰에서 짧은 시간 안에 누군가 그에게 사회 보장 번호(우리나라 주민등록번호와 같은 개념의 숫자) 마지막 4자리나 직불카드 비밀번호를 알려주게 만드는 것이었다. 과제를 수행하는 동안 선배 요원이 가까이에서 지켜볼 예정이므로, (a)상대를 해치겠다고 위협하거나 (b)말도 안 되는 훈련을 받고 있으니 비밀번호를 좀 알려달라고 할 수 없었다.

제임스는 이 책에 나오는 모든 수법을 활용해 상대로부터 정보를 얻어야 했다. 그리고 그는 그 방법을 빠르게 파악했다. 특히 중년 여성 계산원에게 접근한 게 결정적인 한 방이었다. 제임스는 계산을 기다리는 줄이 없고 주변에 손님도 없을 때 계산원에게 다가갔다. 물건 하나를 사면서, 아내에게 줄 거라고 귀띔했다. 그리고 아내가 정말 좋은 여자라며, 얼마 지나지 않아 부부의 기념일이 다가오는데 선물이 아내 마음에 들었으면 좋겠다고 덧붙였다. 계산원은 물품을 찍으며 가격을 알려줬다. 62.23달러였다. 제임스가 말했다. "정말이에요? 참 재미있네요. 제 사회 보장 번호 마지막 4자리랑 똑같아요! 이럴 확률이 얼마나 될까요? 전 이 번호를 기억하려고 아버지는 63세에 돌아가셨고 아내가 23살일 때 처음 만났다는 걸 떠올리거든요." 그러면 계산원은 대개 회답으로 본인은 어떻게 번호를 기억하는지 알려준다.

제임스는 그렇게 정보를 얻었고 시험에 통과했다. 그는 과제를 하면서, 이런 정보는 중년 여성이 가르쳐줄 확률이 높다는 걸 진작 깨달았다. 좀 더 젊은 여성에게 시도했을 때는 완전히 실패였다. 나이를 막론하고 남자는 더 힘들었다. 아무것도 알아낼 수 없었다. 제임스는 시나리오를 세웠을 때 본인에게 무엇이 가장 효과적일지 파악하고, 이를 이용해 성공했고 과제를 완수했다. 굳이 자존심을 내세워서 30대 남성으로부터 정보를 얻겠다고 시간을 허비하지 않았다.

첩보 세계에서 일찌감치 얻는 교훈이 있다면, 항상 모두를 만족시킬 수는 없다는 것이다. 마약왕을 몰락시키려는데 당신이 그 사람에게 쉽게 접근할 만한 사람이 아니라면, 결국 살해당할 가능성이 크다. 임무에 성공하려면 자존심은 제쳐두고 그 일을 해낼 적임자를 구해야 한다. 자기 강점을 파악하고 활용하지 못하면, 당신의 회사가 기회를 놓칠 수도 있다. TV에 나오는 CIA 요원은 못 하는 게 없지만, 첩보 세계든 비즈니스 세계든 내가 아닌 다른 사람이 어떤 일을 주도해야 할 때가 언제인지 깨달을 때 비로소 진정한 용기를 발휘할 수 있다.

첩보 요원 팁

누군가 당신의 사업 기밀을 유출하려고 한다면 어떻게 할 것인가?

누군가와 정보를 공유할 때는 주도권이 자신에게 있어야 하며 스스로 필요하다고 느낄 때만 해야 한다. 만약 누군가 당신에게서 정보를 빼가려 할 때, 즉시 따돌릴 간단한 방법은 다음과 같다.

- 화제를 전환한다. 늘 적당한 주제를 몇 가지 준비해둬야 한다. 자동차든 골프든, 추천 식당이든 무엇이든 괜찮다.
- 질문이 불편하게 느껴지면 모호하게 답변한다.
- 질문에 대한 답을 모르는 것처럼 행동한다.

- 예의 바르게 대화를 끝낸다.
- 가까이 있는 사람을 대화에 끌어들인다.
- 사업에 관해 언제든 공유해도 상관없는 이야깃거리를 몇 가지 준비해 둔다. 이때야말로 그 이야기를 꺼낼 적절한 타이밍이다.

4장

발전Developing: 전략적인 관계를 구축하는 법

AGENT OF INFLUENCE

라이언 이야기 3부

석 달 후, 러시아, 모스크바

이제 나는 새드가 대단히 흥미를 느낄 만한 제안을 준비했다. 새드가 자기 일에 대한 정보를 우리 팀에게 넘겨줄 만큼 구미가 당기는 제안이길 바랄 뿐이다. 하지만 먼저 새드가 나를 믿게 만들어야 한다.

콘퍼런스에서 만난 뒤로 나는 계속 새드에게 연락했다. 몇 번 이메일을 교환할 때 평범한 화제를 유지하면서도, 새드가 개인적으로 했던 이야기 중에 몇 가지를 언급했다. 나는 빈티지 시계 얘기를 꺼냈다. 그날 호텔에서 새드는 시계를 차고 있었다. 롤렉스처럼 대단한 고급 시계는 아니었지만 보기 좋게 세월감이 있었고 매력적인 시계였다. 나는 그 시계를 최대한 자세히 살펴봤다. 관찰한 내용을 시계 제조 센터 직원들에게 알려줬더니, 시계 제조사는 모바도Movado이고 달, 요일, 날짜가 표시되며 스테인리스 스틸로 제작됐을 거라고 했다. 그리고 내가 묘사한 바에 따르면 1940년대 제품 같다고도 했다. 그렇다면 새드는 시계를 가족에게 물려받았거나, 잘 만든 빈티지 제품에 관심이 많다는 뜻이었다. 그 시계는 동네 백화점에서 살 수 있는 물건이 아니었다. 나는 이 부분에 흥미를 느꼈고, 최대한 그 제품과 시계 전반에 대해 알아보기로 했다. 괜찮은 대화 주제가 되면서 동시에 우리 사이를 가깝게 해줄 다리가 될 것이기 때문이다.

나는 이메일에서 아르데코Art Deco 시대의 빈티지 티파니 시계를 살까 고민 중이라고 언급했다. 솔직히 새드 덕분에 새로운 세계를 접하면서, 시계가 어떻게 만들어지는지 실제로도 관심이 생겼다. 나는 새드의 수집품 중에 비슷한 시계가 있는지 궁금하다고 했다. 새드는 자기에게 그런 시계는 없지만, 충분히 살 가치가 있는 훌륭한 시계라고 말했다. 나는 새드의 자녀에 관해 질문하면서 우리 큰애는 대학을 고민 중이라고 덧붙였다. 의심을 살 만한 얘기는 전혀 꺼내지 않았다. 일에 관한 질문 일체를 엄격히 배제했다. 새드의 이메일을 누군가 읽고 있을 가능성이 있었기 때문이다.

몇 달간 가볍게 이메일을 주고받은 후, 드디어 다음 단계로 나아갈 때가 됐다. 나는 새드에게 다음 2주 동안 일 때문에 모스크바에 갈 텐데 함께 저녁 식사를 할 수 있냐고 물었다. 나는 모스크바의 진수를 잘 모르는 만큼 현지인과 식사할 기회가 있으면 좋겠다고 했다. 물론 비용은 회사가 부담할 거라고 덧붙였다. 새드는 얼마든지 좋다고 대답했다. 우리는 날짜를 정했고, 나는 곧 만나게 되길 기대한다고 했다.

새드는 몰랐지만, 나는 만나기로 한 날짜보다 며칠 일찍 모스크바에 도착했다. 호텔 방의 보안이 확실한지 확인하고, 식사할 식당에 먼저 가보고 싶었다. 내 친구가 식당을 한 군데 추천했다. 고급스럽고 전통적인 식당이고, 관광객이 선호할 만한 곳이어서 의심을 살 위험이 없었다. 널찍하지만 손님으로 붐비는 덕분에 쉽게 어우러질 수 있는 곳이었다. 그리고 무엇보다 밥값이 무척 비쌌다. 새드는 평소에 그런 곳에서 식사할 여유가 없을 가능성이 높았다. 그가 모처럼 온 좋은 기회를 흔쾌히 허락해주길 바랄 뿐이었다. 심지어 나는 숨는다는 인상을 주지 않으면서도 사생활을 보호할 수 있는 테이블까지 물색했다. 그 테이블을 확보하려고 지배인한테 현금까지 건넸다. 모든 게 착착 진행되는 듯했다.

저녁 식사를 하기로 한 밤, 일부러 먼저 도착했다. 새드가 들어왔을 때 나는 특유의 방법으로 악수했다. 이제 새드와의 관계를 발전시킬 타이밍이다. 새드는 값비싼 식당이 불편한 것 같았고, 의자에서 자세를 바꾸거나 몸을 꼼지락거렸다. 나는 오늘 하루가 어땠냐고 물었고 새드는 날씨나 자녀 등 사소한 얘기를 했다. 점점 긴장이 풀리는 모양이었다. 편하게 내 눈을 바라봤고 몸을 내 쪽으로 기울였다. 나도 똑같이 하면서 편안하게 행동했다. 새드의 목소리가 커지고 말하는 속도는 느려졌다. 이 변화에 주목하면서 나도 말하는 속도를 살짝 늦췄다. 내 의도를 눈치채게 하고 싶지는 않았다.

우리는 식사를 주문한 뒤 계속 아이들 얘기를 했다. 특히 10대를 키우는 게 얼마나 힘든 일인지 털어놨다. 나는 아이들이 좋은 대학에 갔으면 좋겠지만 비용이 얼마나 비쌀지 걱정된다는 말도 덧붙였다. 그리고 교육이야말로 기회의 열쇠라고 생각한다고 말했다. 새드는 고개를 끄덕였지만 말하는 본새가 바뀌었다. 아이들의 미래를 생각하는 게 스트레스라는 듯 깊이 한숨을 쉬었다. 그는 '절대적'이라는 단어를 썼다.
"좋은 교육은 절대적으로 필요한 일이죠. 저도 걱정하는 마음 충분히 공감해요."

주문한 음식이 나왔고, 우리는 맛있게 먹으며 대화를 이어갔다. 오래된 시계를 수집하는 취미에 대해 좀 더 얘기했지만 새드의 기색이 밝아지는 것 같지는 않았다. 심지어 개인 소장품 정리 매물로 나온 '오메가 스피드마스터OMEGA

Speedmaster'를 공짜나 다름없이 샀다고 해도 마찬가지였다(제조 센터 직원들이 실제로 그걸 발견했다). 그 시계는 우주 비행사들이 달에 갔을 때 찼던 모델이었다. 시계 얘기를 했는데도 새드가 이렇다 할 반응이 없어서, 나는 다르게 접근하기로 했다. 접시를 다 비우고 디저트를 주문한 후 말을 꺼냈다. "아, 그 시계를 보여드려야겠네요." 나는 소매를 걷고, 솔직히 좀 낡았지만 아름다운 시계를 보여줬다. 새드가 뭐라고 대답하기도 전에 나는 빠르게 시계를 풀어서 그의 손에 내려놨다. 바로 반응이 왔다. 그는 시계의 무게를 느끼고 살짝 미소를 지었다. 그리고 조용히 몇 초 정도 시계를 관찰하면서 뒤집어 보기도 했다. 무게를 가늠하며 엄지손가락으로 다이얼을 돌렸다. 시계를 집어 들 때 새드의 표정이 바뀌었다. 잠시 다른 세계에 간 것 같았다.

새드가 말을 꺼내기 전에 내가 입을 열었다. "깜빡할 뻔했어요. 작은 선물을 준비했거든요." 나는 양복 주머니에서 자그마한 벨벳 주머니를 꺼내 새드에게 건넸다. "새 시곗줄이 필요하다고 했던 것 같아서요. 이걸 찾는 게 맞는지 모르겠네요. 어쨌든 이베이에서 발견했는데 괜찮아 보였어요." 새드는 주머니를 들여다보며 몸을 숙이고 내 팔을 두드렸다. "맞아요. 믿을 수가 없네요, 제가 찾던 게 이거예요!" 나는 웃으며 대답했다. "그렇다니 저도 기분 좋은데요. 미국에는 시계 부품을 구할 데가 많아요. 수집가 친구를 도울 수 있다니 잘됐어요."

사실 그 부품을 찾는 건 불가능에 가까운 일이었다. 미국에서 제조 센터 직원들이 천신만고 끝에 이걸 찾아냈지만, 그 사실을 새드에게 알릴 필요는 전혀 없었다. 마침내 디저트가 도착했고, 우리는 오랜 친구 사이처럼 기분 좋게 디저트를 먹었다. 나는 우리 관계가 발전했다는 확신이 들었다. 점점 가까워졌고, 신뢰를 쌓이는 중이다. 새드는 전보다 나를 더 편하게 느끼고 있다. 언제 폭로하는 게 좋을지 확신이 들 때까지, 일단 이 방향으로 계속 나아가야 했다. 너무 오래 걸리지 않기를 바라지만, 선불리 재촉하면 안 된다.

단순한 인맥이 아니라 제휴 관계를 구축하라

우리는 식당 추천에서 의료 정보에 이르기까지, 클릭 몇 번만 하면 안 되는 게 없는 시대에 살고 있다. 아프리카 여행 정보나 자녀를 위해 훌륭한 수학 교사를 찾는 것도 얼마든지 가능하다. 이처럼 정보가 '어디에나' 널려 있고 수월하게 찾을 수 있지만, 사람들은 '진짜 정보'에 접근하기가 쉽다고는 생각하지 않는다. 우리는 그만큼 사람에게도 쉽게 다가갈 수 있다고 여기지 않는다. 누군가 성공할 수 있었던 배경은 이미 '적절한 사람들'을 알고 있거나 그런 사람들을 만날 수 있는 '적절한 커뮤니티'를 원래부터 돌아다닌 덕분으로 생각하기 쉽다. 사람들은 이렇게 말한다. "저 회사에서 일하고 싶은데 '연줄'이 없어." "미술관을 여는 게 꿈이지만 도와줄 만한 사람이 없어."

우리는 이사하고 싶은 동네나 사고 싶은 차에 대한 정보는 시간을 내서 끊임없이 연구한다. 그리고 세세하게 전부 알아낸다. 하지만 힘을 쥔 사람이나 전문가를 만나고 싶어도, 그건 자신의 능력 밖이라고 가정한다.

나는 첩보 훈련을 받으면서, 궁극적으로 다가갈 수 없는 사람은 없다는 사실을 몸으로 깨달았다. 접근할 방법은 항상 있다. 하지만 꼭 이해해야 할 것은 그 사람에게 접근하는 일 자체보다, 관계를 보다 깊이 발전시키는 일이 더 어렵다는 점이다. 연락처에 중요한 사람들의 이름을 잔뜩 적어놓는 것과 그 이름을 실제로 활용하는 것은 하늘과 땅 차이다. 나 역시 몇 가지 핵심 인맥을 쌓지 않았다면 회사가 이만큼 성장하지는 못했을 것이다. 내가 실제로 변화를 일으킬 수 있었던 이유는 시간을 들여 관계를 발전시켰기 때문이다. 단순히 이메일 주소를 알아내서 원하는 것을 무작정 요구하지는 않았다. 내가 누군지 아는 사람은 아무도 없었다. 하지만 나는

CIA 훈련을 통해 제휴 관계를 구축하는 방법을 배웠다. 제휴는 단순한 인맥과는 다르다. 제휴를 맺은 사람은 자기 삶에서 당신을 자산으로 인식한다. 그들은 당신을 신뢰하고 편하게 생각하며 동료로 존중한다. 그리고 당신의 지식과 전문성을 중요하게 생각한다.

제안 전 관계 구축은 필수

우리는 모두 친구나 가족들로부터 간단한 부탁을 받곤 한다. 근처에 사는 친한 친구가 휴가를 떠나면서 집을 좀 봐달라고 하면, 보통 이렇게 대답한다. "당연하지, 얼마든지 들러서 확인해줄게." 친구는 과거에 당신의 부탁을 들어준 적이 있고, 당신도 필요하다면 편하게 도움을 요청할 것이다. 두 사람의 관계는 이미 탄탄하고, 친구의 부탁 자체도 그리 거창한 일이 아니다. 그런데 직장에서 한 번 만난 사람이 이렇게 말한다면 어떨까? "제가 이번에 휴가를 가거든요. 집 열쇠를 드릴 테니 우편물이랑 고양이 좀 살펴봐주실래요?" 당신은 어리둥절할 것이다. 심지어 화도 나고, 상대편이 주제넘은 사람으로 느껴져서 피하고 싶어질 것이다. 그 관계는 시작하기도 전에 망친 셈이다. 비즈니스 세계에도 이런 실수를 하는 사람이 많다. 시간과 노력을 들여서 관계를 발전시키거나 제휴 관계를 맺지 않고, 제안부터 한다.

사업가나 세일즈맨은 위험을 감수해야 할 때가 많다. 모르는 사람에게 무엇인가 부탁해야 할 때가 있다는 뜻이다. 이는 결코 쉬운 일이 아니며, 거절당할 가능성도 늘 존재한다. 우리는 상대방과 '접촉하는 방법' 자체에 집중하느라 실제로 만났을 때 어떻게 해야 하는지 깊이 생각하지 않는다. 만나고 싶던 사람과의 접점을 찾았다면, 기회를 최대한 활용할 준비를 하는 게 중요하다. 사업에 도움이 될 만큼 강력한 인물이나 유명인, 전문가와 교류할 기회를 어떻게 살릴 것인가? 라이언이 새드에게 그랬듯이, 일단 만남이 이뤄진 다음에는 공통점을 찾고 상대를 편하게 해주면서 느리지만 확실하게 관계를 발전시켜야 한다. 이때 CIA 요원이 잘 사용하는 전술은 '맞추기'와 '따라 하기'다.

'맞추기'와 '따라 하기'

보통 사람들은 자기와 비슷한 사람을 더 편하게 느낀다. 꼭 비슷하게 '생긴' 사람을 선호한다는 건 아니지만(사실 그런 측면도 있긴 하다), 사람들은 대부분 자신과 공통점이 있는 사람을 편하게 받아들이는 경향이 있다. 아마 유치원에 다닐 때부터 그랬을 것이다. 그림 그리기를 좋아하는 아이는 그림을 좋아하는 친구를 찾는다. 뛰어다니는 걸 좋아하는 아이는 술래잡기를 좋아하는 아이와 어울린다. 이런 성향은 단순히 인간의 본성이 작용한 결과이며, 누군가와 제휴할 작정이라면 이 점을 꼭 염두에 둬야 한다.

첩보 업무에서는 올바른 정보를 얻기 위한 화법과 교육이 중요하다. 하지만 첩보 요원은 상대와 가까워지는 일이 꼭 말로 시작하는 건 아니라는 사실을 이해하고 있다. 사실 통계에 따르면 의사소통은 7퍼센트만이 말로 이루어지며, 55퍼센트는 표정에서 오고 나머지 38퍼센트는 발성(높낮이, 어조, 호흡 등)으로 이뤄진다고 한다. 그래서 첩보 요원은 친분을 쌓으려 할 때, 자기 행동을 상대에게 맞추고 따라 하는 것부터 시작한다. 그 방법을 제대로 배우면, 당신이 만나고 싶었던 사람을 편하게 해주고 관계를 깊이 발전시킬 토대를 마련할 수 있다.

1단계: 항상 말이 중요한 건 아니다

라이언은 식당에서 새드의 움직임을 곧바로 파악하고 그에 맞춰 따라 하기 시작했다. 라이언은 새드가 자리에서 움직이며 손을 꼼지락거리는 모습을 보고 불편해한다는 걸 알아챘다. 그리고 새드와 비슷한 자세를 취했다. 그렇다고 행동을 그대로 따라 하지는 않았다(그랬다가는 분명 상대가 눈치챘을 테고 이상하다고 생각했을 것이다). 하지만 새드와 비슷하게 손가락을 두드렸고, 그 결과 새드는 조금 편안해했다. 화제가 자녀 얘기로 옮겨갔을 때, 새드는 좀 더 목소리를 높였고 신중하게 얘기했다.

당신이 부모라면, 한밤중에 잠도 못 자고 우는 아이를 달래는 일이 얼마나 힘들었는지 기억할 것이다. 하지만 어느 날 밤 변화가 생긴다. 우는 아이를 안았더니 아이가 당신을 보며 웃었다고 하자. 그 순간 심장이 녹아내리고 그동안 잠도 못 자게 고생시킨 일도 다 용서가 된다. 아기가 웃으면 부모도 곧바로 미소를 짓게 된다(아무리 피곤하더라도). 그리고 이렇게 같은 행동을 하며 진정한 유대감이 형성된다.

관계를 발전시키고 싶으면, 먼저 행동에 집중하고 그다음에 언어를 활용해야 한다. 움직임과 목소리로 형성되는 유대감은 생각보다 훨씬 강력하다. 충분히 연습한다면, 이 기술을 사용해서 우호적인 제휴 관계를 구축할 수 있다. 사람들이 자주 사용하는 신체적 단서가 몇 가지 있으므로, 기억해두었다가 그에 맞춰 따라 하면서 어느 정도 편안한 분위기를 만들어보자.

- **표정:** 불안해 보이는가? 놀랐거나 슬프거나, 행복해 보이는가? 표정이 미묘하거나, 읽기 쉬운가? 아니면 과장스러운가?
- **자세:** 의자에 깊숙이 몸을 묻었는가? 몸을 앞으로 기울였는가? 손으로 머리를 감싸고 있는가? 아니면 똑바로 앉아서 긴장하고 있는가?
- **시선:** 당신을 직접 바라보는가, 아니면 시선을 피하는가? 눈을 많이 깜빡이는가?
- **말투:** 사람들은 말투를 바꾸면서 여러 감정을 표현한다. 상대의 말투에 어

떤 감정이 묻어 있는가? 대화를 진행하면서 말투가 어떻게 바뀌는가?

- **몸짓:** 손동작을 하면서 말하는가? 그 사람만의 독특한 몸짓이 있는가?
- **속도:** 특정 주제를 얘기할 때 말이 빨라지거나 느려지는가?
- **호흡:** 호흡 속도가 어떨 때 증가하고 감소하는가?
- **신체 접촉과 거리:** 의견을 강조할 때 손으로 다른 사람을 가볍게 두드리는가? 말하면서 몸을 앞으로 기울이거나 뒤로 젖히는가?

고객과 전화로 접촉할 때는 어떻게 할까?

통화하면서 신체 신호를 관찰할 수는 없지만, 직접 만나지 않더라도 상대의 관심 수준을 파악할 수는 있다. 가장 중요한 지표는 말투와 호흡이다. 말투가 단조롭고 무관심한가? 흥분한 것처럼 말의 속도가 빨라지는가? 전화를 끊고 싶은 신호를 보내는가('아아', 혹은 '네, 네' 같은 단어를 반복)? 통화 도중에 초조하게 손가락을 두드리거나 키보드를 두드리는 등 다른 활동을 하는 소리가 들리는가? 상대가 이런 신호를 보내면, 전화를 끊거나 대화를 개선해서 좀 더 활발하게 이끌어야 한다는 뜻이다.

라이언이 새드의 행동에 맞춰 따라 할 때 새드는 편안함을 느꼈을 것이다. 뇌는 상대가 내 행동을 따라 하는지 의식적으로 파악하지 못하므로, 이런 편안함과 기분 좋은 느낌을 대화 상대 자체와 연관 짓는다. 이렇게 해서 관계의 토대를 구축할 수 있다. 상대가 내 행동을 따라 하면, 이 사람이 내게 긍정적인 영향을 준다고 느껴지며 인연을 맺고 싶다는 생각이 든다.

하지만 상대의 행동을 전부 따라 할 필요는 없다는 점을 기억해야 한다. 당신이 자연스럽고 편안하게 할 수 있는 몇 가지 행동만 선택하면 된다. 테이블 위에서 손가락을 두드리는 게 스스로 어색하다면 다른 사람의 눈에도 이상해 보일 것이다. 가능한 자연스럽게 움직이려고 노력해야 한다. 물론 이 기술을 사용해서 한 걸음 앞서 나갈 수 있다. 하지만 기술을 올바르게 사용하려면 잡념을 없애고 대화에 완전히 집중하는 연습을 해야 한다. 그래야 자연스럽게 상대의 움직임에 맞춰 따라 하기도 쉬워진다.

첩보 요원 팁

눈 맞춤을 제대로 활용하는 법

연구 결과에 따르면 사람들은 눈을 맞추고 약 3.2초까지는 편안하게 느끼지만, 그 이상 시간이 지나면 부담을 가지거나 심지어 위협적으로 느끼기도 한다. 시선을 맞추려는 사람은 믿음직해 보이고, 별로 불편하지 않게 소통을 지속할 수 있다는 연구 결과도 있다. 단 문화적으로 눈 맞춤이 허용

되는 곳과 안 되는 곳이 있다는 점을 기억하자. 예를 들어 중국과 일본에서는 눈을 잘 마주치지 않는다. 눈 맞춤을 공격적인 행동으로 간주하기 때문이다.

2단계: 다리 놓기

CIA 요원은 타깃과의 관계를 성공적으로 구축하려면 발전 과정에서 인내해야 한다는 사실을 알고 있다. 서두르면 안 된다. 콘퍼런스에서 라이언은 시간이 부족했지만, 새드를 설득하기 위해 새드의 기준에 맞춰 행동해야 했다(적어도 그렇다고 믿게 만들어야 했다). 관계가 충분히 깊어지지 않았는데 섣불리 진짜 이유를 제시했다가는 작전 전체를 망치기 쉽다. 라이언은 새드의 신체적 긴장이 풀어지기를 기다렸다가 다음 단계로 넘어갈 것이다. 그리고 어떤 다리를 놓거나 공통점을 형성한다. 두 사람을 심리적으로 잘 연결하는 다리는 공통점을 기반으로 형성되지만, 관계를 발전시키려는 사람은 이를 독특한 방법으로 응용할 수도 있다.

예를 들어 당신이 등산을 무척 좋아하는데 누군가 퍼시픽 크레스트 트레일[4]을 혼자 종주했다고 해보자. 순식간에 두 사람의 관계

---

4 Pacific Crest Trail 캐나다 국경에서 멕시코 국경을 잇는 미 서부 최대의 도보 여행 코스로, 약 4,300킬로미터에 이른다.

는 특별해진다. 둘 사이 공통점이 형성된 것은 물론이고 상대가 가진 공통점이 더 매력적이기 때문에 또 다른 대화로 이어지고 또 다른 질문이 이어진다. "직접 해보니 어땠어요?" "직장에서 어떻게 시간을 냈어요?"

이런 대화는 본질적으로 관계를 더욱더 깊어지게 만든다. 당신을 위해 다리 놓기에 적합한 주제 몇 가지를 소개한다.

- 가정을 꾸리는 일
- 군대 경험
- 취미
- 음악
- 학교와 교육
- 여행 경험
- 스포츠
- 책과 영화
- 고향
- 참석했던 콘퍼런스

CIA 요원에게 공감대를 형성할 크고 작은 지식은 항상 힘이 되어준다. 내 경우 "대학을 동부 지역에서 나왔어요?" 같은 평범한 질문 덕분에 상대가 엄청난 비밀을 쏟아낸 적도 많았다. 사업상 새로운 인맥이나 잠재 고객을 만날 때는 이렇게 다리를 놓는 습관을 들이자. 인내심을 갖고 관계를 발전시키는 법을 배워야 한다. 다리는 '항상' 어딘가로 이어진다는 사실을 명심하라. 물론 항상 생각한 대로 정확히 흘러가지는 않겠지만, 어디로 흘러가더라도 그에 맞춰 적절히 대응해야 한다. 예를 들어 당신이 상대와 공통점을 찾으면서 이렇게 말했다. "아이들이 다음 주에 방학이에요." 그리고 이런 대답이 돌아왔다. "저는 아이가 없어요." 그러면 이 지점부터 다시 시작하면 된다. "내 친구도 아이가 없는데 그 자유가 부러울 때가 있어요. 캠핑을 하러 가서 정말 즐겁게 놀더라고요." 이 다리는 당신을 올바른 곳으로 인도할 것이다.

첩보 요원 팁

대화하면서 중요한 단어를 파악하라

관계를 발전시키고 싶다면 상대가 강조하려고 사용하는 단어나 계속 반복하는 단어를 주의해서 들어야 한다. 예를 들어 라이언은 아이들 대학 얘기를 하면서 새드가 쓴 '절대적'이라는 단어에 주목했다. 이럴 때는 반사적으로 같은 단어를 사용한다. 이것도 일종의 따라 하기 기법이며 쉽고 빠르게 관계를 구축할 수 있는 방법이다.

CIA 요원이 타깃과의 관계를 발전시킬 때 철저히 따르는 원칙이 몇 가지 있다. 이런 원칙은 대부분 단순하고 선한 행위를 기반으로 한다. 또한 타깃이나 비즈니스 인맥이 당신을 신뢰하고 편하게 느끼며, 마음을 열 수 있게 결정적인 역할을 한다.

- 공감해야 한다는 사실을 유념하되 우정과 혼동하지 말자. 첩보 활동과 마찬가지로 이것은 사업상 관계다.
- 우월 의식을 조심하라. 다리를 놓으면서 상대에게 특별해 보이고 싶겠지만, 자꾸 타깃보다 우월해지려고 하면 역효과가 난다.
- 상대가 어떤 얘기를 털어놓든 판단하려 들지 않는다.
- 특별히 요청받은 게 아니라면 충고하지 않는다.
- 상대가 말하는 중간에 끼어들거나 문장을 끝내지 않는다.
- 대화 주제를 변경하지 않는다.
- 최대한 경청해야 한다. 상대가 하는 말에 관심이 있다는 걸 보여준다.
- 아첨하되 신중해야 한다. 지나치지 않게 조심한다.

평행선 타기

CIA 요원은 '평행선 타기' 전문가다. 평행선 타기는 공통점을 찾기는 하지만 현재 오가는 주제와 약간 다른 소재를 선택하는 방법이다. 비슷한 관심사나 배경을 공유하면서도 상대의 주제를 살짝 비껴가기 때문에 지식이 부족하다는 사실을 들키지 않을 수 있다. 예를 들어 당신은 바비큐 하는 걸 좋아하지만 아내는 빵 굽기를 좋아한다고 하자. 바비큐나 빵은 둘 다 요리이므로 두 사람은 음식 준비에 관해 즐겁게 대화할 수 있다. 하지만 서로 스타일이 다르기 때문에 똑같은 지식이나 기술이 있으리라고 생각하지는 않는다.

우리의 친구 라이언 같은 첩보 요원은 특정 분야에서 최고 전문가를 만나 관계를 발전시켜야 하는 임무를 받을 때가 많다. 동료들은 수학이나 컴퓨터 프로그래밍, 생물학 같은 분야에서 탄탄한 배경을 갖고 있지만, 새드 같은 사람의 지식수준이 자기보다 훨씬 높을 수 있다는 사실을 절대 잊지 않는다. 그들은 지나치게 고차원적인 대화에 참여해서 자신의 부족한 지식이 탄로나지 않게 주의한다. 함께 사업을 하고 싶은 사람과 공통점을 찾고 있다면, 평행선 타기를 고려하라. 당신은 SF 소설을 좋아하고 상대는 추리 소설을 좋아한다면, 둘 다 책을 좋아한다는 공통점을 이용해서 길을 닦으면 된다. '독서 모임에 참여하는가? 전자책이나 종이책을 선호하는가? 좋아하는 서점이 있는가?' 같은 질문으로 평행선 타기를 활용해 전혀 공통점이 없어 보이는 사람과도 대화를 나눌 수 있다.

상대의 관심사나 경험을 빌려서 접점을 형성하라

당신이 개인적으로 흥미롭게 생각하는 주제로만 국한할 필요는 없다. 상대가 당신과 전혀 관계없는 관심사를 제시한다고 해도, 그 주제가 당신의 딸이나 아내, 친구와 관련 있다면 어떻게든 참여해보자. 사람들이 발레에 관한 대화를 나누고 있고 끼어들기 힘들다면 다른 사람의 관심사를 빌려올 수 있다. "직접 발레 수업을 들은 적은 없는데, 조카가 수업을 듣기 시작했어요. 정말 좋아하더라고요. 조카랑 한번 같이 가볼까요?" 대화 중에 아주 작은 틈이라도 보이면, 당신과 관계없는 주제라 해도 과감하게 뛰어들어라.

3단계: 공통점 끌어내기

라이언은 새드와의 대화를 진전시키려고 자녀 이야기를 꺼냈다. 그는 초반에 새드가 가정적인 남자라는 사실을 알아냈고, 이런 질문으로 새드의 마음을 열 수 있으리라 생각했다. 사람들은 낯선 이에게 두려움이나 불안을 털어놓지 않는다. 하지만 상대가 따뜻하고 솔깃하게 배출구를 열어준다면 상황은 달라진다. 라이언은 자녀 교육비가 걱정된다고 털어놨고, 새드도 같은 고민을 한다고 인정했다. 이 정보를 이용해서 라이언은 새드와 대화를 이어갈 수 있었다. 새드가 어떤 면이 취약한지 알아낸 것이다.

믿거나 말거나, 첩보 요원이 늘 상대의 약점을 악용할 방법을 찾는 건 아니다. 그보다는 약점을 이용해서 원하는 방향으로 관계를 진전시킨다. 이제 새드가 대학 학비를 걱정한다는 사실을 알았으므로, 이를 이용해서 다른 주제로 대화를 이어갈 수 있다. 예를 들어 아이들이 미국에서 공부할 수 있게 이주하는 건 생각해봤냐고 질문하는 식이다.

사업상 대화를 나누면서 진짜 목적을 언제 터놓고 얘기해야 할지 알아내기가 쉽지는 않지만, 정보 공유는 늘 환영받기 마련이다.

일급 기밀을 털어놓으라는 뜻은 아니다. 하지만 재미있는 토막 정보는 어떻게든 효과를 낸다. 인건비가 상승해서 걱정된다고 개인적인 상황을 얘기하지는 않겠지만(정황상 적절하다면 해도 좋다), 이 어려움을 어떻게 해결했는지 알려주면 당신을 유익한 사람으로 인식시킬 수 있다. 파트너로 함께 일하고 싶은 사람 말이다.

기본적으로 진실해야 한다

첩보 요원은 아주 구체적인 목적을 바탕으로 다른 사람과 관계를 형성하지만, 누군가 묻는다면 내 전 동료들은 누구나 상대와 진실하게 친분을 쌓는다고 말할 것이다. 상대를 진심으로 대하는 건 유용한 인맥을 쌓는 일 자체만큼이나 중요하다. 그러므로 상대와 진정한 공통점을 형성해 친분을 쌓고, 사업상 가장 좋은 성과를 올리는 걸 목표로 삼아야 한다. 나는 워런 버핏이 한 말에 십분 공감한다. "평판을 쌓는 데는 20년이 걸리지만 망치는 데는 5분이면 충분하다. 그렇게 생각하면 처신이 달라질 것이다." 당신의 브랜드나 개인적 평판을 망칠 위험을 감수하고 새빨간 거짓말을 해서 인맥을 쌓으려고 하지 마라. 한마디로 그럴 가치가 없다.

상대의 학습 방식을 파악하라

라이언은 시계를 이용해서 새드와 연결하는 다리를 짓기 시작했다. 마음속으로 노트를 만들어 새드와 관련된 내용을 최대한 세세히 기억했을 가능성이 높다. 라이언은 원래 시계 수집가가 아니었지만, 이 일을 계기로 시계에 흥미를 붙였고 진심으로 새드와 함께 공통의 관심사를 추구했다. 더 중요한 건 라이언이 이 과정에서 새드가 정보를 처리하는 방식을 지켜보면서 뭔가 깨달았다는 점이다.

첩보 요원은 인간의 행위를 하나하나 인식하는 훈련을 받는다. 그중 상대가 어떤 방식으로 학습하는지 발견하는 것도 훈련에 포함된다. 라이언은 저녁을 먹으면서 시계를 꺼냈을 때 새드가 별다른 반응을 보이지 않는다는 걸 금방 눈치챘다. 그동안 시계에 관해 충분히 대화를 나눈 만큼, 새드가 이 시계에 관심을 보이리라 확신했는데도 말이다. 순간적인 판단으로 라이언은 시계를 풀어서 새드에게 건넸다. 순식간에 새드의 태도가 달라졌다. 그는 매끄럽고 차가운 스테인리스와 시계 밴드의 무게를 느끼고, 용두에 있는 조그만 홈을 만져봤다. 새드가 눈에 띄는 반응을 보인 건 이때였다. 이런 반응은 새드가 운동형 학습자kinesthetic learner라는 사실을 암시한다. 즉 대상을 손으로 직접 만지고 경험해야 의미가 있다고 여긴다는 뜻이다. 새드는 그렇게 정보를 처리한다.

상대가 정보를 어떻게 처리하는지 이해하면 좀 더 명확한 의

사소통이 가능하다. 또한 상대가 끌릴 만한 방식으로 정보를 제시하고, 관심을 사로잡을 수 있게 제안 내용을 수정하며, 더 탄탄하고 의미 있는 관계를 구축할 수 있다. 주의 깊게 봐야 할 학습 방식 4가지를 소개한다.

청각형 학습자: 이런 학습자 유형은 학교에서 유리하다. 청각형 정보에 반응하는 사람은 교실에서처럼 정보를 말로 전달받는 것을 선호한다. 이들은 언어적 지시와 보디랭귀지를 결합했을 때 가장 잘 이해한다.

시각형 학습자: 명칭에서 짐작할 수 있듯이 시각형 학습자는 누가 원리를 말로 설명해주는 걸 듣기보다 직접 보는 쪽을 선호한다. 그림이나 도표, 목록을 좋아할 가능성이 높다.

운동형 학습자: 새드 같은 운동형 학습자는 대상을 만지거나 느끼고 싶어 한다. 이들은 직접 손을 대보고 경험할 때 가장 큰 효과를 본다. 이 유형은 움직이면서 배우는 쪽을 선호할 것이다.

읽기 및 쓰기형 학습자: 이 유형은 읽고 쓸 때 편안함을 느낀다. 책에서 쉽게 정보를 흡수하고 글로 표현하면서 이해한다.

의사소통을 잘하는 사업가로 인식되고 싶다면, 다양한 학습 유형을 사업에 활용하는 법을 배워야 한다. 상대의 니즈에 맞춰 정보 전달 방식을 바꾸면 의사소통이 명확해지고 관계가 돈독해진다. 이러한 관계는 결국 판매 증가로 이어질 것이다.

학습 방식을 이해해 거래를 성사하다

2015년, 우리 회사가 본격적으로 성장을 시작한 지 몇 년 지났을 때였다. 한 대기업과 라이선스 계약에 대한 논의가 오갔다. 나는 이 계약을 꼭 성사하고 싶었다. 첫해에만 수십만 달러 가치가 발생하고 금방 수백만 달러 규모로 성장할 계약이었다. 상대 회사는 평판이 좋았고, 이 계약은 사업을 크게 도약시킬 기회였다. 나는 최종 단계를 마무리하는 미팅에 들어갔다. 작은 회의실에 나와 상대편 임원 한 명만 있었다. 나는 탁자 위의 종이와 책이 우리를 가로막지 않는 자리에 앉았다. 상대와 바로 맞은편 자리였다. 처음 만나는 사람이었기 때문에 더 철저히 준비해야 했다. 그가 시각형이나 청각형, 어떤 유형의 학습자이든 맞출 수 있게 모든 준비를 갖추고 미팅에 나갔다. 내 가방에는 화이트보드 마커와 도표, 제품 샘플을 비롯해 글자만 가득한 제안서까지도 들어 있었다. 누구나 구할 수 있는 흔한 자료는 아니었다. CIA 훈련 덕분에, 상대의 태도와 반응을 보고 그가 시각형 학습자라는 걸 쉽게 알아냈다. 동업하고 싶은 품목 중에 '주문 제작 칼'이 있었다.

그는 직접 손으로 만져보면서 자세히 살펴보고 싶어 했다. 대화를 하다가 적당한 때에 내 말을 뒷받침할 시각형 자료를 꺼냈고, 유색 마커로 화이트보드에 그려가며 설명했다. 도표도 꺼냈다. 반응이 무척 좋았다. 결국 거래가 성사됐다. 게다가 상대가 시각형 자료에 잘 반응한다는 사실을 알았으니 다음번 미팅은 더 잘 준비할 수 있을 것이다. 그 뒤로도 우리는 순조롭게 의사소통했다.

첩보 요원에 대한 오해

"CIA에 들어가면 친구나 가족과는 영원히 작별해야 한다."

땡! 라이언이 새드와 친해지려고 가족 얘기를 모두 지어냈다고 생각하는가? 그렇지 않다. 첩보 요원은 친구나 가족과 인연을 끊어야 한다는 속설은 완전히 오해다. 장담하지만 그들도 여전히 부모 형제와 친구들을 만나며 살아간다(가족 모임에 가기 싫어서 CIA에 들어가려고 생각했다면 실망시켜 미안하다). CIA 본부는 조그만 도시나 다름없고, 수천 명이 그곳에서 일한다. 말하자면 첩보 요원 말고도 보안 요원, 회계사, 사무 보조, 인사 부서 직원도 있다는 뜻이다. 심지어 바리스타도 있다. 본부 내에 스타벅스가 있기 때문이다.

물론 요원들이 업무 특성상 말할 수 없는 세세한 비밀을 가진 것은 분명하다. 현장에 나갔을 때 가족들에게 위치를 말하지 못하는 경우도 흔하다. 가족들이 알면 안 된다기보다 정보원을 보호하는 게 중요하기 때문이다. 그렇다고 가족들과 아예 연락할 수 없다는 뜻은 아니다. 특별한 전화번호나 CIA 관리 건물에 있는 연락선을 통해 소통할 방법은 항상 있다.

상대에 대한 정확한 이해와 탄탄한 관계 구축은 성공으로 이어진다

CIA를 그만두고 사업을 시작했을 때, 인맥 형성에 대한 내 시각은 다른 사업가들과는 확연히 달랐다. CIA 훈련을 받으면서 상대를 깊이 파헤치고 인내심 있게 관계를 구축하는 습관이 워낙 깊게 뿌리내린 탓에, 사업을 성장시키면서 스스로 이런 수단을 활용하고 있다는 점을 자각하지도 못했다. 앞서 언급했듯이 나는 상당히 내성적인 성격이지만 수단을 적절히 활용하면 성향은 별로 문제 되지 않는다. 직관을 동원해 다리를 놓고, 내 인맥이 될지도 모르는 상대를 단순한 이름이나 이메일 주소가 아니라 긴밀한 관계를 맺을 제휴 대상으로 인식하는 습관을 들이자. 그러면 사업 성장에 도움 될 사람들과 친분을 쌓을 수 있을 것이다. 그러다 실제로 좋은 친구가 한두 명 생기기도 한다.

5장

설득Recruiting: 상대를 확실히 내 사람으로 만드는 법

AGENT OF INFLUENCE

TXT 프로젝트 약식 보고

일자: 19XX년 9월 26일

수신: XXX XXXXXXXX

발신: 라이언 J. 존스

보고 제목: 대상자 #3123(새드) 관련 최신 보고

XX 담당자께

'이소크라테스' 콘퍼런스에서 '새드'를 처음 본 후 지난 3개월간 꾸준히 만나왔습니다. 처음부터 화기애애하게 대화를 시작했고, 우정과 신뢰가 쌓여 서로 존중하는 관계로 발전했습니다. 제가 판단하기에 새드

는 특별하면서도 독보적인 역량을 보유하고 있습니다. 새드가 TXT 프로젝트에 참여한다면 미국에 큰 도움이 될 겁니다. 또한 그쪽 정부가 새드에게 제약을 가하고 있어서, 새드는 필요한 연구를 제대로 수행하지 못하고 있다고 생각합니다.

새드는 현 정권 아래에서 부인과 자녀들이 행복하게 지낼 수 있을지 깊이 근심합니다. 그쪽 정부에서는 새드를 주의 깊게 감시하며 여행도 금지했습니다. 새드는 자녀들이 그런 삶을 사는 것을 바라지 않습니다. 새드가 우리의 제안(적절한 때가 되면 전달할 예정입니다)에 귀를 기울이리라 확신합니다.

라이언 J. 존스

라이언 이야기 4부

새드와 나는 정기적으로 저녁 식사를 함께하며 대화를 이어갔다. 아이들이나 취미, 식당에서 나오는 음식에 관해 즐겁게 얘기했다. 나는 새드의 월급으로는 감당하기 힘든 식당을 골라 다녔다. 처음에 새드는 내가 돈을 내면 불편해했지만, 나는 새드가 나와 친하게 지내는 것 자체가 무척 고마운 일이라고 계속해서 말했다. 그리고 새드의 부인도 몇 번 함께 초대했다. 부인의 의견이 새드에게 중요한 의미가 있으므로, 내가 어떤 사람인지 부인도 느꼈으면 했다. 새드의 부인은 시인이었다. 나는 사실상 시에는 문외한이라는 점을 숨김없이 털어놨다. 부인은 그쪽 세계가 어떤 곳인지 기꺼이 알려줬고, 나는 지식은 부족하지만 아주 매력을 느낀다고 말했다. 부인은 느긋하고 친절했으며, 내가 미국에서 어떻게 사는지 무척 궁금해했다. 가족들과 함께 한겨울에 따뜻하고 햇살 좋은 플로리다로 여행했다는 단순한 얘기에도 부인은 놀라움을 금치 못했다. 그렇게 멋진 얘기는 처음 들어본다는 것이었다. 그리고 웃으면서 창문 밖으로 우중충한 회색 하늘에서 눈이 펑펑 쏟아지는 광경을 가리켰다.

우리가 만나는 동안, 새드는 느리긴 했지만 조금씩 마음을 열어 모국 정부에서 가하는 제약에 관해 털어놨다. 귀중한 정보였다. 새드가 거부하기 힘든 제안을 계속 구상해야 했기 때문이다.

한번은 검소하게 꾸며진 새드의 집을 방문하기도 했다. 난롯가에 앉아 이 빠진 찻잔으로 차를 마시며 몸을 녹였다. 그 집은 항상 추웠다. 나는 가브리엘 가르시아 마르케스가 쓴 《100년 동안의 고독》을 이제 막 다 읽었는데, 줄거리가 매력적이고 표현도 풍부해서 기억에 남는다고 말했다. 그리고 혹시 이 책을 읽었냐고 질문했다. 새드는 묘한 눈으로 나를 바라보며 대답하지 않았다. "왜 그래요?" 내가 물었다.

"안타깝지만 여기서는 책 구하기가 쉽지 않아요." 마침내 새드가 대답했다. "훌륭한 문학 작품도 못 읽는 경우가 많죠. 읽고 싶은 건 다 읽을 수 있다니 당신은 운이 좋은 거예요." 나는 이런 기본적인 혜택을 너무도 당연하게 여겨왔다고 말하며 사과했다. 그리고 가방을 가져와서 뒤적거렸다. "여기 있네요!" 헤질 대로 헤진 문고본을 새드에게 건넸다. "이것도 읽어 볼래요?" 낡은 《앵무새 죽이기》였다. "관심이 있을지 모르겠지만 미국 고전 작품이에요. 저는 가끔 다시 읽어보거든요. 원하시면 얼마든지 드릴 수 있어요."

새드의 눈이 커졌다. 책은 호화로운 만찬보다 훨씬 큰 선물이었고, 새드에게는 더 중요한 의미가 있었다. 자유, 문학에의 접근, 정신을 고양하는 지적 경험. 새드가 말했다. "당신은 참 좋은 친구예요. 고맙게 읽을게요. 아이들도 정말 좋아할 거예요!" 밖에는 또 눈보라가 쳤다. 나는 이제 호텔로 돌아가겠다고 말했다. 새드가 나를 힘껏 포옹했다. 전에는 한 번도 없었던 일이다. 나는 다음 주 저녁 식사 때 보자는 말을 남겼다.

일주일이 지났고 오늘이 바로 그날이다. 여기까지 오는 데 몇 달이나 걸렸지만 새드는 분명 내 제안을 받아들일 것이다. 사실 나는 상대가 수락할 것을 100퍼센트 확신하지 않으면 말을 꺼낼 생각도 하지 않는다. 하지만 새드가 승낙하지 않고 그대로 정부에 보고할지도 모른다. 그러면 다음번에 새드와 만날 때 나는 머리에 봉투를 뒤집어쓰고 있을 것이다. 그리고 다시는 그의 눈앞에 뜰 수 없겠지. 하지만 새드의 몸과 마음은 모두 열려 있었다. 몸짓에서는 신뢰와 동질감이 묻어나왔다.

약속 장소에 도착한 새드는 몹시 지친 눈치였다. 괜찮은지 물어보자 그렇다고 대답했지만, 걸어오는 동안 너무 추워서 생각보다 오래 걸렸다고 했다. 새드는 아무렇지 않게 눈을 털고 자리에 앉았다. 몸이 따뜻해지니까 기분도 좋아진 기색이었다. 우리는 음식을 주문했고, 나는 책이 어땠는지 물었다. 새드는 아이들이 책을 말 그대로 덮쳐버리는 바람에 아직 못 읽었다고 했다. 새 읽을거리가 생긴 아이들이 흥분했던 것이다. 새드는 아이들이 좋은 책 같은 기본적인 것에 접근할 수 없어서 무척 안타깝다고 했다. 나는 가져온 책을 전부 주겠다고 말했다. 새드는 내 어깨를 부드럽게 토닥였다. "나랑 가족들한테 정말 잘해주는군요. 우리가 이 선물을 얼마나 고마워하는지 모를 거예요." 바로 지금이다. 모든 게 완벽하다.

나는 몸을 숙이며 조용히 말했다. "새드, 잘 들어봐요. 이렇게 살지 않아도 돼요. 자유도 없이 두려워하면서 살 필요 없어요. 하고 싶은 말이 있었는데 어떻게 생각할지 걱정돼서 망설였어요. 새드가 여기서 하는 일을 아주 자랑스럽게 생각한다는 거 저도 잘 알아요." 새드는 강한 흥미를 보이며 날 바라봤다. "내가 도울 수 있어요." 내가 말했다. 새드는 좀 긴장한 것 같았다. 그는 긴장할 때면 손바닥을 비비는 버릇이 있었다. 나는 그 행동을 따라 하며, 나도 긴장했다는 듯 말하는 속도를 줄이고 몇 가지 단어를 반복했다. 예상했던 상황이었다. 새드는 아주 신중한 사람이었기 때문이다.

"아니, 미안해요. 이런 말을 꺼내면 안 되는데. 신경 쓰지 마세요. 그냥 디저트나 주문합시다. 내가 생각했던 게 새드나 가족들과는 안 맞을 수도 있겠어요."

내 말을 못 들은 척하라거나 가족을 언급한 건 의도적이었다. 새드 앞에 놓인 조그만 장애물을 스스로 넘게 하기 위해서였다. "아니에요, 말해줘요." 새드가 조급해하며 말했다.

나는 새드를 똑바로 보면서 자신 있게 말을 이었다. 그러자 새드는 곧바로 자세를 가다듬고 들을 준비를 했다. 나는 가족들을 어떻게 도울 수 있는지 설명하면서 지금까지 한 말은 아직 비밀이라고 했다. 새드는 애써 기쁜 기색을 감췄다. 내 제안에는 그가 항상 원했던 것이 모두 들어 있었기 때문이다. "새드, 우리와 일하겠다고 동의하면 내가 방법을 마련할 수 있어요."

새드는 정확히 내 계획대로 반응했다. "그럼요, 좋아요. 내

지식이 그쪽 분들한테 많은 도움이 될 거예요. 동의하시죠? 내가 아는 건 전부 알려드릴 수 있어요." 마치 이 모든 걸 새드가 제안했다는 듯, 새드는 자신을 나에게 홍보하고 있었다.

내가 말했다. "이건 다시없는 기회예요. 좋은 교육도 가능하고, 새드와 부인은 자유가 될 거예요. 원하는 책도 얼마든지 읽을 수 있고요!" 나는 책 얘기를 하면서 웃었다. 이 모든 계획이 정말 쉽고 별것 아니라는 듯, 새드는 그냥 동의만 하면 된다는 듯 말이다.

"한 가지 얘기할 게 있어요, 새드." 나는 그의 이름을 신중히 반복했다. "나는 미국 정부 소속이에요. 우리는 새드가 와서 함께 일하기를 원해요. 새드를 빼내는 일이 어려울 수도 있지만, 꼭 그렇게 할 테니까 믿어도 좋아요. 지금 나는 완전히 새로운 삶의 가능성을 제시하는 겁니다. 일을 시작하는 차원에서 지금 당장 1만 5,000달러를 드릴게요. 하지만 대가로 저한테 해줄 일이 있어요."

새드가 나를 잘 볼 수 있도록 테이블 가운데에 있던 물컵을 구석으로 치웠다. 그리고 종이 한 장을 꺼내서 약간 오른쪽으로 치우치게 놓았다. "미국에 돌아가서 동료들한테 줘야 할 게 있어요. 새드가 진짜 참여한다는 걸 증명해야 하거든요." 나는 가볍게 종이를 두드리며 서명해야 한다는 걸 암시했다. 하지만 아직 종이를 새드 쪽으로 밀지는 않았다. 처음부터 종이 위에 내 손을 계속 올려둔 상태였다. "우리는 예전부터 이런 일을 해왔어요. 새드도 가족들도 걱정할 필요 없어요."

새드는 신중하게 귀를 기울였다. 그는 자녀들이 더 나은 삶을 살 수 있기를 간절히 바라는 사람이다. 새드는 종이에 손을 뻗었지만, 여전히 내 손은 종이 위에 있었다. "당신은 세상을 더 안전한 곳으로 만들 거예요. 새드의 지식으로 선을 추구할 수 있어요." 나는 이 말을 하면서 종이를 새드 쪽으로 밀었다. 새드는 빠르게 종이를 읽고 서명한 다음 아무렇지도 않게 다시 내게 내밀었다. 나는 종이를 가방에 넣었다. 그리고 새드를 바라보며 말했다. "이제 축하해야겠어요. 디저트를 주문합시다."

첩보 요원 팁

이름 반복의 효과

"어느 언어권이든, 사람의 이름은 당사자에게 가장 다정하고 중요하게 들린다." 데일 카네기의 이 말은 백번 옳다. 첩보 요원은 이 점을 잘 알고 있다. 거래를 성사하는 과정이거나 단순히 인맥을 쌓을 때도 꼭 의도적으로

상대의 이름을 부르자. 이름을 반복해서 부르면 상대가 집중하기 마련이다. 그리고 자신이 흥미로운 사람이며 관심의 대상이라는 느낌을 받는다.

'거부할 수 없는 제안'을 하는 법

영화 〈대부〉에서 조니 폰테인은 대부 돈 콜레오네에게 도움을 요청한다. 그는 영화에 출연하고 싶었지만 가능성이 희박하다는 걸 알고 있었다. 돈 콜레오네는 그런 조니 폰테인에게 걱정하지 말라면서 유명한 말을 남긴다. "그자(감독)에게 거부할 수 없는 제안을 하지." 얼마 지나지 않아, 감독은 침대에서 일어나다가 잘린 말머리를 발견한다. 결국 조니 폰테인은 그 역할을 맡았다.

아마 사람들은 첩보 요원이 원하는 걸 얻으려고 무력과 폭력을 행사한다고 생각할 것이다(다 할리우드 탓이다). 하지만 전혀 사실이 아니다. 첩보 요원은 상대가 거부할 수 없는 제안을 하는 데 누구보다 탁월하지만, 그 과정을 아주 꼼꼼하게 작업한다. 첩보 세계에서 타깃의 관심도를 잘못 계산했다가는 작전 전체를 망치기 쉽다. 상사들과 문제가 발생할 테고, 타깃이 첩보 요원의 정체를 자기 정부에 알릴 가능성도 존재한다. 그럴 경우, 살해당하거나 평생 외국 감옥에서 지내야 할지도 모른다. 물론 사업가는 제안을 거부한 사람에게 살해당하거나 고문당할 가능성은 적지만, 회사의 발전을 위한 관점에서 보면 모든 거래가 중요하다.

CIA 훈련에서 얻은 가장 가치 있는 교훈은 결정적인 한 방을 날려야 하는 타이밍에 대한 것이다. 타깃이 내 제안에 귀를 기울이고 받아들일 준비가 된 정확한 순간을 아는 것. 나는 상대가 결국 제안을 받아들이지 않는 바람에 시간을 낭비한 적이 한 번도 없다. 언제 거래할 준비가 됐는지 정확히 파악했기 때문이다. 연습한다면 당신도 알아차릴 수 있을 것이다.

성공 확률이 올라가는 '마법의 순간'

CIA 요원이 상대로부터 정보를 받는 대가로 뭔가를 제안해 수락하게 만드는 순간은 예술과 같다. 동료들은 오랜 기간 현장에서 타깃에게 완벽하게 접근하는 법을 익히고 기술을 다듬었다. 그들의 생사는 매번 '마법의 순간'을 정확히 알아보는 데 달려 있다. 다행히 당신은 사업상 찾아오는 마법의 순간을 알아보려고 몇 년씩 훈련을 받거나 해외에서 위장한 채 살아갈 필요는 없다. 여기 쉽게 따라 할 수 있는 방법과, 상대가 제안에 점차 마음을 열고 있다는 징후를 몇 가지 소개한다.

1단계: 인내심을 키운다

인내는 미덕이다. 첩보 활동에서는 특히 그렇다. 서두르는 건 금물이다. 몇 달이나 엄청난 돈을 써가며 고객을 접대하라는 뜻은 아니지만, 상대가 무엇에 반응하는지 알 때까지 '충분히' 시간을 투자해야 한다. 상대는 실제로 어떤 사람인가? 어떻게 하면 당신의 제품에 흥미를 갖게 할 수 있을까? 시간이 흐를수록 더 빨리 배우겠지만, 마법의 순간에 대해 처음 배울 때는 서두르면 안 된다. 누군가 당신의 제안을 받아들이거나 제품을 주문할 때가 되면, 그때까지 투자한 시간이 빛을 발할 것이다.

2단계: 보디랭귀지로 최종 평가를 한다

라이언은 새드의 보디랭귀지를 처음부터 끝까지 주시하며 하나하나 기억했다. 뛰어난 첩보 요원은 항상 상대의 보디랭귀지를 관찰한다. 타깃이 특정 발언이나 행동, 외부 자극에 어떻게 반응하는지 주의해서 지켜본다. 상대가 어떻게 꼼지락거리고 이야기했는지, 어떤 표정을 하고 어떻게 눈을 맞췄는지 머릿속에 파일로 정리한다. 마법의 순간이 다가올 때, 첩보 요원은 상대가 보이는 수용적 태도에 주목한다. 상대가 수용적이라는 증거는 자발적인 의향이나 신뢰, 앞으로 나아가려는 열정 등으로 명백히 드러난다. 라이언은 새드가 시선을 똑바로 맞추고 자기 어깨를 가볍게 두드리는 데 주목했다. 새드가 마음을 열었고 제안을 받아들일 준비가 됐다는 신호였다.

상대가 수용적이라는 신호: 긴장한 미소가 아니라 진짜 미소를 보여준다. 손바닥이 위를 향하고, 당신의 말을 놓치지 않으려고 몸을 앞으로 구부린다. 당신을 가볍게 만지며 어깨는 열려 있다.

3단계: 상대가 거꾸로 나를 설득하려고 하는가?

새드가 스스로 미국의 훌륭한 자산이 될 수 있다고 했을 때, 라이언은 그가 자신에게 넘어왔다는 걸 깨달았다. 라이언이 이제 막 당근을 눈앞에 흔들었을 뿐이지만 새드는 무엇인가 대단한 일이 벌어진다는 걸 깨달았다. 그리고 자신이 그 제안에 부합하는 가치가 있다는 걸 보여주려 했으며 눈앞의 과제에 착수할 준비가 됐다고 장담했다. 고객이 자신의 긍정적인 면을 내보이고 자신과 일해야 하는 이유를 말하기 시작한다면, 그 거래는 이미 성사된 것이나 다름없다.

상대가 당신을 설득하고 있다는 신호: 자신의 장점이 무엇인지, 어떤 부분에 기여할 수 있는지 설명한다. 자신의 능력을 확신시키려 하며 자기가 가진 기술이나 전문성이 어떤 면에서 유용한지 알려준다.

완벽한 제안 구상하기

호의적인 신호가 나타났고, 상대가 제품을 구매하거나 제의에 응할 준비가 됐다고 100퍼센트 확신이 든다고 하자. 이제 결정타를 날리고 설득할 차례다. 상대가 마법의 순간을 끝까지 통과하게 하려면, 거부할 수 없는 제안을 해야 한다. 라이언은 새드와 많은 시간을 함께하면서 그를 알아가고 관계를 발전시켰다. 새드에게는 자유라는 개념과 교육에의 접근이 가장 중요한 가치였다. 또는 돈을 많이 벌거나 화려한 삶을 살고 싶어 하는 사람들도 있을 것이다. 전문가들은 완벽한 제안은 전달 방식에 달렸다고 말하겠지만, 첩보 세계에서는 개인화와 표현 방식이 가장 중요하다. 어디 내놓아도 손색없는 제안(자기 모국을 떠날 만큼 설득력 있는 제안)을 하려면 다음 내용을 고려하라.

진정한 가치에 관해 소통한다: 상대가 이 제안을 통해 '실제로' 얻는 것이 무엇인가? 안전 및 보안에 관련된 우리 회사의 수업에서는 즉석 무기를 활용한 호신술부터 인간 거짓말 탐지기가 되는 법에 이르기까지 다양한 내용을 가르친다. 우리가 궁극적으로 판매하는 건 안전과 마음의 평화다. 우리는 자신을 지키고, 남한테 생존을 의존하지 않아도 되는 수단을 제안한다. 참고로 수업 명칭을 명확하게 표현했을 때 사람들은 관심을 보인다. 그냥 '안전 수업'이라고만 했다면 평범하게 들렸을 테고 이 서비스의 핵심 가치를 전달하지 못했을 것이다. 다른 사람들과 비슷한 제안은 항상 실패한다. 당신의 제안을 다듬어라. 서비스의 명칭만 보고도 이 서비스가 고객의 삶을 어떻게 개선할지, 혹은 고객이 사업하는 방식을 어떻게 바꿀지 명확히 이해할 수 있어야 한다.

가장 큰 소망이나 근심을 인식한다: 라이언은 새드가 지식에 접근하고 싶어 한다는 걸 깨달았다. 무엇보다 새드는 학자였다. 그 욕망을 이용해서, 라이언의 제안을 수용하면 새드의 삶이 어떻게 개선될지 그림을 그리듯 보여줬다. 그리고 라이언은 목적을 달성했다. 나 역시 이 방법을 내 사업에 적용했다. 자식을 둔 부모들은 자녀를 먼 대학에 보내는 게 불안하다고 말한다. 그러면 나는 우리 회사의 훈련으로 자녀들에게 자립할 용기를 주고 스스로를 더 안전하게 보호할 수 있다고 설명한다. 이렇게 하면 부모들의 두려움을 완화시킬 수 있다. 어떤 제품이나 서비스를 구매해서 얻는 정서적 혜택은 상당히 중요하다. 다양한 두려움과 소망을 고려한 제안을 개발하라.

증거를 제시한다: 라이언은 근본적으로 새드의 지식을 미국의 이익을 위해 사용하자고 제안했다. 사업에도 큰 위험이 있을 수는 있다. 하지만 달리 생각하면 또 그렇게 크지는 않다. 새드가 우려를 표한다면, 라이언은 다른 사례를 제시해 그를 안심시켰을 것이다. 지나치게 세세한 정보를 전하기보단, 과학계에서 감시받으며 살다가 완전한 자유를 얻은 사람들의 얘기를 들려주는 식이다. 사실과 수치가 중요하긴 하지만 이야기의 위력을 과소평가해선 안 된다. 자신과 상황이 비슷한 사람의 이야기를 들으면 감정적으로 반응하기 마련이

다. 긍정적인 사례를 말해주면 상대를 마법의 순간으로 밀어붙일 수 있다.

유대감과 동질성을 형성하라: 사람들은 관계를 갈망하며 긍정적인 그룹에 속하고 싶어 한다. 무엇인가 설득하고 싶다면 더 많은 사람, 특히 당신의 제품이나 서비스로 혜택을 본 사람들을 소개하라. 서비스의 영향력이 더 큰 범위로 확대될 수 있다고 설명해도 좋다. 가령 섀드는 미국에서 전문성을 인정받고, 존경받는 교수이자 과학자로 보일 것이다. 나는 우리 서비스를 제안할 때, 직원들이 스스로의 생명을 구할 수 있는 첩보 요원의 기술을 배우는 것이 회사 전체에 긍정적인 영향을 미칠 수 있다고 홍보한다. 이런 서비스를 받는 직원들은 고용주가 자신들에게 관심을 두고 있다고 생각하며, 전반적으로 안전하다는 느낌을 받는다. 또한 훈련하는 동안 직원들끼리 가까워지기도 한다. 결국 그들은 긍정적이고 자립적인 사람들로 구성된 공동체의 일원이 됐다고 느낀다.

'줄이기 전략'으로 진짜 고객을 찾는 법

미리 말해두지만, 나는 첩보 능력을 이용해서 장난을 치거나 사람들을 조종하지 않는다. 진실성과 상호 신뢰를 바탕으로 비즈니스 관계를 쌓고 싶다면 그런 행동은 역효과를 낳는다. 하지만 CIA

훈련으로 얻은 지식을 활용해 더 똑똑하게 일하고 빨리 움직일 수 있는 건 사실이다. 사실 예전에 TV 프로그램에 몇 번 출연한 후 판매량이 크게 늘었고, 다른 사람에게 TV 출연법을 가르칠 수도 있다는 걸 깨달았다. 내 접근 방식이 내게 효과가 있었다면 근본적으로 누구에게나 효과가 있을 것이다. 그리고 많은 사람이 즉시 관심을 보였다. TV에 출연하려는 사람이 그렇게 많을 줄이야!

많은 이가 관심을 표시하긴 했지만, 구경만 하고 실제로 등록하지는 않을 사람에게 시간을 낭비하고 싶지는 않았다. 내가 원하는 건 진지한 고객들이었다. 그래서 의도적으로 '줄이기 전략'을 통해 잠재 고객 중 진짜 등록할 의사가 있는 고객을 알아내기로 했다. 나는 잠재 고객이 코칭 면담을 신청하기 전에 먼저 설문지를 작성하게 했다. 내가 원하는 고객은 사업 규모가 최소한 1년에 25만 달러 이상인 사업가여야 한다. 포르노나 담배, 주류 사업에 종사하는 사람은 안 된다. 그리고 한 번에 접수 가능한 최대 인원은 7명이었고, 전화 면담을 예약하려면 보증금 100달러를 내야 한다. 나는 이 자격 요건을 충족하는 고객에게 가능한 날짜를 공지했다. 몇 단계를 거쳐 나와 실제로 얘기할 때가 되면 고객들은 이미 함께 일할 수 있다는 기대와 의지로 가득 차게 된다. 분명히 말해두지만 서비스에 고급스러운 이미지를 더하려고 이런 과정을 밟는 게 아니다. 진지하지 않은 사람을 걸러내서 시간을 절약하고 싶을 뿐이다.

SADR 단계로 〈샤크 탱크〉에서 거래를 따내다

나는 개인적인 성향이 강한 사람이고, 정보기관에서 일했던 사람 중 다수가 그렇듯 내성적이다. 그런 내가 리얼리티 투자쇼 〈샤크 탱크〉에 나가서 전국의 수백만 시청자 앞에서 사업을 홍보하다니, 평생 상상도 못 했던 일이다. 가능성이 희박하다는 건 알고 있었다. 〈샤크 탱크〉에 출연한 사람 가운데 85퍼센트는 당장 눈앞에 보이는 제품을 홍보했고, 나는 아무것도 보이지 않는 서비스를 홍보하는 15퍼센트 쪽이었다. 우리 회사의 프로그램이 훌륭하다는 걸 알았지만, 심사위원에게 투자할 만한 가치가 있다는 걸 확신시켜야 했다.

나는 아주 상세한 조사에 돌입했다. 일단 각 심사위원이 쓴 책을 죄다 읽는 것부터 시작했다. 책이 상당히 많았고 다 읽는 데 시간이 걸렸지만, 이런 좋은 기회를 놓치고 싶지 않았다. 나에게 투자해줄지도 모르는 사람들의 책들을 읽는 것만으로 그들이 사업에 어떻게 접근하는지 배울 수 있었다. 그리고 어떤 성격인지 알고 싶었다. 조사한 책을 모두 읽어 치운 다음, 심사위원이 쓴 칼럼이나 심사위원에 관해 쓴 글도 전부 읽었다. 이것도 각 심사위원을 파악하기 좋은 방법이었다.

특히 내 관심을 끈 건 데이먼드 존Daymond John이었다. 강연하는 사람들 쪽에 엄청난 인맥을 보유한 듯했다. 그렇다면 내게 크게 도움이 될 것이다. 근본적으로 내가 그를 '식별'한 거나 다름없었다. 데이먼드가 내 사업에 매력을 느낄지 판단하려면 그를 좀 더 '평가'할 필요가 있었다. 결국 데이먼드가 수 제곱킬로미터쯤 되는 농장을 소유했고 야외 활동을 좋아한다는 사실을 알아냈다. 내 제안에 관심을 보일 가능성이 높다는 좋은 신호였다.

마지막으로 나는 프로그램 자체를 파헤쳤다. 〈샤크 탱크〉 전편을 다 봤고 각 심사위원의 질문 유형을 기록했다. 심사위원들이 출연자의 어떤 반응을 좋아하거나 싫어하는지도 적었다. 또한 보디랭귀지도 분석했다. 제품이 마음에 들었을 때, 주문하려고 할 때, 혹은 마음에 들지 않을 때와 손을 떼려고 할 때 어떤 행동을 하는지 기억했다. 그리고 그들이 했던 TV 인터뷰도 전부 확인했다(고맙다, 유튜브).

데이먼드 존은 한 인터뷰에서 함께 일하는 유명 마케터를 가볍게 언급했다. 나는 우연히 그 마케터를 알고 있었고, 몇 년 전에 그로부터 친절한 이메일을 받은 적이 있었다. 이 인맥이 중요하게 작용할 가능성이 있었다. 〈샤크 탱크〉에 출연하기 전날 그 이메일을 출력했다. 그리고 당일에 옷을 입으면서 출력한 종이를 반으로 접어 양복 주머니에 넣었다. 이 정보를 이용해 데이먼드 존과의 관계를 '발전'시킬 수도 있을 것이다.

약 55분 뒤, 나는 '탱크'에 들어갔다. 그동안 데이먼드는 내가 어떻게 사업을 운영하는지 질문했다. 이제껏 조사한 것을 고려하면 그때야말로 비장의 무기를 꺼낼 타이밍이었다. 나는 외투에서 이메일을 확 뽑아 들고 말했다. "데이먼드, XXX 씨를 아시죠? 그가 보낸 이메일을 읽어 드리고 싶어요." 나는 이메일을 소리 내어 읽었다. 그때 데이먼드의 보디랭귀지가 바뀌었다.

내가 기다리던 획기적인 전환점이 찾아온 것이다. 계약을 따냈다는 느낌이 왔다. 데이먼드에게 내 명분을 '설득'했다는 확신이 들었다. 그다음 몇 분 동안 데이먼드는 왜 내가 그와 협력해야 하는지 설득했다. 본인이 나와 가장 잘 맞는 이유가 무엇인지, 우리의 협력이 어떤 성과를 낼지 설명했다. 그가 곧 '샤크 모드'로 돌아가긴 했지만 상관없었다. 나한테 넘어온 것이 확실했기 때문이다. 결국 데이먼드를 포함해서 2명의 심사위원이 내게 거래를 제안했고, 나는 데이먼드와 계약했다. 덕분에 내 사업은 크게 성장했다.

SADR 단계를 비장의 무기로 삼아라

이렇게 SADR 단계를 적절하게 사용하면 시간을 크게 절약하고 구매 의사가 없는 사람들을 걸러낼 수 있다. 이 기법을 연습하면 완벽한 고객을 정의하고, 필요 없는 고객을 피하는 데 도움이 된다. 라이언은 새드에게 자유가 있는 새 삶을 제시했다. 자칫 SADR 단계가 다른 사람을 조종하는 방법이라고 생각하기 쉽지만, 당신이 판매하는 제품이나 서비스가 누군가의 삶을 나아지게 한다는 점을 기억하라. SADR 단계는 사람들이 원하는지도 몰랐던 제품을 선보인다. 이제 그들은 제품의 진가를 깨달았고, 그것이 없는 삶은 상상하지 못할 것이다.

SADR 단계는 훌륭한 도구이며 나도 늘 사람들에게 권하지만, 대상이 가치가 없어 보인다면 언제 미끼를 거둬야 하는지 정확히 알아야 한다. 첩보 요원들은 거래에 희망이 없다는 신호가 보이면 SADR 단계를 더는 진행하지 않는다. 자산이 정직하지 않거나 불안정하고 믿을 수 없다면, 이 단계를 진행 도중에 중단하는 것이다. 당신도 그와 비슷한 신호를 발견했다면 계속 진행하는 게 과연 현명할지 꼭 의심해봐야 한다. 또한 첩보 요원은 일을 진행할 때는 탄력(회복 가능성)을 중시한다. 물론 사업을 하다 보면 장애물에 부딪히기 마련이고 늘 원하는 만큼 빨리 진행되지는 않지만, 탄력이 완전히 떨어졌고 다시 움직일 수 없다면 다른 대상에 에너지를 쏟는 것을 고려해야 한다.

6장

마무리 단계 (t): 마지막까지 완벽하게 인맥을 관리하는 법

AGENT OF INFLUENCE

TXT 프로젝트 약식 보고

일자: 19XX년, 10월 25일

수신: XXX XXXXXXXX

발신: 라이언 J. 존스

보고 제목: 대상자 #3123(새드) 이전 계획

XX 담당자께

새드와 가족들은 미국 생활에 잘 적응하고 있습니다. 맏이는 아버지만큼이나 뛰어난 인재이며 내년 봄에 MIT를 졸업할 예정입니다. 새드의 연구는 미합중국의 안보를 지키는 데 긍정적이고 핵심적인 역할을

했습니다.

저는 새드가 TXT 프로젝트에 헌신했으며 충성을 보였다고 확신합니다. 우리는 진정한 우정을 쌓았고, 이 임무는 관계자 모두에게 긍정적인 영향을 주었습니다. 새드가 제2의 조국에 충실하다는 걸 확신하는 만큼, 이제 새드를 다른 담당자에게 이전할 계획임을 모든 관계자 여러분께 공지합니다. 이 계획은 즉시 효력이 발생합니다.

라이언 J. 존스

라이언 이야기 5부

새드의 집으로 운전해 가는 길에 나는 약간 감상에 젖었다. 아마 이번이 마지막 만남일 것이다. 새드와 가족들은 보스턴 외곽의 작은 마을에서 잘 적응했다. 새드의 자녀들은 학교생활을 잘 해냈고 부인은 동네에서 친구를 사귀었으며 다시 시도 쓰기 시작했다. 새드의 아들은 농구에 취미를 붙여 학교 농구 팀에 들어갔다. 가족들의 삶은 놀라울 만큼 순탄했고, 그들이 새 삶을 사는 데 나도 보탬이 될 수 있어서 감사한 마음이었다.

상부에서도 이 프로젝트에서 내가 이룬 성과를 매우 흡족

해했다. 하지만 아쉽게도 나는 곧 중동으로 떠나야 한다. 그곳에서 얼마나 오래 있을지는 알 수 없다. 이제 새드를 다른 담당자에게 이전할 때가 됐다. 타깃을 이전하거나 종결하는 건 늘 힘든 일이지만, 타깃과의 관계가 본질적으로 특별했다는 걸 생각하면 뿌듯함이 더 크다. 타깃은 원하는 것을 받고 우리 정부에 정보나 능력을 제공한다. 그리고 내가 그 시나리오를 가능하게 했다. 그렇다고 타깃의 행복에 신경 쓰지 않는다는 뜻은 아니다. 신경 쓰고말고. 새드는 내가 일하면서 만난 사람 중에 가장 지적인 사람이었다. 나는 세상에서 손꼽히는 지식인을 만나는 특권을 누린 셈이다. 새드는 품위 있고 친절하며 대화에 능한 사람이었다. 새드를 만나고 나면 항상 뭔가를 배웠다는 생각이 들었다. 평생 알아온 친구와 즐거운 시간을 보낸 느낌이었다. 그래서 동료에게 그를 이전해야 한다고 전하기가 그리 내키지 않았다. 그리고 과거 경험에 비추어보면 이 일은 쉬웠던 적이 없다.

상쾌한 늦가을 오후 새드의 집 앞에 차를 댔을 때, 새드는 스웨터를 입고 현관에 앉아 있었다. 그는 나를 포옹하고 등을 토닥였다. 우리는 안으로 들어갔다. 러시아에 있던 집과는 달리, 새집은 따뜻하고 아늑했다. 새드는 이곳에 도착하자마자 책부터 수집하기 시작했다. 거실에 커다란 책장을 마련하고 천천히 멋진 도서관을 만들어갔다. 나는 말없이 소파에 앉아 있었다. "왜 그래요?" 새드가 물었다. "기분이 안 좋아 보이는데. 어디 아픈 건 아니죠?" 나는 고개를 들고 몸을 앞으로 숙이며 말했다. "사실 썩 좋지는 않아요. 오늘 할 말이 있는데 솔직히 쉽지 않네요."

새드는 긴장한 듯했다. "잠깐만요, 우릴 돌려보내려는 건 아니죠? 그런 일은 없을 거라고 약속했으면서!" 나는 즉시 절대 그런 말을 하러 온 건 아니라고 말했다. "아니에요. 그런 점은 걱정할 필요 없어요. 제가 약속했잖아요." 새드는 안심한 듯 한숨을 쉬었다. "미안해요. 당신을 의심하면 안 되는데. 그러면 왜 그러는지 말해줘요."

"새드, 난 다른 프로젝트 때문에 해외로 가서 아주 오랫동안 있을 겁니다. 그래서 당신을 다른 담당자한테 이전해야 해요." 새드는 혼란스러워 보였지만 충격이 심한 것 같지는 않았다. "난 이제 새드를 담당할 수 없어요. 곧바로 제 동료에게 인수인계할 거예요. 언제 다시 만날 수 있을지 모르겠어요. 미안해요, 이해해줬으면 합니다." 새드는 의자에 몸을 묻고 손바닥을 비볐다. "참 실망스럽네요. 어떻게 받아들여야 할지 모르겠지만, 이해해요. 우리 가족을 도와줬던 걸 평생 고맙게 생각할 거예요."

나는 자리에서 일어나며 말했다. "드릴 게 있어요." 조그만 꾸러미를 꺼냈다. 안에 든 물건은 헤이거Hager 시계였다. 미국에서 제조한 시계로 처음에는 CIA 요원들만 구매할 수 있던 제품이었다. "이제 당신은 미국인이에요. 마음에 들었으면 좋겠네요. 항상 건강하길 바라요." 새드는 선물을 보고 미소를 지었다. 미국으로 온 후 새드의 수집품은 크게 늘었다. "곧 새 담당자가 연락할 거예요. 이제부터 뭐든 그 사람이랑 상의하면 돼요."

나는 새드와 부인, 자녀들에게 작별 인사를 했다. 운전해서 나오는 길에 새드가 손을 흔드는 모습이 백미러에 비쳤다. 나는 그들이 미국에서 계속 안전하고 행복하기를 조용히 기도했다.

마무리까지 완벽한 다섯 번째 단계 '(t)'

이제 당신은 SADR 단계에 '식별, 평가, 발전, 설득'이라는 4가지 핵심 요소가 있다는 것을 알았다. 하지만 첩보 요원은 소위 (t)로 불리는 다섯 번째 요소도 알아야 한다. (t)는 이전transfer 또는 종료terminate를 뜻한다. 작전을 수행하면서 맺은 관계는 언젠가 마무리할 때가 오기 마련이다. 무슨 일이든 매듭을 짓지 않는 경우는 없다. 사건 담당자들은 다음 업무로 넘어가야 하며, 새드 같은 신입 인력을 어떻게 할지 결정해야 한다. 이전할 것인가, 종료할 것인가? 혹시 '종료'라는 게 문자 그대로 그 인물을 죽인다는 뜻이라고 생각한다면 오해다. 프로젝트에 참여하는 사람은 끊임없이 상황을 '평가'하며 그 신입이 첩보 세계에서 계속 가치가 있는 인물인지를 파악해야 한다. 그리고 어느 순간 가치 있다고 판단되면 다른 담당자에게 이전한다. 새로운 담당자는 꾸준히 관계 '발전'과 '설득'을 진행하면서 나름대로 친분을 쌓아야 한다.

이런 작업은 신입이 기존 담당자에게 익숙할 경우 어려울 수 있다. 신입은 스스로가 안전하다고 느끼고, 자기 가족의 안전과 행복을 새 담당자가 잘 관리해줄 거라고 믿을 수 있어야 한다. 반면 담당자가 신입이 더는 가치 없다고 판단할 경우 그 관계는 종료된다. 이런 관계는 연인과 헤어질 때와 비슷하며, 아주 신중하고 섬세하게 다뤄야 한다. 감정적인 측면을 간과해선 안 된다. 상대는 자신이 제공하는 정보가 대가를 지급할 가치가 없고, 이제 관계를 끝내야 한다는 말을 들을 것이다. 이때 잘못되면 상대가 화를 낸 끝에 첩보 요원의 정체를 폭로할 수도 있다. 그러면 정말 큰 문제가 생긴다.

빈틈없는 고객 관리법

새로운 사건 담당자에게 이전되는 사람이 무시당하거나 심지어

배반당했다고 생각하면 위험해진다. 이전은 언제나 까다로운 문제로 이어질 수 있으므로 아주 세심하게 처리해야 한다. 나는 CIA 훈련으로 고객 관리에 관해 생각지도 못한 귀한 교훈을 얻었다. 사업가나 조그만 회사를 운영하는 사람은 모든 것을 혼자 처리하고 싶을 때가 많다. 가장 크고 중요한 고객에게 당신이 직접 관심을 쏟고 있으며, 당신으로부터 존경받고 있음을 느끼게 하고 싶은 것이다. 거기에 덧붙여 사업가들은 회사를 키우고 싶으면 인맥을 확대하라고 배운다. 과연 수많은 인맥을 직접 관리할 수 있을까? 기업의 CEO나 경영자는 첩보 요원처럼 생각할 필요가 있다. 당신에게 주어진 선택지는 앞으로 나아가거나 죽거나 둘 중 하나뿐이다. 혼자서 모든 주요 고객을 관리하면서 회사를 성장시키는 것은 불가능에 가깝다는 말이다.

미국은 전 세계에 첩보 요원을 심어두고 끊임없이 정보를 수집한다. 하지만 사업가들은 가장 중요한 자산, 즉 고객의 정보를 꾸준히 수집하지 않는 경우가 많다. 나는 CIA 훈련에서 나 자신(그리고 팀원)을 정보로 무장해야 고객을 동료에게 매끄럽게 이전하고, 회사가 한층 성장할 여유가 생긴다는 점을 배웠다. 우리 회사에서는 팀원들이 고객을 인수인계하기 전에 서로 세심하게 브리핑하는 관행을 만들었다. 이 관행은 2단계로 구성되어 고객을 행복하게 하면서 팀원들도 최대한 효과적으로 일할 수 있고, 가장 중요한 고객에게 더 많은 제품을 꾸준히 판매할 수 있게 해준다.

1단계: 팀원들을 준비시킨다

고객과 어울리는 짝을 찾는다

새 담당자에게 고객을 이전할 때는 신중해야 한다. 새 담당자가 단순히 그 사람을 맡을 만한 시간 여유가 있거나 경험이 풍부하다고 해서 그대로 결정하면 안 된다. 한 단계 더 나아가서 누가 어느 고객과 가장 잘 통할 것 같은지, 누가 공통점이 있는지, 성격이 가장 잘 맞을 것 같은 사람은 누구인지 고려해야 한다. 성격이 활발한 팀원이라면 조용하고 내성적인 고객과 과연 맞을지 다시 생각해봐야 한다. 인내심을 갖고 도와줘야 하는 고객이 있다면, 그 일을 가장 잘 할 수 있는 팀원이 누구인지 생각해보자.

첩보 세계에서 이전 작업은 관계자가 적을수록 성공할 확률이 높아진다. 첩보 요원은 일대일 상호작용에 강하다. 이런 비율을 똑같이 적용하기 힘든 회사가 많겠지만 배울 점은 있다. 개인적이고 단순할수록 관계가 깊어질 가능성이 높다. 우리 회사에서는 고객이 작은 회사와 일한다고 느끼게 하는 것을 목표로 삼는다. 우리는 회사가 더 크게 성장하더라도 이 느낌을 간직하고자 한다.

고객의 모든 기대치를 세세하게 전달한다

상대가 무엇을 기대하는지 명확히 알아야 상대를 만족시킬 수 있다. 첩보 요원은 임무 전반에 존재하는 기대치를 꼼꼼하게 전달받는다. 그곳에서 무엇을 해야 하는가? 어떤 정보가 유용하거나 가치 있는가?

나는 새 고객을 팀원에게 이전할 때가 되면, 꼭 맞춰야 하는 고객의 요구 사항은 무엇이 있는지 신중하게 전달한다. 내가 대량 주문을 90일 만에 처리하겠다고 보장했다면 새 담당자도 그 사실을 알아야 한다. 할인, 약속, 우려 사항, 기타 잠재 이슈가 있다면 새 담당자가 모두 알아야 성공적인 관계를 맺을 수 있다. 궁극적으로 고객 서비스가 좋아야 판매가 늘어나며, 고객 서비스는 고객의 기대를 명확하게 정의하는 것부터 시작한다.

고객을 항상 주시한다

라이언과 새드의 사례를 보면, 요원들이 타깃을 파악하려고 얼마나 노력하는지 알 수 있다. 나는 끊임없이 고객과의 관계를 발전시키라고 강조한다. 고객이 무엇을 원하고 필요하다고 느끼는지, 전반적으로 어떻게 생활하는지 늘 주시한다. 자녀 넷을 둔 어머니가 관심 있는 제품은 이제 막 대학에 입학하려는 젊은이와는 다를 것이다. 라이언이 계속해서 새드를 알아갔던 것처럼 나는 항상 상대가 무엇에 반응하는지 알려고 노력한다. 고객 개인이 어떤 상황에 있는지 파악하는 건 인간적으로도 바람직하고, 상황에 맞춰 가장 좋은 서비스를 제공할 가능성도 만들어준다. 첩보 세계와 마찬가지로 정보가 많을수록 작전이 매끄럽게 전개된다.

고객의 사소한 정보를 기록하는 습관을 들인다

나는 운 좋게도 뛰어난 팀원들과 일하고 있고 그들을 절대적으로 신뢰하지만, 누가 무엇을 언제 구매했는지뿐 아니라 실제로 고객에게 무슨 일이 일어나고 있는지도 세세하게 기록하게 한다. 누군가 아이를 낳았거나 이직했다면 즉시 그 사실을 인지하고 최대한 효과적으로 그들의 요구를 충족해주고 싶기 때문이다. 라이언 같은 첩보 요원은 타깃을 만날 때마다 접촉 보고서를 쓸 것이다.

우리 회사에서도 비슷한 시스템을 활용한다. 고객 지원 담당은 고객을 만날 때마다 보고서를 써서 관련자 모두 그 정보를 볼 수 있게 한다. 지나치게 개인적인 정보는 제외하되, '토머스 스미스는 골프를 좋아하고 매년 몇 번씩 골프 여행을 간다'는 사실은 기록해둔다. 다음에 다른 팀원이 토머스와 대화할 기회가 생기면 지난번 골프 여행이 어땠는지 질문할 것이다. 쉽게 할 수 있는 일이면서, 고객이 스스로 아주 중요한 사람이라고 느끼게 하는 효과가 있다. 내 사업에 필요한 내용을 반영해서 작성한 실제 고객 접촉 보고서 양식을 다음 페이지에서 소개한다. 이 내용은 나와 우리 회사에 맞춘 것이지만 사용자에 따라 알맞게 수정하면 된다.

고객 접촉 보고서

접촉 시간 및 장소: 2017년 7월 15일 20:00, 연간 생존 총회

참석자: 토머스 스미스, 스파이 탈출 기술 팀의 리사

접촉 내용:

토머스는 우리 서비스에 크게 만족하고 있다. 지난번 주문에서는 무료로 전술 펜을 증정했는데, 직원들에게 나눠줬다고 한다. 토머스는 제이슨이 진행하는 사내 훈련을 예약하고 싶어 했다. 나는 추가로 내년 5월에 고급 스파이 훈련 코스가 있다고 알려줬다. 토머스는 8월에 50세 생일을 맞아 꿈꿔왔던 스코틀랜드 골프 여행을 갈 계획이다.

후속 조치: 2017년 7월 16일, 강연 및 고급 스파이 훈련 코스 예약 정보를 이메일로 보냈다.

접촉 시간 및 장소: 2017년 7월 29일 20:00, 전화 통화

참석자: 토머스 스미스, 스파이 탈출 기술 팀의 리사

접촉 내용:

토머스는 사내 훈련을 예약했고, 고급 스파이 훈련 코스에 관해 몇 가지 질문을 했다. 훈련 실행과 관련해서 필요한 정보

를 알려줬다. 여행에 잘 다녀오라고도 했다.

후속 조치: 토머스에게 최대한 자세한 정보를 제공하려고 제이슨 핸슨에게 이메일로 질문했다. 회사에서 생일 축하 카드를 보낼 수 있게 알람을 설정했다.

접촉 시간 및 장소: 2017년 9월 12일 20:00, 전화 통화

참석자: 토머스 스미스, 스파이 탈출 기술 팀의 리사

접촉 내용:

여행은 잘 다녀왔는지, 사내 훈련 관련 실행 준비는 마무리했는지 확인차 전화했다. 골프 여행은 최고였고 크리스마스에는 바하마로 갈 계획이라고 한다. 혹시 고급 스파이 훈련 과정과 관련해서 추가 질문은 없는지 물었다. 토머스는 좋은 호텔과 식당이 있는지 궁금하다고 했다. 아마 곧 등록할 것 같다!

후속 조치: 토머스에게 라스베이거스의 괜찮은 호텔 정보를 발송했다. 제이슨에게 직접 토머스에게 이메일을 보내서 고급 스파이 훈련 코스에서 보고 싶다고 하라고 요청했다. 고급 스파이 훈련 코스에 남은 자리가 5개뿐이라는 것도 언급하라고 했다.

2단계: 고객도 준비시킨다

나는 고객을 팀원에게 이전할 때, 고객이 앞으로도 훌륭한 서비스를 받으리라고 믿어 의심치 않는다. 우리 팀의 첫 번째 좌우명은 '고객을 가족처럼 대하라'이다. 내가 몇 발 물러나더라도 다른 가족이 금방 빈자리를 채울 거라는 뜻이다. 그렇다고 해서 내가 그 고객과 연락을 끊어버리고 팀원이 완전히 대체하지는 않는다.

우리 팀원들은 놀라울 만큼 출중한 사람들이지만, 고객의 준비 없이 이전을 진행하면 관계에 부담이 생긴다. 그러면 고객과 팀원 모두 일하기가 어려워진다. 우리는 고객을 안심시키고, 신경 쓰고 있다는 걸 알려주기 위해 다음과 같은 일을 한다.

팀원을 소개한다

나는 고객을 이전하기 전이나 중간에 연락해서 고객의 사업을 소중하게 생각한다는 걸 알린다. 고객과 리사가 가장 잘 맞는다고 결정했다면 리사와 연결해줄 수 있어서 얼마나 기쁜지, 어떤 면에서 리사가 훌륭한지 간단하게라도 꼭 얘기한다. 리사에게는 특별한 능력과 장점이 있어서 함께 일하면 도움이 될 거라는 말도 빼놓지 않는다. 내가 두 사람을 의도적으로 연결했고, 가능한 사람 아무에게나 일을 맡기는 게 아니라는 점을 확실히 해두려는 것이다. 그리고 고객에게 리사를 직접 소개한다. 각자의 사업 특성이나 고객 규모에 따라 이메일이나 전화로 할 수 있는 일인지, 아니면 직접 만나는 게 좋을지 판단하기 바란다.

한번씩 내가 직접 연락하고 점검한다

팀원들을 못 믿는 것은 아니지만(그들은 항상 한발 앞서가고 기대보다 많은 일을 해준다), 가끔 중요한 고객과 내가 직접 접촉할 필요가 있다. 정기적으로 연락해서 안부를 묻고, 우리 회사와 거래해줘서 감사하며, 하는 일이 잘 되길 바란다고 누누이 말해준다. 이렇게 하면 내가 고객에게 관심을 쏟는다는 걸 효과적으로 보여줄 수 있다. 이때 접촉 보고서가 빛을 발한다. 나는 앞서 소개한 자료를 보고 토머스가 스코틀랜드로 골프 여행을 다녀왔다는 걸 알았다. 여행이 어땠는지 물어볼 수도 있고, 앞으로 관계를 구축할 때 유용한 정보로 활용할 수도 있다. 거래하다 보면 이렇게 사소하면서도 진실하고 인간적인 손길을 간과할 때가 많다. 특히 인터넷으로 거래할 때는 더 그렇다. 고객의 경험에 개인적이고 인간적인 손길을 더했을 때 얼마나 큰 효과가 발생하는지 과소평가하지 말자.

피터 이야기

앞으로 소개하는 마그다와 피터 이야기는 첩보 세계에서 관계가 매끄럽게 흘러가지 않으면 무슨 일이 일어나는지를 보여준다.

'마그다'는 뛰어난 인재이지만 아주 위험한 여성일 수도 있다는 사실이 드러났다. 나는 XXX 대학 연구원과 교수가 많이 사는 동네의 찻집에서 마그다를 발견했다. 편의 시설이 잘 갖춰진 동네였고, 아름다운 옛 건물이 온 거리를 장식한 곳이었다. 마그다는 중동에서 태어났지만 미국 MIT에서 교육을 받았다. 우리 분석가가 조사한 바에 따르면 XXX 분야에서 마그다가 보유한 특별한 지식이 세균 전쟁의 판도 변화에 중요한 역할을 할 수 있다고 했다.

나는 신중하게 관찰한 다음 마그다에게 접근했고 오랜 시간 여러 단계에 걸쳐 관계를 발전시켰다. 교수들이 모인 파티에서 자연스럽게 나를 소개하고 첫 만남 약속을 잡았다. 만남은 순조롭게 진행됐고 마그다는 틀림없이 미국 정부에 훌륭한 자산이 될 것 같았다. 나는 몇 달 동안 도시 곳곳의 카페나 식당에서 마그다를 만났다. 마그다 역시 XXX 분야의 지식이 테러리스트 공격에 사용되어 무고한 사람들을 해칠까 봐 걱정했다. 그리고 자기 지식을 미국의 관리하에 사용하는 게 더 안전할 거라는 사실에 동의했다.

며칠 후 마그다의 사무실 근처에 있는 박물관에서 만나기로 하고 시간을 정했지만, 마그다는 나타나지 않았다. 무슨 일이 생길까 봐 미리 정해두었던 신호를 보낸 것도 아니었다. 일단 걱정이 됐다. 신중하게 감시 탐지 경로[5]를 조사했고 나는 미행당하지 않았다는 걸 확신했다. 하지만 마그다도 조심했을까? 아무도 나를 감시하지 않는지 살피면서 집으로 돌아왔다. 그리고 그녀와 연락할 때 사용하는 신호를 보냈다. 마그다가 즉시 응답했다. 어디에 있었느냐고 물었더니 말을 더듬거리며 바빴다고 변명했다. 우리는 억류됐을 때를 대비해서 '재직권'이라는 암호를 정해뒀다. 마그다는 암호를 말하지 않았다. 그 단어를 잊었거나 만나고 싶지 않은 듯했다. 그녀가 진정으로 우리 명분을 따르려고 하는 건지 의심스러웠다. 나는 다음 날 아침에 만나자고 정확히 표현하고 시간과 장소를 정했다.

약속 장소에 도착한 마그다는 불안해 보였다. 나는 혹시 재직권이 걱정되느냐고 물었다. '누군가 당신을 위협하는가?'라는 뜻이었다. 마그다는 걱정하지 않는다고 대답했다. 그냥 바빴을 뿐이고, 급히 커피를 마시고 나가야 한다고 했다. 가슴이 내려앉는 기분이었다. 무슨 이유인지는 모르지만 마그다한테 다른 생각이 생긴 것이다. 마그다는 이 일에 사명감이

---

5 surveillance detection route 누군가 감시할 경우 알아차릴 수 있도록 미리 정해둔 경로.

없다. 자기 일에 모호한 태도를 취하는 자산은 거대한 위험요인이다.

집에 와서 다시 마그다와 약속을 잡았다. 목소리로 봐서 꺼리는 눈치였다. 나는 아주 중요한 일이라고 말했다. 마그다가 도착했을 때, 나는 의자에 몸을 파묻고 심각한 태도를 보여줬다. "왜 그래요?" 그녀가 물었다. 나는 몸을 앞으로 내밀며 마그다의 도움이 더는 필요하지 않다고 부드럽게 설명했다. 마그다는 두려운 표정을 지었다. "제가 뭐 잘못했나요?" 나는 그녀를 바라보며 옅게 진심 어린 미소를 띤 채 대답했다. "마그다, 걱정할 것 없어요. 이제 당신의 도움이 필요 없을 뿐이에요." 나는 현금을 탁자에 올려놓고 식당을 나왔다. 마그다를 잃는다는 건 안타까웠지만, 임무에 충실하지 않은 자산은 한마디로 너무 위험하다. 이제 새로운 타깃을 물색해야 할 것이다.

고객이 항상 옳은 건 아니다

마그다가 이 일에 완전히 전념하지 않는 것 같다고 느낀 순간, 피터는 그녀를 단념할 수밖에 없었다. 이제 여러분도 관계를 발전시키는 과정이 얼마나 오래 걸리는지 알 것이다. 마그다를 끌어들이는 데 실패하면 커다란 차질이 발생한다. 하지만 완전히 헌신하지 않는 상대와 일하는 모험을 할 수는 없다. 상대가 다른 국가나 정보기관의 포섭에 흔들릴지도 모른다는 위험이 너무 크기 때문이다. 그러므로 지시를 따르지 않는 자산은 즉시 정리된다. 두 번째 기회는 존재하지 않는다.

물론 직장에서 사람들에게 두 번째 기회를 주지 말라는 뜻은 아니다(누구나 실수를 하니까). 하지만 고객이 예의를 보이지 않고 당신의 가치관과도 어긋날 때, 소중한 시간과 에너지를 절약하는 게 중요하다고 말하고 싶을 뿐이다. 내 친구는 언젠가 나쁜 고객을 상대한 일이 있는데, 만날 때마다 그 얘기를 절대 빼놓지 않는다. 그 고객은 직원을 모욕하고 소리를 지르는가 하면, 말도 안 되는 요구를 했다고 한다. 어떻게 해줘도 만족하지 않는 남자였다. 직원들은 이 남자를 만족시키려고 엄청나게 노력했다. 하지만 며칠, 혹은 일주일 내내 남자를 달래고 나면 처음부터 단계가 다시 시작됐다.

내 사전에는 '고객이 항상 옳지는 않다'고 쓰여 있다. 고객이 항상 옳다는 건 세상에서 가장 잘못된 낭설이다. 누군가 직원들을 괴롭히고 까다롭게 굴면서 자꾸 시끄러운 일을 만든다면, 즉시 관계를 끊어야 한다. 첩보 세계에서 상한 달걀은 즉각적인 제거 대상이다. 나는 비즈니스에서도 비슷한 신조를 지킨다. 까다롭기 짝이 없는 고객은 아무리 돈을 많이 줘도 가치가 없다. 형편없는 고객은 암세포처럼 직원들에게 퍼져나가서 사기를 떨어뜨린다.

회사의 자원과 에너지가 쭉쭉 빨리는 것을 목격하면, 그 고객이 그만한 가치가 없다는 게 느껴질 것이다. 시간과 에너지, 심지어 개인적인 행복도 당신에게는 소중한 자원이다. 그런 자원은 받아들일 수 있는 행동을 하는 고객에게 써야 한다.

자신의 신념을 정하고 그 신념에 따라 행동하라

나는 정기적인 급여와 훌륭한 복지 혜택을 주는 탄탄한 직장이었던 CIA를 그만두고 내 회사를 시작하던 무렵을 기억한다. 사업가라면 무엇인가 밑바닥부터 시작해 일궈나가는 느낌이 어떤지 알 것이다. 신나긴 하지만, 돈이 언제 들어올지 모른다는 걸 깨달으면(그런 날이 과연 올지 자신이 없다면) 두려워진다. 그리고 미지의 세계에 대한 두려움에 휘둘려 의사결정을 하면, 모든 걸 돈을 기준으로 선택하게 된다. 이런 접근 방식은 직원 전체를 괴롭히는 까다로운 고객을 단순히 '돈을 많이 주니까' 받아들이는 결과로 이어진다.

처음 CIA에 들어가면 선서를 한다. 전체 신입 요원은 첫 주 내내 함께 생활한 다음, 버지니아 주 랭글리에 있는 CIA 본부에 간다. 그리고 모두가 이 선언문을 읽는다.

"나 [이름]는 진지하게 맹세(혹은 확언)한다. 국내외 모든 적에 맞서 미합중국의 헌법을 지지하고 수호하며, 진실한 신념을 지니고 충성할 것이다. 또한 어떤 의심이나 회피할 목적 없이 이 의무를 자유 의지로 받아들인다. 이제 임무를 효과적으로 충실히 수행할 것이다. 이를 신께 맹세한다."

CIA에 있는 모든 형제자매와 마찬가지로, 나는 이 선서를 아주 진지하게 받아들였다. 어떤 의심도 없이 적에 맞서 미국을 보호하는 일을 자랑스럽게 생각했다. 그리고 훗날 내 회사를 차린다면 이런 핵심 가치와 신념을 수립해 나와 모든 직원이 꼭 지키게 하리라 다짐했다. 그리고 실제 회사를 설립한 후, 나는 내 존재의 의미를 떠올리기 위해 회사의 핵심 신념과 가치를 액자에 담아 내 사무실에 걸었다. 그 내용을 여기 소개한다.

내가 운영하는 생존 비즈니스의 목표:
"모든 미국인이 자기 가족을 보호하고 자유를 수호하며,
신을 믿을 수 있게 대비하고 용기를 주는 것."

우리의 가치:
• 모든 고객을 가족처럼 대한다.

- 다른 사람이 무슨 말을 하고 어떻게 생각하든 항상 옳은 일을 한다.
- 모든 거래에 정직하고 진실하게 임한다.
- 안식일을 신성하게 지키고 일요일에는 일하지 않는다.
- 상스럽고 품위 없는 언어를 사용하지 않는다.
- 우리는 전략적이고, 절대 포기하지 않으며, 일을 끝까지 처리한다.
- 열심히 일하고 위대함을 추구한다.
- 사람들을 안전하게 보호할 방법을 계속 공부한다.
- 우리는 자유를 감사하게 여기므로, 수정 헌법 제2조[6]를 강력히 지지한다.

첩보 요원은 자국민을 보호하기 위해 하루도 빠짐없이 위험을 감수한다. 그들은 자국을 보호하겠다는 맹세를 지키며, 이 맹세를 진지하게 생각한다. 나는 사업을 할 때 핵심 신념과 가치를 지키는 일도 똑같이 중요하다고 생각한다.

불과 얼마 전 나는 핵심 가치에 대한 신념이 시험대에 오르는 일을 경험했다. 한 고객이 다른 훈련보다 훨씬 비싼 고급 과정에 등록했다. 그 고객은 상당한 돈을 들여 우리 홈페이지에서 여러 가지 생존 도구를 구매한 다음 그 수업을 듣기로 했다. 그가 수업에 등록했을 때 팀원들은 당연히 기뻐했지만, 그 후 일이 복잡해졌다.

---

6 개인의 '무기 휴대 권리'를 규정함.

고객은 지나친 요구를 하기 시작했고 팀원들에게 소리를 지르는가 하면 몇 분 이내에 이메일에 회신하지 않으면 격분했다. 요컨대 까다롭고 무례한 사람이었다. 나는 한 치의 망설임도 없이 그에게 이메일을 보냈다. 거래해줘서 고맙지만 그런 행동 때문에 더는 수업에 참여할 수 없다고 차분히 설명했다. 그리고 수천 달러나 되는 수업료를 환급해줬다. 그는 무척 놀란 것 같았다. 하지만 컴퓨터 위에 걸려 있는 액자를 들여다봤을 때, 나는 회사와 팀을 위해 옳은 일을 했다고 확신했다.

첩보 요원 팁

실수를 인정하라

CIA 요원은 작전을 수행하다 무엇인가 잘못되면 담당자가 모든 책임을 진다. 중간에 무슨 일이 있었고 실질적으로 누가 잘못했는지는 상관없다. 회사에서도 우리 팀이 주문을 잘못 처리하거나 실수해서 고객이 화를 낸다면 결국 내 책임이다. 나는 책임을 인정하고 할 수 있는 건 전부 해서 고객을 달래고 일을 바로잡을 것이다.

CIA 훈련에서 사업에 관한 교훈을 얻었고 이를 독자와 공유할 수 있어 영광이라고 생각하지만, 여러분이 무엇이 맞고 틀리다고 여길지는 모른다. 그건 개인적으로 선택할 일이다. 하지만 나는 까다로운 고객에게 무관용 원칙을 고수한 결과, 팀원들의 수준을 높게 유지할 수 있었다고 자신 있게 말할 수 있다. 업무 환경에서 부정적인 요인을 거의 다 제거한 것은 물론, 좀 더 생산적인 기회를 찾을 시간 여유도 생겼다. 당신이 어떤 신념 체계를 지녔고 회사가 어떤 단계에 있든지, 시간을 내서 기업 목표와 핵심 가치를 설계할 것을 적극적으로 추천한다. 구구절절 길게 쓸 필요는 없다. 회사가 성장하는 과정에서 자연스레 원칙도 진화할 것이다. 의지할 원칙이 있으면 큰 도움이 된다. 나는 우리 회사의 기업 목표와 핵심 가치를 설계하면서 다음 질문을 곰곰이 생각했다.

- 어떻게 하면 동종 업계에서 아무도 시도하지 않았던 방식으로 최고의 서비스를 제공할 수 있을까?
- 우리의 궁극적 목표는 무엇인가?
- 그 목표를 어떻게 달성할 것인가?
- 우리가 고객에게 전달하려는 가치는 무엇인가?
- 우리가 용납할 수 없는 일은 무엇인가?

나는 이 질문에 대한 답을 적은 날 이후로 한 번도 나 자신을 의심하지 않았다. 무례한 고객을 거절하는 게 과연 옳은 일인지 여러 번 고민한 적도 없다. 그 사람과 계속 함께하는 걸 스스로 용납할 수 없음을 알기 때문이다. 이렇게 간단한 조치만으로도 골칫거리 고객은 물론이고, 그 고객으로 인해 화가 난 직원들을 상대하는 데 들었을 소중한 시간을 절약할 수 있었다.

합리적이고 안전한 방법으로 관계를 끝내는 법

예전에 경찰관과 CIA 요원으로 일해본 덕분에, 까다롭거나 비합리적인 사람을 다루는 법에 대해 몇 가지 중요한 교훈을 얻었다. 용납할 수 없는 행동을 하는 고객이나 의뢰인은 대부분 무해한 사람들이지만, 나는 항상 신중하고 차분하게 대응한다. 우리 회사는 특정 고객과의 관계를 끝내겠다고 결정하면 다음 수순을 밟는다.

1단계: 지정

관계를 끝낼 사람을 지정한다. 우리 회사에서 고객과의 관계를 끝낼 사람은 나뿐이다. 회사의 규모와 범위를 고려해 적절한 권한과 전문성, 태도를 지니고 프로답게 신중히 처리할 사람을 골라야 한다.

2단계: 차분하고 빠르게 단계 진행

고객이 소리를 지르더라도 항상 침착함을 유지해야 한다. 그러기 어렵다는 건 나도 겪어봐서 알지만, 상대의 분노에 기름을 부어선 안 된다. 몇 시간이나 전화기를 붙들고 상대가 무슨 짓을 했는지, 왜 이 관계를 끝내야 하는지 세세히 설명할 필요는 없다. 돈은 항상 환불해줘야 한다.

3단계: 전문적이고 분명하게 결과 전달

고객 때문에 직원들 기분이 어땠고 고객이 뭘 잘못했는지 설명하지 마라. 비합리적인 사람이라면 아무리 설명해도 자기가 무슨 짓을 했는지 깨닫지 못할 것이다. 회사는 그 고객과 일할 생각이 없다는 점을 분명히 언급하라.

4단계: 마음 굳히기

사과하면서 앞으로 변하겠다고 맹세하고, 꼭 같이 일하고 싶다고 말하는 사람도 가끔 있다. 하지만 이런 말에 넘어가면 안 된다. 이 사람은 우리의 소중한 시간과 에너지를 벌써 많이 잡아먹었다.

5단계: 상대하지 않기

상대가 사과하든 공격하든, 개의치 않고 당신 회사와 계속 접촉하려 하든 상대하지 않는다. 당신과 직원의 안전을 위해서다. 문제를 일으키려 하거나 화내는 사람들을 상대하면 오히려 화만 더 돋우게 될 뿐이다. 스토커는 피하는 게 상책이듯, 비합리적인 고객은 더 상대해선 안 된다.

20퍼센트의 고객 때문에 80퍼센트의 고민을 떠안지 마라

내가 과감하게 결단을 내리고 사업을 시작한 건 정말 감사한 일이다. 하지만 솔직히 말하면 사업은 살면서 가장 힘든 일 중 하나였다. 회사를 운영하다 보면 쉴 틈이 없다. 그러므로 핵심 가치가 뭔지 생각하고 이를 지키겠다고 맹세하는 일은 대단히 중요하다. 나는 CIA 요원으로서 미국을 위해 했던 맹세를 절대 잊지 않는다. 그리고 사업가이자 고용주로서 나 자신과 직원들을 위해 벽에 걸어둔 말을 지킬 의무가 있다.

간단히 말해서, 상한 사과 몇 개가 우리 회사에 존재하는 장점을 망치게 내버려두지 않을 생각이다. 문제만 일으키는 지독한 고객이 이메일을 보내거나 전화를 한다면, 그들과 관계를 유지하는 게 진정 가치가 있을지 생각해보기 바란다. 회사를 운영하는 자체만 해도 힘든 일이다. 문제가 되는 고객을 정리해서 당신이 정말 하고 싶었던 멋진 일을 두려워 말고 과감하게 시도하라.

첩보 요원에 대한 오해

"첩보 요원이 되면 숨 막히는 액션 영화가 펼쳐진다. 매일같이 맹렬한 속도의 자동차 추격전이나 총격전 등 무슨 일이 일어날지 모른다."

땡! 라이언과 새드의 이야기를 돌이켜보면 가장 흥미진진했던 순간은 새드가 책이나 구하기 힘들었던 시계 부품을 받았을 때 정도다. 이처럼 상황이 항상 그렇게 극단적이지는 않다. 총격전이나 자동차 추격전을 기대했다면 실망했겠지만, 극적인 일이 없었던 건 라이언이 일을 제대로 처리한 덕분이다. 총을 빼거나 건물에서 뛰어내리거나, 보트를 타고 도망갈 일은 없었다.

첩보 요원이 매일 일상적으로 하는 일을 할리우드 영화로 만든다면 아무도 보려고 하지 않을 것이다. 첩보 요원이 되면 자세히 조사할 것이 정말 많고, 그러려면 시간이 많이 걸린다. 상대의 습관이나 행동 패턴을 알아내려고 정탐하거나 미행도 많이 한다. 한 작전의 계획 단계는 몇 달, 심지어 몇 년씩 걸리기도 하며 책상 앞에서 많은 시간을 보내야 한다. 사실 첩보 요원이 싸움에 연루되어 무기를 꺼내거나, 맹렬하게 자동차 추격전을 한다면 일이 크게 잘못됐고 끔찍한 상황에 부닥쳤다는 뜻이다. 훌륭한 첩보 요원은 자신에게 관심이 쏠리게 하지 않는다.

7장

SADR 단계로 수백만 달러 프로모션을 성사하다

AGENT OF INFLUENCE

나는 회사를 설립한 이후로 생존 및 안전 장비와 책, 온라인 수업, 오프라인 코칭 수업 및 강연, 그리고 이상하게 들리겠지만 라스베이거스 공연(평생 생각도 못 했던 일이다) 등을 통해 수백만 달러를 벌었다. 자랑하려는 게 아니라 누구나 나처럼 성공할 수 있다는 사실을 알려주고 싶을 뿐이다. 지금쯤 독자는 SADR의 여러 단계가 제시하는 청사진을 통해 이상적인 고객을 발견하고 그들이 '정말' 원하는 것을 파악하며, 그것을 당신에게서 살 수 있다는 걸 확신시키는 법을 이해했을 것이다.

처음 회사를 시작할 무렵에는 화려한 투자자도 날 도와줄 직원도 없었다. 경영 대학원을 나와서 유리한 출발점에 선 것도 아니었다. 그때 나는 사업을 시작하려고 집에서 밤낮으로 일만 했다. 분명히 멋진 사업 아이템이 있었지만 고객은 하나도 없었다. 어디에서 고객을 찾을 수 있을까? 그리고 탄탄하고 지속적인 고객을 기반으로 운영하기까지 얼마나 오래 걸릴까? 사업이 성공하려면 나와 뜻이 맞고 내 전문성을 인정해줄 사람들과 친분을 쌓아야 했다.

나는 어렸을 때부터 늘 야외 활동을 좋아했다. 등산과 야영을 즐겼고 심지어 이글 스카우트[7] 단원이었다. 또한 총기 자체나 총 쏘기에도 무척 관심이 많았다. 더구나 CIA를 거치며 생존 기술에 정통했고 사람들이 나를 믿음직한 정보원으로 볼 거라고 확신했다. 창업 자본금이라곤 내가 가진 돈밖에 없었으므로 신문이나 광고에 돈을 낭비하고 싶지 않았다. 나는 사업을 중요한 작전으로 바라보기로 했다(솔직히 생계가 걸린 문제라면 정말 중요한 작전이다). 나라를 위해 귀중한 정보를 공유할 자원을 찾듯이 고객을 찾을 생각이었다. 말하자면 식별 작업을 시작한 셈이다.

당신의 관심사를 기준으로 고객을 찾아라

자신의 취미와 관심사를 기준으로 찾다 보면 마음이 맞는 사람들이 있는 곳을 발견할 수 있다. 나는 생존 기술과 보안, 총에 관해 배우는 걸 좋아했고 내 고객도 그럴 가능성이 높았다. 나는 미국 내 총기 관련 행사나 야외 활동 행사, 생존 관련 행사를 모두 목

---

7 **Eagle Scout** 미국 보이 스카우트 단원 중에서도 공훈 배지를 21개 이상 받은 단원.

록으로 만들었다. 그 행사를 전부 달력에 기입하고 일일이 참석해서, 누가 오고 무엇을 하는지 '식별'했다. 어느 날 생존 행사에 참석해서 사람이 많이 모인 곳을 헤치고 들어갔더니, 다들 최근에 나온 인기 생존 장비를 보고 있었다. 그 순간 이 상황이 얼마나 훌륭한 기회인지 깨달았다. 초대형 콘퍼런스 홀에 모인 사람들 모두 훌륭한 고객이 될 수 있었다.

하지만 이 사람들을 단순히 생존과 보안에 관심이 많은 '개인'에서 돈을 내는 '고객'으로 바꿀 수 있을까? 사람들이 정말 원하는 게 뭘까? 내 제품을 사게 만들려면 무엇을 해야 할까? 내가 채워줄 만한 부족한 부분은 무엇일까? 내가 더 잘할 수 있는 건? 여러 사항을 더 조사할 필요가 있었다. 고객을 찾기 위해 제임스 본드 같은 잠행 기술이나 셜록 홈스 같은 추리력이 필요한 건 아니지만, 어떻게든 이 기회를 최대한 활용하고 싶었다. 상황을 '평가'하려면 CIA 훈련에서 배운 기술을 활용해야 했다. 나는 아래 내용에 주목했다.

인구학적 요소: 대충 훑어봐도 참석자는 대부분 60대 이상의 남성이었다. 여성은 약 30퍼센트에 불과했다. 과학적으로 분석할 필요는 없었다. 그저 누가 참석하는지 전반적으로 감을 잡기만 했다. 고객이 있을 만한 장소를 알아냈다면, 인구학적 특징도 파악해야 한다.

목적: 나는 최대한 많은 사람에게 행사에 참석한 이유를 물었다. 대부분이 자

립을 중시하기 때문이라고 답했다. 그들은 자유를 중요하게 생각했고 수정 헌법 제2조(180쪽 참고)를 지지했다. 남자들은 가족을 지킬 최고의 기술과 자원을 원했다. 여자들은 혼자 사는 경우가 많았고 자신을 지키고 싶어 했다.

가장 중요한 질문: 나는 이 기회를 최대한 활용하려고 이런 질문을 했다. "지금 당장 도움이 필요한 가장 중요한 일이 무엇인가요?" 다양한 사람에게 질문을 했더니 앞으로 연구할 가치가 있는 다양한 정보가 쏟아졌다. 사람들이 가장 관심 있어 하는 3가지가 뭔지 궁금한가? (1)가택 침입으로부터 가족을 보호할 방법. (2)주차장에서 젊은 불량배가 공격할 때 쓸 수 있는 호신술. (3)집과 차에 갖춰야 할 생존 장비. 사람들은 근본적으로 가장 두려워하는 것과 원하는 것이 뭔지 내게 털어놨다. 나는 많은 정보를 얻을 수 있었고, 나중에 100만 달러 규모의 인터넷 마케팅 깔때기[8]를 시작했을 때 이 정보를 이용해서 더 많은 정보를 수집할 수 있었다.

현장 정탐: 어떤 회사가 참석했는지 주의 깊게 살폈다. 경쟁사를 파악하고 싶었기 때문이다. 그리고 다음과 같이 자문해보았다. 다른 회사는 어떤 서비스를 제공하는가? 그들이 주력하는 제품은 무엇인가? 샘플이 있는가? 제품을 어떻게 마케팅하는가? 내 제품과 서비스는 어떻게 차별화되는가? 내 회사가

---

8 Marketing Funnel 단순히 관망하던 고객이 제품을 인지하고 구매와 재구매를 거쳐 다른 고객에게 전파하기까지 5단계를 거친다는 이론.

두드러질 수 있을까? 누가 어떤 회사에 끌리는가?

수집한 정보를 활용해 제품이나 서비스를 판매하는 법

이상적인 고객에 대한 정보로 무장한 다음에는, 안전과 생존을 걱정하는 사람들과 관계를 '발전'시키기 시작했다. 나는 누군가 응급 상황에서 물을 걸러 마셔야 하거나 회피 운전 기술을 배워야 할 때 머릿속에 가장 먼저 내가 떠오르길 바랐다. 안전과 생존 문제가 생기면 가장 먼저 찾는 사람이 되고 싶었던 것이다. 여러분도 이제 알겠지만 관계를 발전시키려면 수완과 인내가 필요하다. 나는 상대에게 아는 정보를 있는 대로 퍼부어서 기회를 망칠 생각은 없었다. 아마 상대도 언짢아할 것이고(잘난 척하는 사람이나 스팸 메일은 다들 싫어한다) 나도 그렇게 하기 힘든 데다 무엇보다 의미 없는 일이다.

사업상이라고 해도 관계가 발전하려면 개인적인 친분을 쌓아야 한다. 나는 메일 주소록에 있는 사람이나 접촉하는 사람마다, 가장 두려워하거나 원하는 바로 그 부분을 내가 직접적으로 언급한다고 느끼길 바랐다. 예를 들어 쌍둥이 자매를 대학에 보내고 나서 안전과 방어 문제를 걱정하는 부모에게, 내가 개인적으로 그들의 고민을 다룬다고 느끼게 하고 싶었다. 밤에 혼자 걸어갈 때 두려움을 느끼는 여성에게, 내가 그 심정을 이해한다는 걸 보여주고 싶었다.

1단계: 홈페이지를 제작한다

오늘날 사업가가 되려고 할 때 좋은 점은 수천 달러를 들여서 가게나 사무실을 임대할 필요가 없다는 점이다. 제대로 된 홈페이지만으로도 수백만 달러를 벌 수 있다. 타코, 개 산책 서비스, 과외, 주문 제작 카누 등 판매 품목과 관계없이 거부할 수 없는 제안을 하는 게 중요하다. 어떤 방식으로 홈페이지를 만들었든 일단 완성해서 시작할 준비가 됐다면 가장 먼저 증정품을 뿌려야 한다. 그렇다, 증정품이다. 가치 있는 제품을 공짜로 나눠주라는 말이다. '공짜'로 퍼주다가 앞으로 돈을 벌지 못할까 봐 걱정할 필요는 없다. 내 충고를 따른다면 생각한 수준 이상의 액수를 벌 수 있다.

이제 내가 이메일(홈페이지 초대장)을 보낼 사람들의 명단을 어떻게 확보했는지 궁금할 것이다. 인터넷 시대의 장점을 활용하면 고객의 특징을 이용해서 어떤 그룹의 이메일 주소든 대부분 살 수 있다. 예를 들어 나는 내 고객이 대부분 60대 이상이고 70퍼센트는 남성이라는 것만 알아낸 게 아니다. 그들은 보수 지지층이고 〈폭스 뉴스〉를 시청하며 대표적인 극우 성향 보수 논객인 글렌 벡이나 러시 림보 같은 사람들에게 귀를 기울인다. 그래서 나는 보수주의자와 총기 소지자 이메일 목록을 대여했다(이메일 주소록에는 대부분 중개인이 있으므로 중개인에게 당신이 원하는 고객 유형을 알려주면 된다).

회사에 고객 명단이 쌓이면, 한발 나아가 우리가 고객 이메일 목록을 대여하는 일을 할 수도 있다. 물론 고객과의 관계를 훼손하지 않으면서 이메일 목록을 대여해야 한다. 방법은 그렇게 어렵지 않다. 먼저 당신이 '빌려주는' 목록에는 실제 이름이나 이메일 주소가 포함되지 않아야 한다. 상대는 (고객들의 성향이나 특징이 담긴) 고객 목록에 한 번 접촉할 기회를 얻는 것뿐이다. 상대는 고객들이 받을 이메일 내용을 준비할 뿐, 실제로는 당신의 회사가 이메일을 보낸다. 이런 시스템은 두 가지 이유에서 중요하다. 첫째, 당신은 고객의 이름이나 이메일 주소를 유출하지 않는다. 그것은 신뢰를 위반하는 행위이기 때문이다. 둘째, 나는 우리 고객과 접촉하고 싶어 하는 회사를 세심하게 조사하고 그들의 제품이나 서비스를 가장 먼저 시험해본다. 나부터 그 제품을 사용하고 싶어야 한다. 일확천금을 노리거나 전문적이지 않은 회사는 멀리한다. 결국 이런 과정을 통해, 고객들에게 현재 내가 판매하지 않는 제품이나 서비스를 소개할 수 있었다. 궁극적으로는 윈윈인 셈이다.

쉽고 빠른 분할 테스트

A/B 테스트라고도 불리는 분할 테스트는 2가지 버전 중에 무엇이 더 효과

적인지 판단하기 위해 마케터들이 쓰는 방식이다. 우리 회사에서는 표제, 주문서, 가격 기준, 사진 등 다양한 분야에 분할 테스트를 사용한다. 이 기술을 적용할 때 정교한 연구나 대규모 표본을 동원할 필요는 없다. 다른 표제를 작성한 다음 어느 쪽이 더 효과가 있는지 살펴보고, 그 이유를 이해하면 된다. 시간이 흐르면서 완벽한 표제와 문구가 어떤 것인지 배울 수 있을 것이고 곧바로 성과를 올릴 수 있다. 나는 한때 세상에서 가장 돈을 많이 받는 카피라이터였고(여러 회사의 카피를 제작했다), 무엇보다 운 좋게도 세계적인 출판기업인 아고라 출판사와도 일했던 적이 있다.

2단계: 증정품을 선정한다

공짜를 싫어할 사람이 있을까? 증정품으로 회사의 제품을 지급하면 회사가 후하고, 그만큼 자기 제품에 자신이 있으며, 그 제품을 세상과 공유하고 싶어 한다는 인상을 준다. 나는 내가 쓴 책과 훈련 영상, 손전등, 전술 펜, 생존 가방을 증정했다. 모두 질이 좋은 제품이고 우리 회사의 제품과 서비스를 대표하는 훌륭한 상품들이다. 우편 요금은 공짜가 아니었으니 고객에겐 배송료 정도만 청구했다. 내가 쓴 책의 양장본 가격이 정가 27.95달러였던 걸 고려하면 배송료 5.95달러는 고객에게 아무것도 아니었을 것이다. 직관에 어긋날지 모르지만 이렇게 증정품을 배포하면서 우리 회사는 증정품을 정가로 판매했을 때보다 훨씬 많은 추가 수익을 냈다. 우리는 증정품을 배포했을 때 다음과 같은 효과를 경험했다.

입소문: 우리의 스파이 손전등은 매우 간편하다. AA 건전지 한 개만 들어가는 소형 손전등이다. 아주 작아서 여성 지갑에도 들어가고 립스틱보다 공간을 덜 차지한다. 하지만 어두운 곳에서는 구세주가 될 만큼 강력한 효과를 발휘한다. 내가 손전등을 주머니에서 꺼낼 때마다 사람들은 말한다. "멋진데요, 어디서 났어요?" 그리고 공짜라고 하면 더 좋아한다. 스파이 손전등을 증정하면서 우리 회사를 처음 알게 된 사람도 많다. 스파이 손전등은 관심을 일으켰고 입소문을 퍼뜨렸다. 우리 회사에는 아주 멋진 광고였던 셈이다.

사람들을 끌어들인다: 증정품은 고객이 제품을 사게 만드는 결정적인 계기가 되기도 한다. 한 고객이 생존 가방을 비롯해 여러 장비를 살 생각이었지만 무슨 이유인지 계속 미뤘다면, 조그만 증정품으로 유인해 결국 사이트에서 제품을 살펴보게 만들 수 있다. 증정품은 놀라울 정도로 쉽게 고객을 홈페이지로 유도하는 수단이다.

회사에 대한 긍정적인 이미지를 심어준다: 오랜 기간 우리 제품을 구매한 고객은 많은 고품질 증정품을 받는다. 고객들이 비슷한 제품을 판매하는 다른 회사와 우리 회사를 비교할 때, 우리가 작은 선물을 주며 인간적으로 다가갔던 점을 더 쉽게 기억할 것이다. SADR 단계처럼 증정품도 이런 호혜 관계를 느끼게 하므로 고객이 계속해서 우리 제품을 구매할 확률이 높아진다.

3단계: 거부할 수 없는 제안을 한다

물론 우리 회사만 증정품으로 고객을 유인하는 건 아니다. 효과적이라는 걸 알기 때문에 많은 회사가 이런 방법을 사용한다. 시리우스 위성 라디오부터 동영상 스트리밍 서비스, 식사 준비 세트, 옷장 구독 서비스wardrobe subscription에 이르기까지 공짜로 써볼 수 있는 제품과 서비스가 넘쳐난다.

우리는 증정품 행사를 할 때 홈페이지 대문에 크게 표시한다. 당연한 얘기지만 얼마나 많은 회사가 기발한 방법으로 증정품 행사를 홍보하는지 볼 때마다 놀랍다. 고객이 행사를 발견하지 못하면 아무 의미가 없다. 그리고 우리 홈페이지를 방문하면 짧지만 흥미로운 비디오가 자동 재생된다. 우리가 책이나 손전등을 무료로 준다는 것을 모르던 고객들도 틀림없이 이제는 알 것이다. 요즘에는 기술 덕분에 짧지만 강력한 동영상을 쉽게 만들 수 있다. 나는 CIA 훈련을 통해 사람들마다 정보를 흡수하는 방법이 다르다는 걸 배웠고, 항상 그 사실을 염두에 둔다. 문구에 주목하는 사람도 있고, 영상에 반응하는 사람도 존재한다.

의미 있는 후기 소개하기

제품의 품질을 평가한 일반인의 후기를 모집하자. 나는 사업을 시작할 때 해군 특수부대 요원이나 육군 저격수 등 우리 업계의 고객들이 존경할 만한 사람들의 후기를 받았다.

"CIA와 함께 작전 수행을 해본 사람으로서, 제이슨과 팀원들이 진짜 배기라는 걸 장담한다."

— 케이드 코틀리, 전 해군 특수부대 요원

"제이슨 핸슨은 개인 방어 장비와 기술 분야의 강력한 지지자이자 실천가다. 그리고 이 모든 건 당신과 가족을 보호할 수단이다."

— 피터 어니스트, 국제 스파이 박물관 책임자이자
전 CIA 비밀 정보국 요원

"이런 미친 세상에서 목숨을 잃지 않고 살아가는 법을 훌륭한 CIA 요원한테서 배운다는 건 흔치 않은 기회다."

— 알랜 버리스, 전 육군 저격수

"제이슨 핸슨은 사람들 대부분이 모르는 첩보 요원의 기술을 누구보다 많이 알고 있다."

— 로크 덴버, 전 해군 특수부대 요원

타코 푸드트럭을 운영한다면 동네 부모들에게 진정성 있는 후기를 써달라고 부탁해보자. "타코가 얼마나 맛있는지 아이들이 매일 저녁으로 달라고 한다." 고객 후기의 힘을 과소평가하지 마라. 한 고객이 제품을 칭찬하면 다른 사람도 귀를 기울이기 마련이다.

신뢰는 회사가 노력해서 얻어내야 할 미덕이다. 누군가 후기를 써주는 건 첩보 세계에서 '타깃에게 나를 자연스럽게 소개'해주는 것과 같다. 우리 회사의 놀라운 서비스를 한 고객이 보장하면, 그걸 접한 다른 고객은 자극을 받고 제품을 직접 확인하려 할 것이다.

보너스를 함께 제공하기

또 증정품을 주라고 할까 봐 당황했다면 일단 끝까지 들어주길 바란다. 우리 회사에서는 유용한 정보를 공유하는 인터넷 세미나를 개최한다. 이런 추가 콘텐츠는 쉽고 재미있게 제작할 수 있으며, 반복적으로 고객을 끌어들이고 '설득'하는 데 큰 도움이 된다. 당신의 타깃이 거부할 수 없는 보너스 콘텐츠를 기획해보라. 반려 동물 용품을 판매한다면 개 훈련 기술과 관련한 인터넷 세미나를 만드는 것도 좋다. 창의력을 발휘해보자. 고객이 유용하다고 생각할 만한 게 뭐가 있을까? 꼭 물리적인 제품을 판매하지 않더라도 사람들이 좋아할 만한 걸 제안할 수 있다. 정비공이라면 자동차가 문제없이 굴러갈 수 있도록 겨울맞이 체크리스트를 소개해보자. 미용사라면 머리 땋기 세미나를 개최할 수도 있다. 무료 상담을 제안하라. 회사에 대한 관심을 불러일으킬 수 있는 거라면 무엇이든 좋다.

4단계: 마지막까지 유혹한다

증정품을 주문하려고 '구매하기' 버튼을 누르는 페이지에서는 제품 가격은 공짜이며(정가도 꼭 표시한다) 배송비만 청구한다고 설명한다. 그럼 고객은 배송지와 신용카드 번호 등 적절한 정보를 입력할 것이다. 고객이 신용카드 번호를 입력하고 나면, 1회 특가 상품이라는 추가 상품 페이지로 넘어간다. 1회 특가 상품은 특별히 좋은 조건으로 구성한 제품과 서비스를 말한다. 상품을 묶어 판매해서 더 흥미를 유발할 수도 있다. 다시 말하지만 제품과 서비스의 장점을 설명한 고객 후기도 포함해야 한다.

우리가 증정본 깔때기로 연결한 첫 추가 상품은 '명사수 대학Sharpshooter University'이라는 프로그램이었다. '명사수 대학'은 대면 교육과 온라인 교육으로 구성된 훌륭한 화기 사용법 강좌다. 세상에서 총기 사용법 훈련 실황을 무료(정가 1,200달러)로 제공하는 곳은 명사수 대학밖에 없다. 이 프로그램의 회원은 매월 훈련 영상과 총기 사용법 훈련 실황, 특별 보고서, 주간 첩보계 소식, 그리고 '스파이 생존 브리핑'이라는 월간 뉴스레터 책자도 받아볼 수 있다. 스파이 생존 브리핑(www.SharpshooterU.com) 유료 회원은 3만 7,000명이 넘는다. 다른 곳에서 찾을 수 없는 유용하고 가치 있는 정보를 제공하는 것을 사명으로 삼은 덕분이다. 회원 중에는 프로그램을 수강하면서 배운 내용을 써서 목숨을 건졌던 이야기를 메일로 보낸 사람도 있다.

그리고 명사수 대학은 두 번째 추가 상품으로 연결된다. 두 번째 상품은 우리 회사에서 개최한 이틀짜리 행사를 녹화한 영상이다. 이 영상에는 응급 상황에서 목숨을 구해줄 모든 생존 기술을 실행하는 법을 담았다. 나는 영화에 출연하는 전문가들을 섭외해서 전체 강좌를 녹화했으며, 행사에 참여하지 못한 사람들에게 무척 유용할 거라고 소개했다(실제 행사 참여비는 1,500달러이지만 영상은 비용 부담이 줄어든다). 세 번째 추가 상품은 전술 펜이다. 사용과 휴대가 편리하며 생명을 지켜줄 호신 도구다. 마지막 추가 상품은 '철통같은 가정 방어Impenetrable Home Defense'라는 가정 방어 훈련 프로그램이다.

단, 자신이 없다면 추가 상품을 제안하지 마라

당신은 아마 이렇게 말할지 모른다. "추가 상품을 왜 그렇게 많이 제시해요? 그러다 고객이 등 돌리면 어떡하나요?" 전에도 그런 말을 많이 들어봤기 때문에 나도 잘 안다. 사업가들 중에는 인터넷 마케팅을 하고 있지만 추가 상품을 너무 많이 제시하는 게 부담스럽다는 이들도 있다. 하지만 내 대답은 한결같다. 사람들에게 정말 도움이 되는 양질의 제품이나 서비스를 판매한다면, 지금 당장 지붕에 올라가서 소리칠 수 있어야 한다고. 당신이 제시하는 제품은 최고이므로 최대한 많은 사람의 손에 들어가게 해야 한다고 진심으로 믿어야 한다.

나는 전직 CIA 요원인 나와 팀원들이 보안 및 안전, 생존과 관련한 분야에서 업계 최고라고 굳게 믿는다. 이를 증명할 실적도 존재한다. 누군가 안전 관련 업무에 우리를 고용하거나 우리 제품을 구매하면 그 고객은 틀림없이 안전할 것이다. 우리 제품은 고객의 목숨도 구할 수 있다. 그래서 다양한 추가 상품 제안을 부적절하게 느낀 적은 없다. 어떤 서비스나 제품을 판매하는 게 불편하다면 아예 팔 생각을 접어야 한다.

첩보 요원 팁

모든 사람의 모든 욕구를 만족시키려 하지 마라

불과 몇 페이지 앞에서 고객과의 관계를 발전시키고 여러 사람에 맞춰 적절하게 반응을 다듬으라고 말했다는 건 나도 알고 있다. 이건 중요한 원칙이며 내 생각은 바뀌지 않았다. 하지만 모든 사람의 모든 욕구를 만족시킬 수 없다는 사실을 이해해야 한다. 당신의 제품을 원하지 않는 사람은 늘 존재한다. 관심 없는 사람의 마음을 바꿔서 제품이나 서비스를 구매하게 만들려고(그 제품이 상대에게 최선이라는 걸 안다고 해도) 소중한 시간과 에너지를 낭비하지 말아야 한다. 고객 기반을 넓히려고 너무 많은 시간을 투자하다가는 감당하기 힘든 비용이 든다. 틈새시장을 대상으로 사업을 하고 있다면 거기 집중하는 걸 두려워하지 마라. 나와 함께 〈샤크 탱크〉에 출연한 사람들은 고도로 집중된 사업 아이디어로 큰 성공을 거두었다. 말도 안 되는 소리 같겠지만 인체 공학적 양말 '봄바스 삭스'나 만능 주방 수세미 '스

크럽 대디 스펀지', 심지어 변기용 발 받침대 '스쿼티 포티'도 크게 히트한 상품들이다.

평생 고객을 만들어라

자랑스럽게도 우리 회사의 재구매 고객은 수천 명에 달한다. 앞서 언급했듯 '스파이 생존 브리핑' 뉴스 레터는 유료 회원 3만 7,000명을 보유하고 있다. 무료 증정본이나 전술 펜을 받은 사람은 결국 스파이 손전등이나 생존 가방을 구매했다. 입문 스파이 훈련을 수강한 사람들은 '궁극의 스파이 주간Ultimate Spy Week'(www.SpyWeek.com) 강좌를 들으러 오거나 대학에 입학 예정인 자녀들을 보내기도 한다. 생존 물 여과기 같은 제품이 가치 있고 유용하다고 생각한 고객은 사랑하는 사람을 위해 또 구매한다.

재구매 고객은 어떤 회사든 가장 선호하는 고객 유형이다. 단골과 계속해서 관계를 발전시키면 재구매 고객이 된다. 물론 현장에서 일하는 CIA 동료처럼 특별히 비싼 저녁을 사줘가며 친분을 쌓을 필요는 없다. 대신에 더 쉽고 비용은 덜 들며, 진정성 있게 고객 관계를 증진할 방법들이 존재한다.

고객과 꾸준히 연락하라

내 주변 사업가 중에는 SNS 팔로워나 고객들에게 자주 이메일을 보내기가 꺼려진다는 사람이 있다. 계속 연락했다가 상대가 귀찮아하고 결국 떠날까 봐 걱정한다. 하지만 나는 그런 생각에 전혀 동의하지 않는다. 오히려 내 가장 큰 자산인 고객들과 꾸준히 연락하지 않으면 무슨 일이 벌어질지 걱정이다. 안전이나 생존 문제가 발생했을 때 고객이 즉시 우리 회사를 믿음직한 해결사로 떠올렸으면 좋겠다.

현장에서 일하는 첩보 요원은 끊임없이 자산과 접촉한다. 자산이 귀중한 정보를 다른 사람과 공유하는 걸 원치 않기 때문이다. 그런 일은 절대 있어선 안 된다. 비즈니스 세계에서도 마찬가지다. 나는 적절한 균형을 잡으려고 최선을 다하며 고객과 필요한 만큼은 꼭 의사소통한다. 당신 회사에 가장 적합한 빈도를 정해야겠지만, 우리는 아래와 같은 일정을 지킨다.

고객 접촉 일정

월요일: 고품질 칼럼 제공. 고객이 관심 있을 만한 주제를 500단어 정도로 다룬다. 빠르게 읽히면서도 유용한 정보를 제시한다. 사막에서 피신처를 만드는 법이나 다양한 인터넷 사기를 피하는 법 등을 담았다.

화요일: 핵심 기사 5가지. 고객이 매력을 느낄 만한 주제와 관련이 높은 링크를 정리해 발송한다.

수요일: 500단어 정도로 이루어진 고품질 기사 전달.

목요일: 고객들이 관심을 보일 만한 주제에 대해 우리 팀원이나 주로 예전에 CIA에서 함께 근무했던 친구가 쓴 글을 보낸다.

금요일: 특수 부대 요원이 쓴 고품질 칼럼을 발송한다.

토요일: 주간 우편함 특집. 그동안 고객이 보낸 질문에 내가 답변한다.

전문 작가만 좋은 콘텐츠를 만들 수 있는 건 아니다

당신이 몸담은 시장을 사랑하고 이해한다면, 독자들과 공유할 글의 아이디어 정도는 쉽게 떠올릴 수 있을 것이다. 그리고 애초에 그 분야의 현황을 파악하려면 끊임없이 관련 소식을 훑어보는 열렬한 독자가 돼야 한다.

글을 쓸 때 긴장하는 편이라면 그냥 친구한테 이메일을 쓴다고 생각하라. 그리고 근본적으로는 그 말이 맞다. 당신은 고객으로 구성된 가족과 의사소통하는 셈이다. 콘텐츠를 생산할 때 꼭 도움이 필요하다 싶으면 당신과 통하고 아이디어를 잘 표현해줄 프리랜서를 찾으면 된다.

고객과 끊임없이 신뢰를 구축하라

앞서 언급했듯이 우리 회사의 목표는 생존 및 안전과 관련해서 사람들이 가장 먼저 찾는 정보원이 되는 것이다. 그러나 한 명한테 전술 펜을 판매한다고 해서, 그 사람이 제품에 만족하고 늘 주머니에 넣어 다닌다고 해서 그 목표가 이루어지지는 않는다. 그것도 멋진 일이긴 하지만, 나는 한층 나아가서 더 오래가는 관계를 구축하고 싶다. 첩보 세계에서 자산과 첩보 요원의 관계는 흔들림이 없어야 하고, 자산이 첩보 요원을 위해 무엇이든 할 수 있을 정도가 돼야 한다. 나는 고객을 설득해서 뜻을 같이하는 가족이 되고 싶다. 자립을 추구하며, 생존과 안전에 관해 양질의 최신 정보로 무장하는 가족 말이다.

나는 고객들이 내가 우리 제품을 전적으로 책임진다는 사실을 알아주길 바란다. 우리 제품은 효과가 우수하고 믿을 수 있으며, 나나 우리 가족이 쓰지 않을 제품은 팔지도 않는다. 나는 내가 전파하는 말을 직접 실천한다. 그러다 사람들이 미쳤다고 하는 짓도 몇 가지 한 적이 있다.

일반적으로 응급 상황에서 가장 큰 문제는 마실 물이다. 인간은 물 없이 오래 견디지 못한다. 아마 최대 3일 정도일 것이다. 나는 늘 사람들에게 식수를 준비해두라고 말한다. 가정에서 1인당 하루 3.8리터씩 최소 7일, 이상적으로는 30일간 마실 물이 있어야 한다. 하지만 나처럼 훌륭한 첩보 요원은 항상 대안을 마련한다. 우리 회사는 훌륭한 물 여과 시스템을 연구했고 현재 그런 제품을 판매하고 있다. 나는 이 제품을 믿어 의심치 않는다. 하지만 말만으로 그칠 생각은 없었다. 제품을 직접 사용해서 신뢰를 구축하고 싶었고, 이 생각을 실행에 옮겼다.

나는 사람들이 상상할 수 있는 가장 역겨운 수원에 이 여과 장치를 이용하는 영상을 찍었다. 이 장치가 제대로 작동하고 안전하다는 사실을 증명하려는 목적이었다. 이끼가 잔뜩 끼고 모기로 오염된 연못이나 농장 여물통에 있는 물(맞다, 동물이 마신 물이다), 맥도널드 남자 화장실 변기(그렇다, 마지막으로 사용한 사람은 물을 내리지 않았다)에 있는 물을 여과해 마시는 것보다 효과적인 증명 방법이 어디에 있겠는가? 여과기는 제 기능을 했고 물에서는 깨끗한 맛이 났으며 나는 병이 나지 않았다. 사람들에게 충격을 주려고 영상을 찍은 건 아니다. 내 귀중한 고객에게 질 낮은 제품을 판매해서 그들의 건강과 안전을 위험에 빠뜨리는 일이 없을 거라는 사실을 증명했을 뿐이다.

제품에 스토리를 입혀라

나는 우리 회사의 전술 펜을 사랑한다. 목숨을 구해줄 든든한 무기지만 평범한 펜 역할에도 충실하므로, 종이에 서명하는 등 평범한 일에도 항상 전술 펜을 쓴다. 근본적으로는 펜이기 때문에 어디에나 늘 갖고 갈 수 있다. 나는 사람들에게 안전하게 비행할 수 있는 방법 중 하나는 전술 펜을 가지고 다니는 것이라고 누누이 말한다. 비행기에 진짜 무기를 가지고 탈 수는 없지만 전술 펜은 가능하다. 누군가 정신 나간 행동을 할 때 호신용으로 사용하면 된다. 또한 낯선 도시를 여행할 때도 훌륭한 무기 역할을 한다.

하지만 고객들은 펜이 보안대를 통과하지 못할까 봐 불안해했다. 무기를 소지하고 비행기에 타려 했다가 문제가 되면 더 골치 아플 테니 말이다. 그런데 최근에 한 고객이 이스라엘에 가면서 전술 펜을 가져가서 상당히 안심됐다고 말했다. 엘 알 이스라엘 항공은 유례없이 엄격한 보안 정책으로 유명하다. 그래도 그 고객은 아무 문제없이 펜을 가지고 탑승했다. 나는 곧 고객들에게 이 이야기를 소개했다. 여기에도 공유한다.

"저는 국내외로 여행을 많이 다닙니다. 그때마다 언제든 사용할 수 있는 일종의 무기(전술 펜)를 갖고 있다고 생각하니 안심이 됐어요. 최근에는 세상에서 가장 안전한 공항(이스라엘 벤 구리온 공항)을 통과했는데 그때도 펜을 갖고 있었어요. 한 번도 문제 된 적 없고 엑스레이도 가뿐히 통과했죠. 마음이 편안했어요. 혼자서 다른(그리고 낯선) 국가를 여행하는 건 좀 겁나는 일입니다. 하지만 이제 적어도 무방비라는 생각은 들지 않아요."

나는 고객들이 여행할 때 이 펜을 가지고 다니면 얼마나 든든한지 알아주길 바랐다. 그리고 이 이야기가 그걸 증명했다. 어떤 제품을 판매하든 해당 분야의 대표적인 해결사로 보이고 싶으면, 가끔 다른 사람의 경험을 공유할 필요가 있다. 이야기는 우리를 인간적으로 엮어준다. 그리고 그 이야기를 공유해서 고객이 당신에게 깊이 공감하는 계기를 형성할 수 있다.

당신의 경험을 공유하라

나는 생존과 안전에 관련한 개인적 경험을 즐겨 공유한다. 대화 주제를 전부 내 이야기로 채우는 건 바라지 않지만, 내가 기술이나 도구를 사용해야 했던 상황을 소개하는 건 중요하다고 생각한다. 나는 독자와 고객들에게, 내가 실생활에서 전문 기술을 활용하는 것을 보여주고 싶다.

언젠가 스페인 팜플로나에서 황소와 함께 뛴 적이 있다. 사회가 완전히 붕괴하면 어떤 느낌일지 그때 생생하게 체험했다. 450킬로그램짜리 뿔 달린 황소에게 쫓겨 군중들과 함께 뛰다 보면, 모든 예의범절은 멀리 날아가버린다. 이때의 경험을 글로 써 고객과 공유했다. 끔찍한 스토킹을 당한 친척에게 해준 조언을 글로 쓰기도 했다. 어린 딸에게 총기 안전을 교육한 일을 길게 얘기한 적도 있다. 딸이 자라서 총을 처음 샀을 때 읽으라고 쓴 편지도 공유했다. 아내와 내가 한밤중에 끔찍한 소리를 들었던 경험도 소개했다(총을 들고 집 안을 둘러봤는데 범인은 선반에서 떨어진 여행 가방이었다).

나는 사생활 공개를 별로 좋아하는 사람이 아니다. 하지만 내 삶에 어떤 일이 벌어지고, 그것이 안전과 생존 측면에서 고객과도 관련이 있는 일이라면 대부분 공유하려고 한다.

고객에게 무엇을 원하는지 늘 질문한다

다시 한 번 가장 기본적인 질문으로 돌아가려 한다. 나는 회사 홈페이지에 작은 설문 코너를 하나 마련했다. 항상 설문 마지막에는 고객에게 당장 도움이 될 가장 중요한 한 가지가 무엇인지 적어 달라고 한다. 이런 단순한 질문으로 귀한 정보를 얻을 수 있다. 이에 대한 답변을 활용하면 구체적인 관심사를 지닌 다양한 그룹에 적용하는 것도 가능하다.

내가 자주 사용하는 질문 사례를 몇 개 소개한다. 어떤 분야든 분야 특성에 맞춰 설문 내용을 조정하면 된다. 자신만의 질문을 만들어보자.

- 올해 당신과 가족들이 더 안전해질 수 있게 내가 도울 수 있는 가장 중요한

일은 무엇입니까?

- 어떤 주제를 더 배우고 싶습니까?
  - 가정 보호
  - 총기
  - 식량 저장
  - 호신
  - 사이버 보안
  - 자연재해 대비
  - 기타
- 보통 어디에서 이런 정보를 얻습니까?
- 지금 당장 내가 도울 수 있는 게 무엇입니까?

100만 달러짜리 판매 깔때기를 구성하는 핵심 요소

- **다양한 추가 상품:** 사람마다 반응하는 추가 상품이 다르므로, 제품을 다양하게 혼합하면 수익을 낼 확률이 높아진다.

- **훌륭한 판매 카피:** 우리 회사에서는 심혈을 기울여 고객의 흥미를 불러일으킬 단어를 선택한다. 가치 있고 시급히 구매해야 할 제품이라는 느낌을 주는 훌륭한 카피가 있어야 한다. 겉보기에만 멀쩡하고 제대로 다듬은 전문적인 카피가 없는 홈페이지는 무용지물이다. 앞서 언급했듯이 나는 한때 세계에서 돈을 가장 많이 받는 카피라이터였고 아고라 출판사에서 카피를 쓴 적도 있다. 요즘은 나와 고객을 위해서만 카피를 쓴다. 좋은 카

피를 쓰는 능력은 대단히 중요하다. SADR 단계를 활용하는 것과 비슷한데, 사람이 아니라 종이에 쓴다는 것만 다를 뿐이다.

- **고품질 콘텐츠:** 아무도 주지 않는 특별한 정보를 제공하겠다는 목표를 세워라. 어떤 제품이나 서비스를 판매하든 고품질의 유용한 정보를 계속 제공하면 고객이 가장 신뢰하는 자원이 될 수 있다.

우리 회사는 SADR 단계를 활용해 많은 마케팅 전략을 성공적으로 수립하고 수백만 달러를 벌어들였다. 자기 사업을 운영하는 건 인간이 하는 일 중에서 가장 보람 있으면서도 어려운 일이다. SDAR 단계를 따르면 당신의 사업에 수익성이 좋은 신규 수입원을 끌어들여 부담을 덜 수 있다. 처음에는 이런 작업이 복잡하고 시간이 오래 걸릴 것으로 보일지 모른다. 하지만 기술을 연마할수록 쉬워지며, 긍정적인 결과가 모든 노력을 보람 있게 만들어준다는 걸 믿어도 좋다. 나처럼 자기 제품과 서비스를 더없이 자랑스럽게 생각한다면, 이 간단하면서도 성공적인 체계를 구축해서 잠재력을 최대화해야 한다. 나처럼 당신도 가능성이 무궁무진하다는 걸 깨닫기 바란다.

첩보 요원에 대한 오해

"첩보 요원은 사회 각계각층에서 고용되며 교육 배경이 다양하다."

딩동댕! 사업가가 됐을 때 장점은 다양한 배경을 지닌 다른 사업가를 만날 수 있다는 점이다. 나는 코미디언이나 변호사, 심지어 서커스에서 공연을 하다가 사업가로 성공한 사람들도 만났다. 첩보 세계도 이와 비슷하다. 각양각색의 매력적인 배경을 지닌 사람이 모여든다. 성공한 사업가 중에 MBA 자격증이 없는 사람이 많듯이, 흔히 생각하는 것과 다르게 아이비리그 대학이 미래 첩보 요원의 산실은 아니다. 첩보 요원들은 내가 알기로 누구보다 똑똑한 사람들이고 CIA는 개인의 다양한 배경을 중시하고 존중한다.

영화 〈아르고Argo〉의 실제 인물로 유명한 토니 멘데스는 대학에서 미술을 전공했다. 그는 그래픽 디자이너를 뽑는 광고를 보고 지원했다가 결국 CIA에 고용됐다. 유명한 셰프이자 요리책 저술가 줄리아 차일드는 뉴욕 광고 회사에서 카피라이터로 일하다가 OSS(전략 사무국Office of Strategic Services, CIA의 전신)에 타자수로 들어갔다. 그녀는 결국 기밀 연구를 맡았다. 첩보 요원 중에는 대학 대신 군대를 선택한 사람도 많다(나는 경찰관으로 시작했다). 첩보 요원들끼리 모여서 각자 경험한 가장 특이한 직업이 뭔지 묻는다면 흥미로운 대답이 나올 것이다. 플로리스트, 택시 운전사, 심지어 카우보이도 있다.

CIA는 아이비리그 학위보다 그 사람의 전반적인 지력과 빠른 문제 해결 능력을 더 중시한다. 이런 능력은 비즈니스에서도 중요성이 커지고 있다. CNBC에서 실시한 최근 연구에 따르면 미국 중소기업 사업주 가운데 다수가 4년제 대학 학위를 보유하지 않았다. 남녀노소를 막론하고 대학에 다니지 않은 사람이 대학 졸업자보다 많아진 셈이다. 교육을 받을 수 있다는 건 대단한 일이지만, 사업을 성공적으로 운영하는 것은 종이 한 장의 가치를 훨씬 넘어서는 일이다.

PART 3

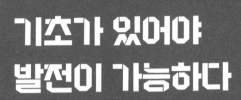

기초가 있어야 발전이 가능하다

3부

가장 기본적인 것을 단련해야 회사를 성장시킬 수 있다

몇 년간 국가에 충실히 봉사해온 내 훌륭한 동료는 첩보 요원 기술을 이런 멋진 말로 표현했다. "가장 기본적인 것을 단련하면 첩보 요원의 기술이 된다." 첩보 요원 기술을 가장 간단한 형태로 압축하면 그의 말이 절대적으로 맞다. CIA 훈련에서는 타고난 기술을 활용하는 법을 배운다. 그리고 높은 경지에 오를 때까지 기술을 단련하고 발전시키며 완벽하게 다듬는다. 기본적인 것을 단련해서 좀 더 높은 수준에 이르려면 몇 년씩 배움에 힘을 쏟아야 한다. 그런 방법을 배우면 세상을 바라보는 시각과 주변 환경이 바뀐다. 그리고 성공한 임무는 항상 몇 가지 중요한 개념을 토대로 한다는 것을 깨닫는다. 서로에 대한 믿음과 학습 능력, 소통 능력과 준비성. 이 중 어느 하나라도 없으면 어떤 임무도 성공할 수 없다.

살면서 친구와 가족, 동료를 소중하게 생각하고, 새로운 개념을 열린 자세로 받아들이며, 매일 원활하게 소통하고 예상치 못한 일에 대비하는 것은 기본 중의 기본이다. 첩보 세계에서는 이런 기본 상식이 가장 중요하다. 가장 간단한 개념이 성공과 실패는 물론이고 삶과 죽음을 가르기도 한다.

CIA를 떠나 사업가가 된 이후로, 나는 이런 기본 개념이 경영에서도 완벽한 지침이 된다는 사실을 깨달았다. 상식을 이용해서 새로운 수준으로 성장할 수 있다면, 이런 역량을 나침반 삼아 위대한 회사로 거듭날 수 있다.

8장

성공에 발판이 되는 '믿음'

AGENT OF INFLUENCE

CIA에서는 동료들 사이의 관계가 독특하다. 작전을 하다 보면 당신과 파트너는 자신들을 환영하지 않는 적대적인 국가의 한복판으로 뛰어들어야 할 때가 있다. 두 사람은 위험한 임무를 완수해야 하고, 의지할 사람은 서로밖에 없다. 특정 작전에서는 여러 요원이 팀을 이뤄 일하기도 하지만, 극소수의 인원이나 혼자 일하는 때도 적지 않다. CIA 요원은 군인이 아니므로 부대를 거느리고 다니지도 않는다. 그리고 당신도 알다시피 비밀 작전을 수행할 때는 뭔가 잘못되더라도 정부는 요원을 구하러 오지 않는다. 그 결과 당신과 동료들 사이에는 아주 깊고 진정 어린 '믿음'이 형성된다. 이런 독특한 관계는 첩보 세계에 몸담지 않은 사람들은 이해하기 힘들 수도 있다.

엘리엇 이야기

나는 내가 파트너를 쓰러뜨린 줄 알았던 순간을 영원히 잊지 못할 것이다. 우리는 우리에게 적대적인 지역의 건물 꼭대기(지붕)에 올라가서 도청 장치를 부착하려 했다. 물론 발견되면 안 되니까 달이 뜰 밤을 골랐다. 필요한 작업을 할 때 쓸 만한 조명이라고는 달빛이 전부였다. 하지만 현장에서 달빛은 전혀 보이지 않았고, 그 높은 곳에서 얼굴 바로 앞에 있는 손조차도 분간할 수 없었다.

결국 내 파트너인 마크는 선에 걸려 넘어졌다. 보이지 않아서 무슨 일인지 몰랐지만 시끄러운 소리가 났다. 우리는 오랜 시간 함께 일한 만큼 어두운 데서 갑자기 소음이 나면 임무를 중단해야 한다는 걸 알고 있었다. 잡힐지도 모르니 도망쳐야 한다. 마크가 어디에 있는지는 몰랐지만 일단 탈출 차량으로 돌아가야 했다. 마크도 거기 있으리라고 가정할 수밖에 없었다. 하지만 지붕에서 내려오니 마크가 보이지 않았다. 사다리를 내가 직접 없앴기 때문에 공황에 빠졌다. 마크가 잡힌 걸까? 파트너를 찾아서 필요하다면 도와줘야 한다.

나는 다시 조용히 지붕에 올라갔다. 주변을 살펴보니 얼핏 어두운 그림자가 보인 듯했다. 마크이거나, 낌새를 알아차리고 내 목숨을 노리러 온 사람일 것이다. 다행히 그 그림자는 마크였다. 지붕에서 떨어지는 바람에 말 그대로 건물 끝에 매달려 있었다. 마크의 팔에 힘이 풀리기 전에 제때 올라가서 끌어당겼기에 망정이지, 정말 큰일 날 뻔했다. 내가 잡혔다면 끔찍한 일이 벌어졌겠지만(탈출 차량까지 갔다는 걸 기억하라) 파트너를 남겨두고 떠날 일은 없었다. 그건 생각할 수도 없는 일이다.

차원이 다른 믿음이 성공을 낳는다

첩보 세계에서 '믿음'은 대단히 구체적인 의미를 지닌다. 첩보 요원이 파트너와 함께 일한다는 건 파트너의 손에 자기 목숨과 안전이 달려 있다는 걸 받아들인다는 의미다. 특정 상황이 벌어지면, 다음 날 당신이 일어날 수 있을지 없을지는 파트너가 좌우한다는 걸 아는 것이다. 거꾸로 생각해도 마찬가지다. 당신은 무슨 일이 있어도 동료의 안전을 지키려 한다. 현장에 나가면 파트너는 가족이 된다. 그리고 가족을 위해서라면 못할 일이 없다. 이는 내가 경험한 것 중 가장 수준 높은 믿음이었다. 이제 나는 사업가가 됐고 건물 끝에 매달린 직원을 구해야 할 상황(혹은 그 반대 상황)을 상상할 필요는 없게 됐다. 하지만 CIA 훈련에서 얻은 믿음에 대한 교훈은 삶이나 비즈니스에 커다란 영향을 미쳤다.

일터에서 믿음을 키우는 법

사업을 키울 준비가 되고 팀원들과 일하기 시작했을 때, 나는 일터에서 믿음이란 어떤 의미인지 재평가해봐야 할 필요가 있었다. 내 인생이 직원들의 행동에 달린 건 아니지만, 내 생계가 달렸을 가능성은 있다. 반대로 생각해도 마찬가지다. 직원들은 내가 성공적으로 회사를 성장시킬 것을 믿고 내게 수입을 의존한다. 내가 생산적이고 안전하고, 심지어 재미있는 작업 환경을 제공하리라 믿는다. 나는 비즈니스 세계에서 팀원들을 가족처럼 생각하려면 차원이 다른 믿음이 필요하다는 것을 깨달았다. 이미 핵심 원칙은 수립했다. 그렇다면 이 원칙을 스스로 어떻게 책임감 있게 지킬 것인가? 내가 원했던 문화(차원이 다른 믿음을 낳는 문화)를 유지하기 위해 나는 다음 원칙을 지키기로 다짐했다.

사명에 헌신한다

나는 리더로서 우리 회사의 사명을 위해 헌신한다는 것을 끊임없이 보여줘야 한다. 배를 앞으로 저어가려면, 내가 나와 팀원들을 위한 회사를 만들기 위해 어떤 일이든 할 의지가 있다는 것을 드러낼 필요가 있다. 첩보 세계에서는 파트너끼리 서로 작전을 완수하는 데에 완전히 헌신해야 한다. 그들은 수단과 방법을 가리지 않고 전력을 다해 작전에 임한다. 나 역시 회사에 항상 가장 먼저 출근해서 가장 늦게 퇴근하며, 끊임없이 우리 회사의 성공을 위해 헌신하는 모습을 보인다.

투명성을 지킨다

기회가 될 때마다 팀원들에게 비즈니스 현황을 투명하게 밝혀야 한다. 새로운 기회나 회사의 변화, 성공과 실패, 경쟁사 동향과 회사의 목표를 알려야 한다. 첩보 요원들은 현장에 나갈 때 동료들끼리 임무에 관한 지식을 터놓고 공유한다. 그래야 임무를 완수할 수 있기 때문이다. 파트너끼리는 정보를 숨기지 않는다. 비밀이 생기면 작전 전체가 위험해지기 때문이다.

개인의 강점과 약점을 인식하고 받아들인다

첩보 요원은 누구나 각자 독특한 방식으로 임무에 기여한다. CIA가 존속하는 건 소속 요원들의 무수한 기술과 재능을 활용한 덕분이다. CIA는 전국에서 가장 뛰어난 인재를 고용한다. 요원들의 재능은 놀라울 정도로 다양하다. 독소와 독약 전문가 및 위조 전문가, 저격수, 언어 능력자, 심리학자, 회계사, 암호 전문가, 예술가 등이 있다. 이렇게 다양한 배경을 지닌 뛰어난 사람들이 없다면, 정보를 수집해서 임무를 수행하고 나라를 안전하게 지킬 수 없을 것이다. 비즈니스 세계도 마찬가지다. 모든 구성원은 각자 뚜렷이 다르게 업무에 기여하므로 소중한 존재다. 나는 항상 구성원 각자의 장점을 감사히 생각하고 존중한다. 반면 단점은 인간적인 한 단면일 뿐 무조건 고쳐야 하는 결점은 아니라고 생각한다. 우리 팀원 중에는 글을 잘 쓰는 사람이 있는가 하면 계획을 잘 짜는 사람도 있다. 인내심이 깊고 친절하며 고객 서비스에 능한 사람, 일류 보안 전문가도 존재한다. 나는 모두가 우리 회사에 기여한다는 점을 인식하고 존중함으로써 팀원들이 최대한 능력을 발휘할 수 있게 하고, 더 강한 팀으로 만들었다.

직원의 편에 선다

내가 지나치게 까다로운 고객과 관계를 끊으려 하는 건 열심히 일하는 팀원들에 대한 믿음에서 비롯한다. 팀원들에게 차원이 다른 믿음을 가지라고 말하려면, 나부터 눈앞의 이익보다는 그들의 행복과 정서가 더 중요하다는 걸 증명해야 한다. 나는 CIA에서 근무하는 동안 위기 상황에서 동료를 도와야 할 때 망설인 적이 없다. 나는 우리 팀원들도 힘든 상황에 부닥치면 반드시 회사가 적절한 도움의 손길을 내민다는 것을 한 치의 의심도 없이 믿었으면 좋겠다.

훌륭한 행위는 보상한다

첩보 요원은 자산이 위험을 감수하고 유용한 정보를 가져다준다는 걸 알고 있다. 그래서 가능할 때마다 고가의 선물이나 저녁 식사, 현금 같은 상대적으로 작은 보상을 통해 고마움을 표시한다. 마찬가지로 나도 누군가 주어진 업무 이상의 일을 하면 항상 기억하려고 노력한다. 특히 지난 크리스마스에 팀원들이 힘을 모아준 일은 평생 잊지 못할 듯하다. 주문량이 치솟아서 제때 물건을 배송하기가 버거울 때였다. 누가 시킨 것도 아닌데 팀원들은 토요일마다 모여서 밤늦게까지 제품을 준비하고 포장하며 제때 배송할 수 있도록 최선을 다했다. 팀원들이 기꺼이 협력하지 않았다면 여러 거래를 놓쳤을지 모른다. 나는 기쁜 마음으로 팀원들에게 식사나 선물, 보너스를 제공했다. 차원이 다른 믿음을 원한다면 팀원들의 특별한 행위를 인지해야 한다. 크리스마스 직전에 들어온 주문 제품을 포장하는 단순한 일도 마찬가지다.

대접받고 싶은 대로 대접하라

가장 간단하면서도 강력한 말이다. 나는 윤리적이고 탁월함을 추구하며, 사람을 존중하고 일관성을 유지해서 팀원들에게 존경받는 리더가 되고 싶었다. 그래서 좋은 행동으로 모범을 보이고, 내가 대접받고 싶은 대로 모든 팀원을 대접하고자 했다. 첩보 요원은 서로 존중하지 않으면 함께 일할 수 없다. 현장에서는 다투거나 의심할 여유가 없고, 탁월함과 일관성을 함께 추구하지 않으면 임무 완수는 불가능하다.

다른 첩보 요원들과 끝까지 훈련을 마무리하려면 일관성이 중요하다. 파트너는 내 목숨을 책임지는 사람이다. 나는 훈련을 받으며 이렇게 생각했다. '내 목숨을 믿고 맡길 만한 사람이 이 중에 누구일까?' 사격 솜씨가 형편없거나 성급하거나 협동심이 부족한 사람들 모두 골칫거리였지만, 이에 못지 않게 일관성이 없는 사람도 문제였다. 이런 사람은 다른 사람들까지 위험에 빠뜨렸기 때문에 훈련을 끝까지 마치지 못했다.

나는 회사도 비슷한 시각으로 바라본다. 팀원들은 각자 중요한 역할을 맡으며, 회사가 존속하려면 이들의 기여가 필수다. 물론 사람은 실수하기 마련이고 나도 완벽한 사람을 기대하지는 않지만 '일관성은 중요하다.' 예전 직원 중에 똑똑하고 호감형에 일도 잘하는 사람이 있었다. 그의 유일한 문제는 마감을 잘 지키지 않는 것이었다. 이 사람은 맡은 일을 제때 끝내지 않아서 나머지 팀원들을 곤란하게 만들었다. 그리고 골칫거리가 됐다. 나는 본인에게 이 문제를 얘기하면서 일을 무척 잘하니까 내가 어떻게든 도와주겠다고 했다. 하지만 결국 그는 약속을 제때 지키지 못했고, 팀 전체를 위해서는 그를 내보낼 수밖에 없었다.

리더는 자신이 수립한 핵심 가치를 지키고 일관성을 보여줘야 한다. 모든 팀원에게 일관성을 고집스럽게 적용하지 않으면 회사의 생존이 위험해진다.

믿음은 당신부터 시작한다

내가 배운 바로는, 어떤 명분(예를 들어 신규 사업에 성공하거나 나라를 지키는 일)에 헌신하면 그 과정 하나하나에 깊이 감사하게 된다. CIA는 분석가와 지도 제작자, 차를 손봐주는 정비공과 사무직원은 물론, 하다못해 그 추운 북부 버지니아에서 따뜻한 핫초콜릿을 만들어주는 카페 직원까지 전부 다 중요하게 생각한다. 당신이 조직을 성공적으로 운영하려면 각 구성원이 얼마나 중요한지 알아야 한다. 그러면 전체 과정을 구성하는 모든 요소들이 고맙게 여겨지고, 내가 개인적으로 기여하고 있다는 자부심도 생기면서 믿음이 자라난다. 나는 우리 회사를 설립한 초기부터 회사에 이바지하는 팀원들에게 즉각 감사한 마음이 들었다.

9장

성공에 가까워지는 '체크리스트'와 '사후 검토 보고서'

AGENT OF INFLUENCE

"준비에 실패하면 실패를 준비하는 셈이다." 미국 건국의 아버지이며 이중 초점 안경과 피뢰침을 발명하고, 첫 정치 만화를 출판했으며 독립 선언문을 작성한 5인 중 한 명인 벤저민 프랭클린이 남긴 절묘한 표현이다. 나는 다양한 일을 해봤지만, 무엇을 하든 항상 준비를 무척 중요하게 생각했다. 사실 준비를 예술의 경지로 끌어올렸다.

CIA에서 우리는 생존 가방을 꾸렸다. 이 가방에는 대규모 공격을 받았을 때 생존에 필요한 물건을 빈틈없이 챙겼다. 우리는 가방을 정기적으로 점검하고 또 점검하라고 배웠다. 참사가 일어났는데 라디오용 여분 배터리가 없어서 연락이 안 되는 사태가 발생하면 안 되니까. 우리는 임무 계획을 세울 때도 같은 방식으로 접근한다. 임무 요건을 읽자마자 그대로 행동에 뛰어들지는 않는다. 거듭 점검하면서 요건을 정한 분석가와 더욱더 깊이 파헤치고, 확실히 모든 내용을 이해해서 완벽히 준비한다. 외국의 외딴 지역에 도착했는데 필요한 걸 빠뜨렸다는 걸 깨달았을 때 당황하지 않을 첩보 요원은 없다. 그럴 때 적의 대화를 감지할 수 있는 초강력 안테나를 사러 동네 상점에 갈 수는 없기 때문이다. 완벽하게 준비하지 않으면 임무는 실패한다.

준비는 목숨을 구한다. TV에서 허리케인 같은 자연재해가 닥쳤을 때 준비 부족으로 어떤 끔찍한 일이 일어나는지 본 적 있을 것이다. 사람은 물이 없어서 죽는다. 눈보라가 칠 때 적절한 장비 없이 나갔다가 길을 잃고 악천후 속에서 죽기도 한다. 나는 우리 가족에게 어떤 공격이나 자연재해가 발생하더라도 생존할 수 있도록 항상 제대로 대비하고 있다. 사업가라면 누구나 알겠지만 신규 사업을 시작하는 건 대단히 위험한 일이다. 노동 통계국에 따르면 신규 사업 중 20퍼센트가 첫해에 망하고 50퍼센트는 이듬해에 망한다고 한다. 무서운 숫자다. 나는 타고난 준비 성향(나를 아는 사람들은 '극단적인 준비' 성향이라고 말할 것이다)이 실패를 방지해줄 수 있다는 걸 깨달았을 때 얼마나 마음이 놓였는지 모른다.

체크리스트의 위력

우리 회사는 모든 강좌에 체크리스트를 만든다. 이 체크리스트는 극단적으로 상세하다. 사업을 할 때 많은 이들이 체크리스트가 얼마나 유용한지 쉽게 간과한다. 물론 단순히 종이에 단어 몇 개를 끼적인 것이 체크리스트는 아니다. 탄탄한 체크리스트 시스템은 회사에 여러모로 도움이 된다. 체크리스트는 다음과 같은 장점이 있다.

직원 훈련: 새 직원은 체크리스트를 참고해 특정 업무에서 어떤 점이 기대되는지, 과제를 제대로 수행하려면 어떤 단계가 필요한지 쉽게 파악할 수 있다.

일관성 유지: 체크리스트를 작성하면 안전하고 즐거운 행사를 치를 때 무엇이 필요한지 정확히 파악할 수 있다. 그러면 강좌를 진행할 때 일관성을 유지하는 데 도움이 된다. 예를 들어 우리 체크리스트에는 최고의 정보를 쉽고 재밌으면서 최대한 실용적으로 전달해야 한다는 내용이 들어 있다. 따라서 강사는 대부분 자기 분야에서 일류로 꼽히는 노련한 전직 스파이로 섭외한다. 실제 스파이 훈련은 동네 거리부터 라스베이거스 카지노에 이르기까지 늘 재미있고 활기 넘치는 곳에서 진행한다. 강좌 중간에는 기억에 남을 만한 실습을 꼭 넣는다(강력 접착테이프로 손목을 묶고 잠긴 트렁크에서 탈출하는 실습은 항상 인기 만점이었다). 프레젠테이션은 항상 신선하고 이해하기 쉽게 만든다. 역동적인 시각 효과를 동원해서 누구나 우리 메시지를 이해할 수 있게 한다.

수월한 업무 위임: 행사를 계획하면서 체크리스트를 참고해 어떤 업무를 처리해야 하는지 모두 파악할 수 있다. 누가 어느 업무를 맡아야 할지 결정할 때

특히 유용하다. 행사에 일손이 더 필요하면 즉각 파악해서 자원을 추가로 동원할 수 있다.

시간적인 여유 확보: 체크리스트에 모든 걸 표시해놓으면 업무를 완벽하게 준비하는 한편 다른 일에도 에너지를 쏟을 수 있다. 어떤 일을 진행할 때 흠잡을 데 없는 시스템을 준비해뒀다는 사실을 알고 있으면 스트레스가 줄고, 인맥을 쌓거나 목표를 수립하는 등 시간을 다른 데에 쓸 수 있다.

체크리스트 못지않게
사후 검토 보고서도 중요하다

나는 행사를 진행하기 전에 목록에 있는 모든 항목을 세 번씩 점검한다(행사 직전에도 한 번 더 점검한다). 행사 전날 밤에는 꼼꼼히 장비를 트럭에 실으면서 하나씩 목록을 지워나간다. 사격 수업을 한다면 화기와 화약, 표적, 청력 보호대, 사격용 안경, 지혈용 거즈(응급 상황을 대비해서), 라디오, 배터리, 휴대용 확성기, 물, 샌드위치, 간식 등을 점검한다. 사소한 요소 하나가 놀라운 경험과 평범한 경험을 가르기 때문이다. 그리고 호텔에 전화해서 비행기를 타고 오는 사람들이 쓸 숙소를 확인한다. 회의실에서 미팅할 예정이라면 조명과 콘센트, 좌석 배치도 체크한다. 이런 작업은 성공으로 가는 가장 간단하면서도 중요한 지름길이다.

하지만 철저한 준비는 또 다른 면에서 가치가 있다. 현재의 경험을 개선해서 미래의 더 큰 성공을 견인하는 쉽고, 돈 한 푼 들지 않는 즉각적인 피드백을 제공하기 때문이다. 현장에서 첩보 요원은 지금까지 밟아온 과정을 세심하게 되짚어본다. 작전 유형에 따라 노트에 기록하거나 라디오로 통신하거나, 수용성 종이(급히 없애야 할 때 물에 쉽게 녹는다)에 비밀을 적기도 한다.

첩보 요원은 항상 작전 과정을 다듬는다. 무엇이 효과가 있었고 어떤 기술을 개선해야 하는지, 어느 전략이 매끄럽게 실행됐고 효과가 좋았는지 주의를 기울인다. 그리고 사후 검토 보고서AAR, After Action Report라는 문서에 모든 정보를 세심하게 작성한다. 사후 검토 보고서는 말 그대로 어떤 프로젝트나 행사가 끝난 다음 작성하는 문서다. 이 문서를 활용하면 제대로 실행된 것과 잘못된 것을 파악해서 다음번에는 더 나은 결과를 낼 수 있다.

예를 들어 부동산 업계에서 일한다면 다른 부동산 업자나 대중에 공개된 오픈 하우스 매물을 많이 보유하고 있을 것이다. 집을 판매하는 능력(궁극적으로 수수료를 벌어들이는 능력)은 이런 오픈 하우스를 매끄럽게 운영하는 데 달려 있다. 열쇠를 깜빡하고 안 가져와서 문을 못 열 때 고객이 어떤 인상을 받을지 상상해보자. 출력해둔 책자가 제때 준비되지 않았다면? 최악의 경우, 오픈 하우스가 시작되기 전에 문을 열었는데 거주자들이 요란한 파티를 벌여

집이 난장판일 수도 있다. 어떤 일이 성공하려면, 안내 책자부터 집이 제대로 정리됐는지 확인하는 절차까지 상세한 체크리스트가 필요하다. 이것이 계약을 체결하고 당신이 일하는 방법에 깊은 인상을 받은 새 고객을 유치할지, 아니면 일을 형편없이 망치고 말지를 결정한다.

사후 검토 보고서 작성하는 법

우리는 행사를 끝낸 뒤 늘 회의를 한다. 다들 모여서 행사 내용을 세부적으로 논의하며 사후 검토 보고서를 면밀히 살펴본다. CIA 요원들도 작전을 끝내면 똑같은 작업을 한다. 절차를 분석하고 세심하게 다듬어서 앞으로 진행할 작전을 매끄럽게 운영하도록 준비하는 것이다. 사후 검토 보고서는 행사를 효과적으로 평가할 수 있는 도구다. 우리는 항상 고객의 경험을 개선하고 효율성을 높이며, 문제의 소지가 있는 일을 사전에 방지할 방법을 물색한다. 다음에 참고할 만한 사후 검토 보고서 사례를 소개한다.

훈련명: 궁극의 스파이 주간

훈련 일자: 2017년 9월 10일~16일

요약/훈련 범위: 일주일 내내 활기가 넘치는 '궁극의 스파이 주간'에서는 참석자들에게 탈출 및 회피, 회피 운전, 흉기 방어, 소총 사용, 권총 사용, 육탄전 등의 기술을 가르친다.

목표: 우리 목표는 모든 참석자가 위협에 직면했을 때 스스로 극복할 수 있는 자신감과 기술을 익히는 것이다.

잠재 위험 요소: 장소를 다른 호텔로 바꿨다. 요청한 대로 좌석 배치가 됐는지 확인해야 한다. 시청각 장비가 제대로 설치되어 작동하는지도 확인한다. 또한 새로운 지역에서 감시 탐지 경로를 실습할 예정이다. 실제 납치 상황으로 오인하지 않도록 해당 지역 관계자들에게 미리 알려야 한다.

참석자: 회사에서 팀원 8명이 참석한다.

1. 제이슨 핸슨	2. 강사 S
3. 강사 X	4. 시청각 관리자
5. 강사 Y	6. 관리자
7. 강사 Q	8. 관리자

평가 1: 강사 및 프레젠테이션

A. 강점

강사 X는 매력이 넘치고 배울 점이 많다. 프레젠테이션은 활기차고 청중 반응도 좋았다.

1. 시각: 명료하게 표현됐다.

2. 스토리텔링: 강렬하고 유익했다.

3. 기술: 잘 실행했고 따라 하기 쉬웠다.

B. 개선점

1. 프레젠테이션에서 위장 기착지를 더 일찍 설명해야 했다.

2. 소품을 좀 더 활용하면 프레젠테이션이 개선될 것이다.

평가 2: 호텔(새 장소)

A. 강점

1. 참석자들을 적절히 맞이했고 제대로 안내했다.

2. 회의실은 요청한 대로 장비가 설치돼 있었다.

3. 시청각 장치도 요청한 대로 잘 작동했다.

B. 개선점

1. 낮은 층이 나았을 것이다: 쉬는 시간에 음식을 먹거나 음료를 마시러 아래층으로 내려갈 때 시간이 너무 많이 걸렸다.

2. 회의실 온도가 일정하지 않았다.

평가 3: 관리자

A. 강점

1. 모든 참석자와 인사를 나눴다. 모두 따뜻하게 맞이했다.

2. 참석자에게 관리상 문제가 생기면 모두 해결했다.

3. 실습하는 동안 참석자들의 사진을 찍었다.

B. 개선점

1. 도착하기 전에 사진 촬영 허가서 양식을 나눠줘야 한다.
2. 사진을 원하는 참석자에게는 이메일로 보내준다.
3. 두 명이 사진을 찍을 수 있게 카메라를 한 대 더 준비한다.
4. 물이 빨리 떨어졌다. 다음 행사에는 생수를 두 박스 더 준비한다.

사후 검토 보고서 분석 방법

일주일짜리 첩보 요원 강좌를 마쳤든 새로운 칼을 설계하고 생산, 판매하는 주요 프로젝트를 마무리했든, 우리는 사후 검토 보고서를 보면서 다시 목표를 점검한다. 이 사후 검토 보고서는 우리 회사의 목적에 맞췄지만, 사업의 특성에 따라 얼마든지 조정할 수 있다. 프로젝트를 요약하고 목표를 재점검함으로써, 최대한 가치 있는 정보를 도출할 수 있게 다음 내용을 포함하여 분석하라.

궁극적인 목표가 무엇이었나?: 우리 목표는 비밀 작전에 사용할 수 있는 고품질 생존용 칼을 설계, 생산하고 마케팅 및 판매하는 것이었다. 이 칼은 가벼워야 하고 시장에 나와 있는 가장 우수한 철강재로 제작해야 한다. 또한 사용

자가 다양한 방식으로 몸에 휴대할 수 있게 부착 가능한 칼집도 제공한다.

목표를 달성했는가?: 여러 디자이너와 상담한 끝에 우리 기준에 맞는 콘셉트를 정했다. 또한 가격 한도 내에서 강하고 가벼운 철강재도 구했다.

그 프로젝트/행사는 어떤 효과가 있었는가?: 좋은 디자이너를 알게 되었다. 디자이너 X는 함께 일하기 편했고 비용도 적당했다. 의사소통도 명확했고 약속은 모두 지켰다. 그는 훌륭한 자산이고, 이 프로젝트에 전념해준 덕분에 우리가 목표를 달성할 수 있었다.

어떤 어려움이 있었나?: 적절한 철강재를 찾아내고, 높은 수요를 맞출 공급원을 확보하는 게 가장 어려웠다. 이 부분은 계속해서 추적하고 관리해야 한다.

어떤 요소를 바꿔야 하는가?: 이 프로젝트는 처음에 예상한 것보다 시간이 오래 걸렸다. 적합한 디자이너와 제작자, 공급자를 찾아야 했기 때문이다. 관련 분야 종사자들과 더 빨리 접촉할 방법을 찾아야 한다.

결론:

- 모든 팀원이 사후 보고서를 읽고 나서 내린 결론을 종합한다.
- 각 조치를 누가 책임질지 상의한다.
- 팀원들에게 의견을 말할 기회를 준다.

- **필요하다면 체크리스트를 적절히 수정한다.**

체크리스트와 사후 분석 보고서를 작성하면, 성가시고 돈이 많이 드는 실수를 피하고 고객 이탈을 방지할 수 있다. 체크리스트를 중시하는 사람은 첩보 요원뿐이 아니다. 의사이자 작가인 아툴 가완디는 체크리스트로 어떻게 생명을 구하는지 상세하게 설명했다. 그는 외과 의사의 관점에서, 세상에는 "무지로 발생하는 오류"와 "무능력으로 발생하는 오류"가 있다고 적었다. 첫 번째 오류는 몰라서 실수하는 바람에 발생하고, 두 번째 오류는 아는 것을 올바르게 사용하지 않기 때문에 발생한다. 아툴 가완디는 대부분 두 번째 유형의 실수 때문에 실패한다고 현명하게 지적했다. 체크리스트와 사후 분석 보고서는 인간이 저지를 수밖에 없는 끊임없는 실수를 방지할 간단한 해법이다. 수많은 외과 의사와 조종사들이 이런 시스템에 의존한다.

이 시스템의 가장 큰 장점은 무엇일까? 나는 행사를 치르기 전날 밤 트럭에 꼼꼼히 물건을 싣고 나서(품목마다 리스트에서 지워가며 제대로 실었는지 확인한다) 마음 놓고 잠자리에 든다. 이 시스템 덕분에 우리 팀이 성공적으로 행사를 치르는 데 필요한 모든 준비가 완벽하다는 것을 100퍼센트 확신하기 때문이다.

첩보 요원에 대한 오해

"첩보 요원은 실제로 트렌치코트를 입지 않는다."

땡! 첩보 요원이 온몸을 가리는 트렌치코트를 입은 모습을 보면 영 어색해 보인다. 영화에서 첩보 요원은 항상 쫓거나 쫓기기 마련인데 트렌치코트는 거추장스러울 것 같다. 하지만 사실 고전적인 트렌치코트는 첩보 업무에 필요한 도구를 휴대하기에 안성맞춤인 옷이다. 앞서 언급했듯이 첩보 요원만큼 철저히 준비하는 사람은 거의 없다. 요원이 입은 트렌치코트는 화기와 칼, 탄약, 손전등, 전화기, 라디오, 기밀 보관 용기 등을 챙겨 넣은 특별 창고일 가능성이 높다. 위험 수준에 따라 일급 기밀을 안전하게 옮길 수 있는 은밀한 공간을 추가했을지도 모른다.

사후 검토 보고서 템플릿

행사/ 프로젝트명: ____________________

일자: ____________________

이벤트/ 프로젝트 요약 및 범위: ______________________

____

목표: ______________________________________

____

____

잠재 위험 요소: ____________________________

____

참석자: ____________________________________

평가 1: ____________________________________

A. 강점

1. ______________________________________
2. ______________________________________
3. ______________________________________

B. 개선점

1. ______________________________________
2. ______________________________________
3. ______________________________________

평가 2: ______________________

A. 강점

1. ______________________
2. ______________________
3. ______________________

B. 개선점

1. ______________________
2. ______________________
3. ______________________

평가 3: ______________________

A. 강점

1. ______________________
2. ______________________
3. ______________________

B. 개선점

1. ______________________
2. ______________________
3. ______________________

10장

한계를 뛰어넘는 '끝없는 배움'

AGENT OF INFLUENCE

저명한 촬영감독이며 〈인 콜드 블러드In Cold Blood〉, 〈폭력 탈옥Cool Hand Luke〉, 〈내일을 향해 쏴라Butch Cassidy and the Sundance Kid〉를 비롯해 수많은 고전 영화를 촬영한 콘래드 홀Conrad Hall은 배움의 힘을 굳게 믿었다. 그는 장인의 경지에 올랐고 당대 일류 영화배우 및 감독과 일하면서도, 항상 배울 게 많다고 생각했다. 콘래드 홀은 이렇게 말했다. "나는 늘 학생일 뿐 달인이 아니다. 계속 정진해야 한다." 이런 정서는 첩보 세계와 잘 맞는다.

나는 사업을 할 때도 꾸준히 개방적이고 유연한 태도를 유지했다. CIA 훈련이란 수많은 달인에게 한 수 배우는 일이라는 생각이 든다. 자부심을 지니고 신중하게, 그리고 탁월하게 수련해온 재능 있는 사람들에게 첩보 기술을 배울 수 있다는 건 정말 운 좋은 일이었다. 그들 역시 유능한 전문가들에게 가르침을 받았다. 역사는 계속 이런 식으로 반복된다.

이 학습 사슬에 위치한 사람들은 모두 상당한 자의식을 지니고 있다(첩보 작전을 수행하거나, 규모를 막론하고 사업을 운영하려면 높은 자의식이 필요하다). 사업가는 자신 있는 인상을 풍기고 리더 역할을 할 수 있어야 한다. 의사결정은 신속하게 하고 일이 잘못됐을 때는 책임을 져야 한다. 그러나 한 가지가 더 있다. 나는 물론이고, 영광스럽게도 내게 배움의 기회를 허락해준 스승들은 모두 한 가지에 동의할 것이다. '배움을 멈추면 안 된다'는 것이다. 첩보 세계에서는 스스로 '일인자'라고 자만하는 순간, 본인은 물론 동료들까지 위험에 노출된다.

'농장'에서 신입 요원들을 가르쳤고 많은 이들에게 존경받는 한 동료가 이렇게 말했다. "신입 요원에게 가장 훌륭한 자질은 비판을 받아들이는 능력입니다. 중요한 건 개인이 아니라 임무, 즉 임무에 따르는 결과입니다. 현장에 나가면 늘 정보를 모아야 하죠. 우리가 정보를 모으는 건 그 지식이 목숨을 구할 거라고 믿기 때문입니다. 스스로 전부 다 안다고 생각하는 순간 그 사람은 끝인 거죠."

사업도 마찬가지다. 사업가는 자신감을 가지고 조직을 이끌어야 하고 어려운 결정을 해야 한다. 어떤 위험을 감수할지 결정하고 무엇인가 잘못됐을 때는 재빨리 알아차려야 한다. 그 모든 건 당신에게 달려 있다. 다른 사람의 지혜를 받아들이지 않고, 마음을 열어 다른 재능 있는 사람들에게 새로운 기술을 배우지 않으면 회사가 성취할 수 있는 수준에 한계를 지우게 된다. 나는 자신은 물론이고 팀원들이 항상 배우는 자세를 유지하도록 다음과 같은 원칙을 권장한다.

잘 듣는다: 첩보 요원은 남의 말을 정말 잘 들어준다. 이건 사업가가 첩보 요원으로부터 배워야 할 가장 큰 교훈이다. 남의 말을 들으면 배울 수 있다. 평소 궁금했던 회사나 판매하고 싶은 제품, 만나고 싶은 사람에 관해 상대로부터 언제 어떤 정보가 나올지 모른다. 말하기보다는 듣기를 우선시해야 한다.

비판을 열린 마음으로 받아들인다: 누구에게나 각자의 고유한 재능이 있다. 다른 강점과 경험, 배경을 지닌 사람들에게 배울 수 있다는 건 영광스러운 일이다.

흔쾌히 자신을 바꾼다: 많은 이가 스스로 바뀌기보다는 사업 원칙이나 작업 공정을 바꾸는 쪽을 선호할 것이다. 첩보 요원이 주변과 어우러지거나 자신을 희생하지 않으면 살해당하기 쉽다. 사업도 마찬가지다. 가끔 주위를 돌아보면서, 바뀌어야 할 것은 우리 판매 팀이나 마케팅 부서, 직원이 아니라 바로 나라는 점을 인정해야 한다. 만사가 우리가 원하는 대로 돌아가지는 않으며, 때로는 그런 상황에 적응하는 게 최선이다. 첩보 요원은 새로운 자산을 설득하거나 가짜 신분을 만들어낼 때 한 번 썼던 방식을 절대로 똑같이 쓰지 않는다. 첩보 세계를 본받아서 습관적으로 새로운 기술을 수용하고 다른 관점을 탐색하며 유연해지자.

위험과 실패는 종이 한 장 차이다

스스로 한계가 있다고 인정하는 건 쉬운 일이다. 하지만 CIA 요원은 개인적인 한계를 존중하면서도, 그 이상을 달성하고 더 잘할 때까지 밀어붙이라고 배운다. 물론 첩보 요원이 슈퍼맨은 아니다. 자기가 슈퍼맨이라고 생각하는 사람은 실패할 가능성이 높다. 영화 〈미션 임파서블〉에서 톰 크루즈가 연기한 이선 헌트Ethan Hunt는 '임파서블 미션 포스' 팀(절묘한 명칭이다) 소속이며, 맨손으로 암벽을 등반하거나 공중에서 비행기에 매달리는 등 못 하는 게 없다. 내가 아는 첩보 요원 중에는 칼싸움을 피하려고 한밤중에 강에 뛰어들어 목숨을 건지기는 했지만, 물속에서 6분이나 숨을 참을 수 있다(이선 헌트가 그랬다)고 착각하는 사람은 없었다.

첩보 세계는 물론 비즈니스 세계에서도, 위험을 감수하는 것과 도를 넘고 실패하는 것의 미세한 차이는 자아의 크기에 달려 있다. 나는 자아가 너무 강해서 거래를 망치는 사람을 몇 번이나 목격했다. 부적절하거나 불가능한 제안을 거절하는 건 다른 문제지만, 아집에 빠져 비합리적인 관점으로 상황을 판단하고 거래를 거부하는 건 끔찍한 실수다. 사명을 건설적인 방향으로 나아가게 하려면, 독이 되는 자아를 키우거나 그런 자아를 지닌 사람과 일하는 걸 피해야 한다. 다음 내용을 항상 염두에 두자.

부정적인 피드백을 분석한다

만족을 모르는 고객과 일한 경험은 누구나 있을 것이다. 요즘에는 인터넷 덕분에 누구든지 제품이나 서비스에 대해 부정적인 의견을 쉽게 남길 수 있다. 무슨 사업을 하든 상당히 골치 아픈 일이다. 하지만 건전한 비판까지 묵살하고 있다면 다시 생각해야 한다. 제품이나 직원 성과, 고객 서비스에 대한 피드백은 늘 귀 기울일 가치가 있다. 피드백을 한 사람이 새로 들어온 직원이건 몇십 년을 일한 부사장이건 신규 고객이건, 누구든 마찬가지다.

모든 걸 통제하는 건 불가능하다

자발적인 행동 능력은 첩보 요원의 핵심 역량이다. CIA가 매일 모든 직원을 점검할 수는 없다. 그랬다가는 아무 일도 못 할 것이다. CIA는 소속 요원을 제대로 훈련하며, 어떤 성격이 활동에 잘 맞는지 낱낱이 파악하고 있다. 그다음에는 요원이 알아서 일하게 모든 걸 맡긴다. 사업에서도 직원들이 자기 일을 해낼 능력이 있다는 걸 인정하고 일할 공간과 권한을 줘야 그들이 성공할 수 있다.

당신에게 동의하는 사람하고만 일할 수는 없다

CIA는 파트너를 신중하게 맺어준다. 요원들은 저마다 상대의 기술과 능력을 향상해야 하며, 그렇게 해야 임무를 성공적으로 완수하고 살아남을 수 있다. 두 파트너가 적대적인 지역에서 모든 조치와 의사결정에 서로 순조롭게 동의한다고 생각해보자. 언뜻 멋지다는 생각이 들 것이다. 하지만 완벽히 동의한다는 건 담론이 오가지 않는다는 뜻이다. 그러면 건전한 토론이 사라진다. 대낮에 외국 정부의 건물을 오르는 것이나, 사업을 지나치게 확장하고 창고를 두 채나 계약하는 게 어디가 잘못됐는지 논의하지 않는 셈이다. 아무도 당신의 의견에 이의를 제기하지 않는다면, 당신의 독이 되는 자아 탓일 가능성이 높다.

도달 가능한 목표를 세운다

분석가가 요원에게 요건을 전달하고 나면 이를 실행하는 것은 첩보 요원의 몫이다. 수천 명의 목숨이 위험해질 수도 있으므로, 첩보 업무에서는 '달성 가능한' 일이 무엇인지 모두가 납득해야 한다. 물론 우리는 아무리 힘들어도 밀어붙이고, 위험을 감수하라고 배운다. 하지만 작전 전체를 망칠 정도로 강행하지는 않는다. 나는 높은 목표를 중요하게 생각하고 사업가로서 나에 대한 목표도 높게 잡는다. 하지만 오만과 자아 때문에 터무니없는 목표를 잡을 때가 있다는 걸 잘 알고 있다. 첩보 세계든 비즈니스 세계든, 지나치게 높이 날다가는 심각한 결과를 초래할 수 있다.

나는 운이 좋았다. 나를 가르친 사람들이 귀한 재주와 경험, 지혜를 성심성의껏 전수해줬기 때문이다. 하지만 내가 받은 건 그것뿐이 아니다. 그들은 항상 배우려는 자세와 건전한 자아를 유지하는 게 얼마나 중요한지도 보여줬다. 마음을 열고 남의 말에 귀를 기울이며 늘 배우지 않았다면 나는 성공하지 못했을 것이다. 나는 함께 일하는 사람들의 경험과 전문성을 신뢰했다. 그들은 자기 분야에서 어떻게 일해야 하는지 보여줬고, 내가 새로운 목표를 달성할 수 있게 도와줬다. 우리가 모든 걸 알 수는 없으므로 우리에겐 도와줄 사람이 필요하다. 그러나 이렇게 생각하는 상황이 별로 없다면 내 노력이 모자라다는 뜻이다. 나는 이런 사실을 몸으로 배웠다. 낯선 강에 몸을 던질 상황이라면 도움을 청하라. 그 결과 회사가 어떻게 성장하는지 지켜보자.

첩보 요원에 대한 오해

"몇 살이든 상관없이 CIA에서 일을 시작할 수 있다."

딩동댕! CIA 요원이 되고 싶다고 해서 졸업하자마자 곧바로 CIA에 지원해야 하는 것은 아니다. CIA에는 다른 분야에서 오랫동안 일하면서 성공을 이룬 사람이 많다. 동료들 중에도 많은 이가 CIA 요원이 되기 전에 다양한 직업을 가졌었다. 법 집행관도 CIA 이전 직장으로 흔한 직종이다. 궁극적으로 CIA는 무척 다양한 배경과 기술을 지닌 지원자들을 모집하며, 꼭 대학 졸업생으로 제한하지는 않는다. CIA에서 대학 학위를 요구하기는 하지만 경영학에서 국제 관계학, 경제학, 금융학, 화학 공학에 이르기까지 여러 분야의 전공자들을 찾고 있다. 본부에 모인 사람들은 놀라울 만큼 각양각색이다. 나라를 보호하려면 다양한 능력과 배경, 성격, 그리고 인생 경험을 지닌 사람들이 필요하기 때문이다.

11장

위기를 피해가는 '상황 인식'과 'X 탈출'

AGENT OF INFLUENCE

살다 보면 단순한 개념일수록 그 위력이 상상 이상으로 강력할 때가 있다. 무엇보다 CIA 훈련에 꼭 들어맞는 말이다. 사람들은 자주 이렇게 묻는다. "훈련하는 동안 얻은 가장 가치 있는 교훈은 뭐였어요?" 내가 호신술에 조예가 깊고, 누가 공격하든 나를 지킬 수 있다고 자신하는 건 사실이다(그럼에도 물리적 충돌은 되도록 피하라고 배웠다). 그리고 제임스 본드 못지않은 재주도 있다. 아무도 모르게 사람을 미행하는 기술이다.

하지만 내가 얻은 가장 귀한 교훈은 그런 화려한 기술이 아니다. 전혀 신나지도 않고, 제임스 본드나 제이슨 본 영화에 나올 일도 없다. 하지만 이 원칙을 따르지 않으면 긴급한 상황에서 살해당하거나 사업에 실패할 수도 있다. 우리는 CIA 훈련 초반에 2가지 핵심 개념을 배웠다. 그리고 이 2가지가 내 인생을 바꿨다.

'상황 인식'은 안전을 보장하는 가장 중요한 방법이다

내가 누구에게나 확실히 가르칠 수 있는 기술이 한 가지 있다면 바로 '상황 인식'이다. 생존 뉴스레터에서도 이 내용을 언급한 적이 있다.

상황 인식은 정신을 바짝 차리고 집중해서 전략적으로 세상을 헤쳐나가는 방식이다. 얼마나 쉬운 얘기인가? 그런데 혹시 당신은 걸으면서 휴대폰을 들여다보거나 문자를 보내는가? 운전 중에 전화를 하거나 지하철 안에서 게임을 즐기는가? 이렇게 항상 안대로 눈을 가리고 다니는 것과 다름없는 상태로 당신이 사는 도시와 동네를 돌아다닌다면, 당신에게 상황 인식이 그렇게 쉬운 일은 아닐 것이다.

CIA 요원은 주변 환경을 면밀히 의식하고, 일반 시민은 그냥 흘려보낸다는 점에서 큰 차이가 있다. 요원은 헤드폰을 끼고 좋아하는 음악을 들으며 거리의 소음을 완벽히 차단하지 않는다. 공동체에 울리는 소리와 신호는 첩보 요원에게 현재 이곳은 안전하다는 단서이거나, 혹은 정반대의 단서로 작용한다. 뉴스를 보다가 사고 목격자가 이렇게 말하는 걸 들은 적 있는가? "차가 난데없이 튀어나왔어요!" 하지만 모든 일에는 분명 전조 증상이라는 것이 있게 마련이다. 그러므로 첩보 요원은 끊임없이 주변 상황을 평가해서 실제로 사고가 발생했을 때 곧바로 기민하게 대응한다.

사건이 발생하면 즉시 'X 탈출'하라

훈련 때 우리가 배운 또 다른 개념은 'X 탈출'이다. X는 핫 존, 즉 무엇인가 위험하고 치명적인 일이 벌어질 수 있는 장소를 의미한다. 총기 난사나 자연재해 같은 위기 상황에서 자신을 구할 방법은 그 장소를 떠나는 것이다. 그것도 즉시 이동해야 한다. 혹시 이렇게 생각하는가? '당연하지, 응급 상황에서는 나도 그렇게 할 거야.' 하지만 위급 상황에서는 인간의 본성이 당신의 이성에 저항한다는 사실을 알아주기 바란다. 그것도 아주 격렬하게.

생명이 위협받는 상황에서 사람들은 곧잘 얼어붙곤 한다. 나는 내 첫 책《목숨을 건질 수 있는 스파이 비밀Spy Secrets That Can Save Your Life》에서, 비행기 재난을 당했을 때 가장 위험한 건 충돌이 아니라 불이라는 얘기를 했다. 나는 한 여성이 남편과 함께 끔찍한 비행기 화재에서 살아남은 사건을 소개했다. 두 사람이 살아남은 이유는 죽기 살기로 굳어버린 몸을 움직여 현장을 떠났기 때문이다. 큰 위험이 발생했을 때 본능적으로 몸이 얼어붙는 반응은 무척 강하며, 이를 극복하는 건 생각보다 어려운 일이다.

사업에 도움이 된
적극적 상황 인식과 X 탈출

사업을 시작하는 사람들이 흔히 그렇듯 나도 수백 가지는 될 듯한 선택과 맞닥뜨렸다. 브랜드 작업, 컴퓨터 장비, 소프트웨어, 소모품, 배송 서비스, 직원을 고용할지 말지, 누구를 고용할지… 할 일은 끝이 없었다. 부담스러울 정도로 일이 많아서 세부 사항을 빠뜨리기 쉬운 상황이었다. 역사상 유례없이 긴 할 일 목록을 조금씩 지워가는 동안 세상은 평소와 다름없이 돌아갔다. 다른 회사가 세워지고 생존과 보안 콘퍼런스가 개최되고, 사람들은 매일같이 새로운 사이버 보안 위협과 신용 사기 문제에 시달렸다.

나는 CIA에서 근무한 첫날부터 상황 인식에 관해 배웠다. 무기나 호신술보다 내 목숨을 구할 확률이 높은 건 바로 그 개념이었다. 이제 스스로 수입을 책임져야 하는 만큼 생존과 호신 분야에서 무슨 일이 일어나는지 모르면 안 되는 상황이었다. 당연한 사실 같겠지만 모든 사업가는 경쟁에 대해 감을 유지해야 한다. 하지만 상황 인식이란 과민하게 의식하라는 뜻이 아니다. 특정한 요소를 인식하는 데 달인이 되라는 의미다. 첩보 세계에서는 이를 '코드 옐로Code yellow'라고 한다. 코드 옐로는 무슨 일이 벌어지는지 인식해야 하지만 일에 지장이 있을 정도로 모든 걸 지나치게 분석하지는 말라는 뜻이다(코드 오렌지는 민감하게 인식해야 하는 수준이며, 그에 해당하는 시간과 장소가 따로 있다). 코드 옐로 상태로 사업을 운영하면 정말 알아야 할 것에만 집중하고, 너무 많은 정보로 꼼짝도 못 하는 사태를 피할 수 있다.

X 탈출 역시 내가 뼈저리게 이해하는 원칙이다. 누군가 날카로운 칼을 들고 뛰어올 때 표적이 되지 않으려면 그 자리를 벗어나는 수밖에 없다. 수많은 서류와 노트에 둘러싸인 채 책상 앞에 앉아 있을 때, 문득 까딱하면 X를 탈출할 수 없겠다는 생각이 들었다. 통제 불능이 된 서류와 할 일 목록, 각종 서식, 파일 따위는 바로 나를 쓰러뜨릴 존재였다. 그때 X 탈출은 정보 과다로 인한 분석 마비analysis paralysis에 빠지는 상태를 벗어나는 걸 의미했다. 요즘처럼 정보를 얻기 쉬운 시대에는 분석 마비에 빠지기 십상이다. 지나치게 많은 정보를 손아귀에 쥐고 있으면 조사와 리뷰, 기사와 논문 등 각종 자료의 소용돌이에서 허우적거리기 마련이다. 나는 CIA 훈련에서 배운 전술을 활용해 절차를 간소화하고 전진했으며, 군더더기 없이 성공적으로 회사를 경영할 수 있었다. 적극적 인식 능력을 훈련하면 집중해서 사건을 예상하고, 팀원들과 소통하는 데 도움이 될 것이다. 초보자들이 적극적 인식 능력을 훈련할 때 쓸 만한 쉬운 방법을 소개한다.

단기 프로젝트와 장기 프로젝트를 분리하라

나는 늘 정보 과다로 인한 분석 마비를 피하려고 노력한다. 특별히 심사숙고하고 계획해야 하는 결정도 있겠지만, 사업가들은 의사 결정 과정에 묶여 교착 상태에 빠지기 쉽다. 계속 언급했지만, 첩보 세계에서는 X에서 벗어나지 못하면 목숨을 잃는다. 그럴 때는 무조건 빠져나와야 한다. 사업에서 결정을 내리고 실행하는 것도 마찬가지다. 우리 회사는 즉각 조치가 필요한 단기 프로젝트는 장기 프로젝트에서 분리한다. 그런 프로젝트는 되도록 24시간 이내에 결정한다. 예를 들어 새 뉴스레터 디자인, 칼럼 아이디어, 비행기로 훈련을 받으러 오는 개인 고객을 위한 교통수단 예약 등이다. 장기 프로젝트에는 새로운 배송 절차, 웹 세미나 아이디어, 새 책 콘셉트 등이 있다.

의사 결정 과정에 짓눌리는 느낌이 드는 순간은 당신만이 알 수 있다. 빨리 결정해서 처리할 수 있는 업무와 좀 더 집중해야 할 항목을 결정하라. 즉각 조치가 필요한 프로젝트는 소요 시간을 미리 정하는 게 좋다. 현명한 결정을 내릴 만큼 충분히 시간을 할당하되, 분석에 얽매여 궁극적으로 더 큰 문제가 생길 정도로 오래 끌면 안 된다. 이렇게 간단히 의사 결정 방식을 구분하기만 해도, 얼마나 일이 빨라지고 삶이 편해지며 스트레스가 줄어드는지 경험할 것이다. 다음 2가지 사항을 고려하면 좀 더 합리적으로 의사 결정을 할 수 있다.

당신이 기본으로 찾는 사람/자료는 무엇인가?

경쟁사 동향이나 산업 동향을 파악하는 건 대단히 중요하지만, 감을 잃지 않으려고 모든 것을 예의 주시할 필요는 없다. 평가해야 할 초점 기반을 만들고 거기에만 집중하자. 가장 가치 있고 유용한 정보를 제공하는 행사와 회사, 이해관계자, 출판물을 선택해서 꾸준히 지켜보면 된다. 첩보 요원은 동네를 돌아다니면서 30명이 넘는 사람들에게 무슨 일이 있었냐고 묻지 않는다. 가장 유용한 정보원을 정하고 거기서 얻을 수 있는 정보를 최대화하는 게 훨씬 합리적이다.

사업의 기준선을 인지한다

사업의 기준선은 꼭 파악하고 있어야 한다. 기준 항목은 월수입, 지출 비용, 특정 프로젝트에 들어오는 주문량, 직원이 진행하는 업무가 완료되는 시점 등이 포함된다. 대기업에서는 소프트웨어로 모든 요소를 추적한다. 또한 분석 업무를 전담하는 직원을 배치해 사내에서 벌어지는 일을 예의 주시한다. 사업의 기준선을 파악하는 것이 바로 이런 기능을 한다. 비용이 통제 불능인가? 그러면 공급자를 바꾸거나, 비용에 관해 담당 직원과 상의해야 한다. 나처럼 소규모 회사를 운영한다면 기준선을 인식해서 잠재적 문제가 실제 문제로 불거지기 전에 예방할 수 있다.

첩보 요언에 대한 오해

"선택된 소수만이 정부 기밀에 접근할 수 있다."

땡! 이 책에서 '요원'이라고 하면 모두 한 가지 부류(영화 속 007 요원 같은)에 속한다고 생각할 것이다. 하지만 그건 사실과는 거리가 멀다. 첩보 세계에도 하위 분야가 많고, 비밀 정보 사용 허가security clearance에는 더 많은 분야가 존재한다. 미국에서는 500만 명이 넘는 사람이 비밀 정보 사용 권한이 있고 민감한 정보에 접근할 수 있다. 약 150만 명은 '일급 기밀'에 접근할 수 있는 권한이 있다. '일급 기밀'이라고 하면 국가에서 가장 중요한 비밀이 모두 포함된 것 같겠지만, 사실 '일급 기밀' 외에도 다양한 레벨의 보안 수준이 존재한다. 어떤 정보는 보안 수준이 너무 높아서 명칭조차 언급할 수 없다. 농담이 아니다.

12장

'더하기'보다 '빼기'에 집중하라

AGENT OF INFLUENCE

"쌓아놓지 말고 없애라. 매일 늘릴 게 아니라 매일 줄여야 한다. 수련의 절정은 항상 단순함으로 이어진다."

— 이소룡

나는 회사를 시작하면서 지역 상공 회의소에 가입했고(인맥을 쌓으려는 게 아니라 유료 강연 기회를 만들러 갔다), 돈을 내고 '산업 리더' 모임 두 군데에 가입했다(비싸지만 그럴 가치가 있었다). 이런 행사에서 쌓은 인맥 덕분에 가입비 이상의 돈을 벌었지만, 특히 한 가지 조언이 유용했다. '성장할수록 비용을 주시하고 간접비를 조심하라.' 이 말을 몇 번이나 들었지만 완전히 공감하기까지는 시간이 좀 걸렸다.

사업가들은 보통 '사업가 생애 주기'를 따르는 경우가 많다. 처음 사업을 시작할 때는 거의 모든 것을 쏟아붓기 마련이다. 자금 조달을 위해 자기 돈을 쓰고 (돈이 있는지 확실치도 않으면서) '쉴 새

없이' 일한다. 사업이 확장되면 직원 한두 명을 고용해서 업무 부담을 줄인다. 이제 사공이 더 들어왔으니 제대로 시작할 수 있을 것만 같다. 주문이 쏟아져 들어오고 전화벨이 계속 울린다. 고객 기반이 성장한다. 한두 명에 불과하던 직원은 어느새 10명도 넘게 늘었고 사무실도 넓어졌다.

이런 모든 요소가 회사의 생존에 필수인 것 같겠지만, 비용이 문제다. 사업이 나날이 번창하고 돈이 들어올수록 골칫거리가 생긴다. 이런 골칫거리가 점점 커진다는 건 사업가 생애 주기상 일이 정말 고달파지는 시점에 도달했다는 뜻이다. 직원, 사무실, 자원 등 모든 게 주요 간접비에 해당한다. 정신을 차리고 보니, 지금껏 증가해온 규모를 감당하겠다고 여기서 규모를 더 키우려는 자신을 발견한다(이것이 모순이다). 그 와중에 또 다른 고민거리가 생긴다. 이제 고객을 찾거나 새 제품을 생산할 방법을 걱정하는 게 아니라, 직원 복지나 창고 수리 때문에 스트레스를 받는다. 이는 지금껏 꿈꿨던 삶이 아니다. 당신이 원하는 건 골칫거리나 문제가 아니라 안정적인 수입이다.

나는 지금 이 책을 집에 있는 사무실에서 쓰고 있다. 출근하는데 드는 시간은 약 10초다. TV에 출연하거나 콘퍼런스에서 강연을 하지 않는 이상 정장을 입거나 넥타이를 매지 않는다. 아내와 아이들은 위층에 있다. 행복한 삶이다. 안전과 생존 장비, 책, 온라인 강좌 등 내가 굳은 신념을 가지고 하는 일로 수백만 달러를 벌었다. 하지만 무엇보다 좋은 건 이 모든 일을 최대한 스트레스 없이 효율적으로 할 수 있는 비결을 알아냈다는 점이다. 나는 회사가 어떻게 운영되는지 조사했고 실제로 매달 운영비 4만 달러를 절약했다.

우리 회사의 생애 주기가 진행되면서 나는 직원을 고용하고 제품을 배송할 창고를 임대했을 뿐 아니라 사무실 건물까지 매입했다. 곧 운영비가 불필요하게 많이 나갔다. 사업이 성장하면서 직원도 많아졌다. 대부분 훌륭한 인재였지만 기대에 못 미치는 몇 명은 내보내야 했다. 나는 새로운 제품이나 TV에 출연해 홍보할 아이디어를 내는 대신, 직원 급여나 사무실 수리에 열을 올렸다. 대부분 그리 대단한 업무는 아니었지만 회사는 점차 짓눌려가고 있었다. 첩보 요원이 현장에 나갈 때는 고성능 망원경이든 평범한 미니밴으로 위장한 무장 차량이든 임무 달성에 필요한 건 다 갖춰야 한다. 물, 성냥, 탄약 등 특정 물품은 충분히 비축한다. 하지만 그 밖의 모든 것은 짐이다. 이런 품목은 휴대하거나 잃어버리지 않게 조심하거나, 도망칠 때 버려두고 간다. 첩보 요원은 여분을 줄이고 가장 중요한 필수품만 챙긴다.

나는 왜 회사에서는 그 반대로 행동한 걸까? 이후 나는 '실제로' 필요한 게 무엇인지 결정하고 나머지는 대폭 줄여야 한다는 사실을 깨달았다. 그리고 임무(회사를 성공적이고 수익성 있게 운영하는 것)를 최대한 완수하기 위해 다음 요소를 고려해서 할 일을 선택했다.

조직의 핵심 팀원은 누구인가?: 우리 회사에는 조직의 중추 역할을 하는 팀이 있다. 고객 서비스 팀과 마케팅 팀, IT 괴짜들이다. 나는 그들의 노고에 항상 감사하며, 그들이 조직의 핵심이라는 것을 자주 겉으로 표현한다.

프리랜서 인맥을 어떻게 활용할 것인가?: 기술 시대가 놀라운 건 숙련된 인력(카피라이터부터 포장, 배송 인력까지)을 클릭 한두 번이면 조달할 수 있다는 데 있다. 나는 프로젝트에 외주 계약을 도입했다. 이렇게 해서 비용도 절감했고 재능 있는 멋진 프리랜서들과 인맥도 쌓았다. 이미 프리랜서를 활용하고 있지만 업무 강도가 증가하거나, 특정 분야의 전문가가 필요하다면 추가로 프리랜서를 활용해서 회사 수준을 한층 끌어올릴 수 있다.

진짜 필요한 기반이 무엇인가?: 사무실 건물을 팔아버리자 내 삶은 모든 면에서 훨씬 편해졌다. 주문이 들어오면 모두 물류 센터에서 처리한다. 더는 창고 때문에 골치 아플 일이 사라졌다. 행사나 회의 때문에 회의실이 필요하면 얼마든지 그때그때 빌릴 수 있다.

결국 모든 것을 고려했을 때 매월 4만 달러에 달하는 비용을 절감했다. 돈만 절약한 게 아니라 시간도 절약했고 삶의 질도 높아졌다. 사업을 운영할 때는 '정말' 필요한 게 무엇인지 생각해야 한다. 모든 업무를 혼자 떠안으라는 게 아니다. 조직을 매끄럽게 운영하고 수익을 내려면 꼭 필요한 게 뭔지 솔직하게 생각해보라는 뜻이다. 꼭 필요한 추가 물품(요소)과 짐이 어떻게 다른지 파악하기가 어려울 수는 있다. 내 사업에서 이 요소가 정말 핵심인가, 아니면 덕분에 내 삶이 편해진다고 믿을 뿐인가? 나는 이 장을 시작할 때 삽입했던 이소룡의 명언을 책상에 붙여놓고, 항상 적을수록 좋다는 진리를 떠올린다. 적다는 건 비용과 골칫거리가 줄어든다는 뜻도 있지만, 내게 가장 중요한 사람들과 더 많은 시간을 보낼 수 있다는 뜻도 된다. 알다시피 그 사람들은 바로 위층에 있다.

PART 4

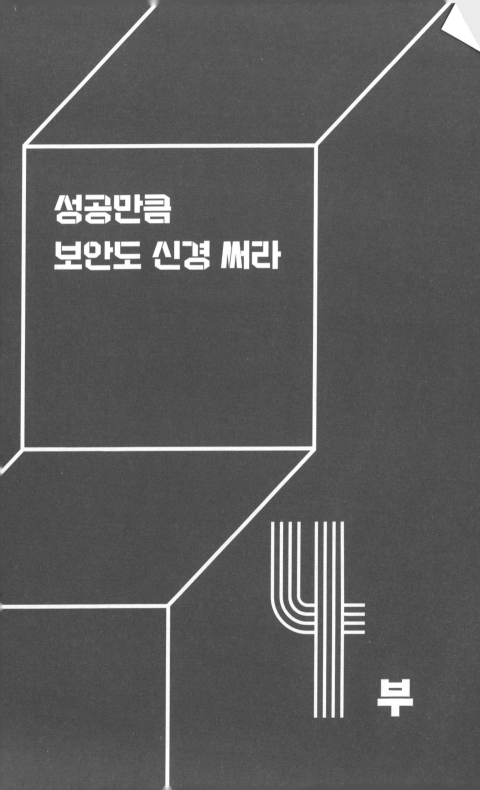

성공만큼 보안도 신경 써라

4부

첩보 요원이 거짓말을 탐지하고 보안을 유지하는 법

안전과 보안은 내 삶에서 가장 큰 관심사다. 나는 오늘날 평범한 시민을 가장 위협하는 존재가 무엇인지 최신 정보를 놓치지 않으려고 노력한다. 두려워하면서 사는 것을 원치 않기 때문이다. 그리고 나와 다른 사람들이 정보와 지식, 기술로 무장해 당당하게 살아야 한다고 생각한다. 당신이 나와 비슷한 성향이라면 열심히 일해서 밑바닥부터 회사를 일구었을 것이다. 자유를 소중하게 생각하고 자기 경력을 스스로 주관했으리라. 나는 당신의 가장 중요한 자산, 즉 회사를 보호하는 일을 돕고 싶다.

그러려면 믿을 수 있는 사람과 피해야 할 사람의 차이를 꼭 구분해야 한다. 또한 기술 발전으로 멋진 자유를 누리게 됐지만(여행 중에도 아무 때나 집에 연락을 할 수 있고, 잠옷을 입은 채로 이메일에 답변을 할 수도 있으며, 해변에서 일광욕을 즐기며 문자 메시지를 보낼 수도 있다) 이 자유의 이면에는 크고 작은 위험이 존재한다. TV 뉴스를 틀 때마다 데이터가 유출됐거나 신용 사기가 발생했다는 소식이 들린다. 오늘날 어떤 회사를 운영하든 기술은 떼놓고 생각할 수 없는 핵심 요소다. 이 기술을 올바르게(그리고 안전하게) 사용하면 자주 가는 카페에서 보안 침해 걱정 없이 계속 즐겁게 일할 수 있다.

13장

회사를 정직한 사람들로 채우는 법

AGENT OF INFLUENCE

신문이나 저녁 뉴스를 보다 보면, 육아 도우미가 아이를 돌보면서 학대했거나 소규모 회사의 회계사가 수십만 달러를 횡령했다는 소식이 심심치 않게 들려온다. 상점 직원이 물건 수천 달러어치를 훔쳤다는 소식도 있다. 이처럼 나쁜 뉴스가 많지만, 나는 99퍼센트의 사람들이 선하고 품위 있으며 정직하다고 생각한다. 그리고 그런 사람들과 일하고 싶다.

다행히 내겐 정직하고 성실한 사람을 고용하는 기술이 있다. 첩보 요원 스스로가 살아 있는 인간 거짓말 탐지기라는 건 그리 놀라운 일이 아니다. 물론 이 분야를 평생 연구하면서 능력을 키워온 전문가들이 따로 있겠지만, 거짓에 대한 기본 개념만 알면 전문가가 아니라도 도둑이나 부정직한 사람을 고용할 일은 없다. 반대로 구직자는 누군가를 속일 때 발생하는 신호를 파악해서 속임수를 피하는 법을 배우면 빨리 좋은 일자리를 찾고 끈끈한 인맥을 쌓을 수 있다.

다음은 내가 팀을 구축하고 누구와 함께 일할지 정할 때 지키는 원칙이다.

원칙 1: 어려운 질문에 대한 반응을 본다

인터뷰하는 동안 지원자의 경험과 경력에 대해 깊이 있는 대화를 나눈다. 대화는 매끄럽게 진행되고 모든 부분이 잘 맞는 것 같다. '이 사람을 정말 믿어도 되는지' 이 한 가지만 빼고. 이건 대체 어떻게 판단할까?

겉으로 괜찮아 보이는 사람이라도 이 질문 하나만 던지면 곧 고용해선 안 된다는 사실이 드러날 때가 있다. 참고로 이 질문을 던진 다음 5초 안에 나타나는 반응이 중요하다. 왜냐고? 간단하다. 인간은 거짓말에 서툴기 때문이다. 나는 팀원으로 데려올 사람들에게 늘 이 같은 질문을 한다.

"마지막으로 무엇인가 훔쳤던 경험을 말해주세요."

질문을 이렇게 표현한 데는 의도가 있다. "무엇인가 훔친 적이 있나요?"가 아니라 "마지막으로 무엇인가 훔쳤던 경험을 말해주세요"라고 했다. 정부에서도 신입 공무원 채용 면접에서 이런 식의 질문을 한다. "마지막으로 마약을 했던 경험을 말해주세요." 그들은 누구나 대학 시절 마리화나를 피우는 등 어리석은 행동을 해봤을 거라고 가정한다. 그리고 그 가정을 포함해 질문하고 면접 대상자가 그 문제를 직접적으로 고민하게 만든다.

대답만큼이나 반응도 중요하다. 사람들은 대부분 질문에 곧바로 대답해 정직함과 진실성을 보여준다. 보통 각양각색의 대답이 나온다. "10살 때 마트에서 초코바를 훔쳤어요." "초등학교에 다닐 때 도서관에서 책을 배낭에 넣고 그대로 나온 적이 있어요." 누구나 살면서 한 번은 물건을 훔친 적이 있을 것이다. 병원 진료실에 있는 사탕 그릇에서 사탕을 하나 더 챙기는 사소한 행동도 마찬가지다. 아이들은 흔히 선을 넘고, 곧 그러면 안 된다는 사실을 배운다. 면접 대상자가 사탕을 훔쳤다고 빠르고 정직하게 대답했다면, 그건 정상이고 아무런 적신호도 발생하지 않는다. 하지만 다음과 같은 반응은 내 내면의 알람을 작동시킨다.

- **꼼지락거리며 불편해한다**
- **말을 더듬는다**
- **침묵이 흐른다**
- **멍하니 쳐다본다**

다시 말하지만 우리는 거짓말에 서툴기 때문에 거짓으로 대답하려면 열심히 머리를 굴려야 한다. 앞서 소개한 반응을 보이는 사람은 뭐라고 대답해야 일을 맡겨도 좋을 만한 믿음직한 사람으로 보일지 고민하고 있을 것이다(이게 꼭 나쁘다는 건 아니다).

한번은 한 여성과 인터뷰를 하면서 앞의 질문을 했더니 곧장 불편한 기색을 보였다. 말 그대로 '헤드라이트를 비춘 사슴' 같은 표정을 했다. 나는 늘 얘기하듯이 누구나 훔쳐본 경험이 있다고 말했다. "그건 정상이고 괜찮아요. 누구나 어리석은 짓을 하니까요." 한 번 재촉하자 그녀는 자세를 똑바로 하고 앉더니 예전 회사에서 사무용품을 한 뭉텅이 훔친 적이 있다고 말했다. 그리고 말을 이어갔다. 알고 보니 클립이나 펜 몇 자루를 훔친 게 아니었다. 그녀는 다니던 회사의 경쟁사를 세우려고 계획 중이었고, 사무용품 공급 분야에서 유리한 출발을 하고 싶었다고 했다. 나는 그녀를 고용하면 안 된다는 사실을 금방 깨달았다. 성인끼리 하는 대화니까 그런 말을 해도 된다고 생각했는지 모르겠다. 하지만 그런 행동이 괜찮다고 생각하는 것과 고용주가 될지 모르는 사람에게 털어놓는 건 별개의 문제다.

원칙 2: 고갯짓에 주목한다

고개를 젓거나 끄덕이는 행동은 우스울 정도로 정확하게 심리를 반영한다. 거짓말 감지 훈련을 받는 첩보 요원은 그런 움직임을 놓치지 않는다. 그러다 웃음을 참지 못할 때도 있다. 우리의 머리는 항상 진실을 말한다. 과자 통을 열었더니 텅텅 비어 있어서 아이한테 혹시 먹었냐고 물어보면 아니라고 대답할 수도 있지만(과자 부스러기가 얼굴에 잔뜩 묻어 있다) 고개만큼은 열심히 끄덕일 것이다. 이런 현상은 미디어에서도 자주 볼 수 있다. 힐러리 클린턴에게 결혼 생활이 어땠냐고 물으면 빌 클린턴과 행복하게 살고 있다고 대답하겠지만 머리는 부정적인 방향으로 움직일 것이다. 존 에드워즈 전 상원 의원도 마찬가지다. 2008년 그는, 기꺼이 친자 확인 검사를 하겠다고 말했지만 고개는 흔들렸다. 입사 지원자가 말로는 예전 직장에서 동료와 갈등을 겪은 적이 없다고 하면서 고개를 끄덕인다면, 말이 아니라 행동으로 대답을 하는 셈이다. 보디랭귀지 전문가는 머리의 움직임이 말과 일치해야 한다고 말한다. 누군가 "아니요, 저는 체포된 적 없습니다"라고 말하면서 슬며시 아래위로 고개를 끄덕인다면 그 말이 거짓일 확률이 높다.

원칙 3: 지나치게 깔끔한 문장을 조심한다

어떤 이야기를 할 때 공간을 언급하지 않거나 감각적 표현을 하지 않으면(사설을 붙이지 않으면) 거짓일 확률이 높다. 용감하게 협상을 끌어낸 이야기를 하면서 특별한 감정 표현을 하지 않는다면 주의하는 게 좋다. 예를 들어 이런 발언을 보자. "기분이 좋았어요. 거래가 성사되지 않을까 봐 그동안 정말 불안했거든요." "회의실까지 걸어가는 길이 어찌나 길던지 도저히 거기까지 못 갈 것 같았어요." 이런 표현은 진실하다. 하지만 거짓말쟁이는 축약어를 사용하지 않고, 말을 강조하려고 완전한 문장으로 표현한다. 유명한 사례로 빌 클린턴이 한 말이 있다. "저는 그 여성과 섹스한 적 없습니다." 이때 빌 클린턴은 "없다"라는 표현을 영어로 "I didn't"가 아니라 "I did not"이라고 축약하지 않고 말했다. 반면 페이스북의 최고운영책임자 셰릴 샌드버그가 페이스북의 대규모 데이터 유출 사태에 관해 PBS와 인터뷰했을 때를 보자. 샌드버그는 고개를 긍정적으로 끄덕이며 이렇게 말했다. "우리가 제대로 관리를 못 했어요 We didn't do a good job." 진심으로 그렇게 느꼈다는 뜻이다.

원칙 4: 연결 문구에 유의한다

연결어는 공백을 메우는 표현이다. 부정직한 사람은 이야기를 진짜처럼 꾸며낼 때 이런 표현에 의지할 수 있다. 아래 표현은 어떤 이야기가 허풍이라는 걸 알려주는 일반적인 신호다. 누군가 다음과 같은 연결어를 쓰면서 이야기를 과장한다면 꼭 주의하자.

- "그러고는…"
- "그러더니 내가/그녀가/그가/우리가…"
- "그리고 정신 차려 보니…"
- "무슨 일이 벌어지는지 깨닫기도 전에…"
- "그다음에는 어떻게 됐냐면…"
- "갑자기…"

앞서 소개한 네 가지 원칙은 상한 달걀을 골라내는 데 도움이 되겠지만, 다른 부분도 열심히 살펴봐야 한다. 직원을 뽑으면서 배경 조사를 꺼리는 사람을 볼 때마다 나는 항상 놀란다. 이런 작업은 그리 어렵지 않고 돈이 많이 들지도 않는다. 무엇보다 앞으로 겪을 엄청난 문제를 미리 피할 수 있다. 당신에게 회사는 가장 큰 자산이므로, 가장 훌륭하고 현명한 직원을 고용할 수 있게 늘 모든 수단을 동원하라.

첩보 요원 팁

간접적으로 질문하여 입사 지원자의 심리를 깊이 파헤쳐라

상대가 머릿속으로 무슨 일을 벌이는지 알아내려고 색다른 질문을 하는 건 첩보 요원뿐이 아니다. 전보다 많은 회사가 추가 정보를 얻으려고 입사 지원자에게 간접적인 질문을 한다. 질문에 대한 대답을 분석해 지원자의 기술이나 지식, 가치관, 문제 해결 능력 등이 어떤지 추론하는 것이다. 전직 CIA 요원으로서 나는 이런 방법이 무척 쉽고 유용하다고 생각한다. 다음에 우리 회사에서 즐겨 사용하는 간접 질문을 소개한다.

입사 지원자 평가용 간접 질문

- 과제를 극복하는 능력 평가:

"젤라틴이라는 단어를 사용하지 말고 젤리를 정의해보세요."

- 조직의 변화를 대하는 자세 평가:

"당신이 먼젓번 회사의 CEO라면, 무엇을 바꾸겠습니까?"

- 자신의 개인적 가치와 핵심 기술을 인식하고 있는지 평가:

"당신이 주식이라면, 왜 당신을 구매해야 합니까?"

- 리더십과 조직력, 분별력 평가:

"고양이 떼를 몰아야 한다면 어떻게 하겠습니까?"

- **문제 해결 능력 평가:**

"분쇄기에 갇힌다면 어떻게 빠져나오겠습니까?"

- **낙관적인 품성, 가능성에 대한 열린 자세 평가:**

"다른 행성에 생명체가 있다고 믿습니까?"

- **전반적인 정직성 평가:**

(대답이 나오기 전에 침묵이나 긴장에 유의한다)

"마지막으로 무엇인가 훔쳤던 경험을 설명해주세요."

첩보 요원에 대한 오해

"첩보 요원은 정보를 얻기 위해 일부러 허름한 술집 같은 곳에 자주 출몰한다."

땡! 글쎄, 거의 땡에 가깝다. 물론 적합한 자산을 발견할 수 있다면 첩보 요원은 무엇이든 한다. 허름한 술집에서 시간을 보내야 한다면 그렇게 할 것이다. 하지만 굳이 허름한 술집을 찾아가진 않는다(개인적인 취향으로 방문할 수는 있겠다).

정보 수집을 위해 첩보 요원이 자주 찾는 흥미로운 장소가 있긴 하다. 바로 동네서점이다. 믿거나 말거나, 첩보 요원은 훈련을 받으면서 서점을 첫 작전 기지로 삼을 때가 많다. 서점은 사람들과 조용히 어울리면서 의심을 사지 않고 탐색할 수 있는 곳이기 때문이다. 서점에는 조용히 책을 둘러보는 사람이 많다. 그런 면에서 서점은 첩보 요원에게는 완벽한 곳이다. 다음 활동에 대한 지시를 기다리면서 아무 의심도 받지 않고 어슬렁거릴 수 있다.

14장

간단한 방법으로 지키는 사이버 보안

AGENT OF INFLUENCE

회사 운영에서 핵심 요소지만 많은 사람이 대수롭지 않게 생각하는 분야가 바로 '사이버 보안'이다. 이 문제는 대부분 일단 제쳐두고 내일 생각하기로 하거나, 안타깝게도 전혀 고려하지 않는다. 어느 날 갑자기 보안 문제가 발생해서 미리 신경 쓰지 않은 걸 후회하기도 한다.

소프트웨어 회사를 운영하든 뜨개질 공방을 운영하든 사이버 보안은 중요하다. 누구나 표적이 될 수 있기 때문이다. 보통 회사 경영에서 사이버 보안이 최고의 관심사는 아니지만, 이 문제를 어떻게 다룰지 고민하지 않았다가 참담한 결과를 맞을 수 있다. 온라인상에서 당신과 회사를 안전하게 지키고 싶다면 다음 원칙에 유의하라.

원칙 1: USB를 주의하라

트럼프 대통령이 싱가포르에서 북한의 김정은을 만난 6월 초, 기온이 치솟았다. 싱가포르는 '뜨거웠다.' 회담에 참석한 언론인들은 흥미로운 선물 꾸러미를 받았다. 꾸러미 안에는 트럼프와 김정은의 얼굴이 그려진 물병과 부채, 미니 선풍기가 들어 있었다. 컴퓨터의 USB 포트에 선풍기를 연결하기만 하면 더위를 식힐 수 있다. 그런데 갑자기 불길한 예감이 드는가? 그 예감이 맞다. 생각해보자. 이 선풍기는 싱가포르 정부가 기자들에게 제공했지만, 중국 기업이 제조한 USB로 작동한다. 그럼 뭐가 위험할까?

현실에서 USB로 정보를 수집하는 건 극도로 흔한 방식이다. 중국이 스파이 행위를 목적으로 USB 선풍기를 변형했다면 이번이 처음은 아닐 것이다.[9] 〈워싱턴 포스트〉에 따르면 2008년, 러시아 요원들이 바이러스가 든 USB를 아프가니스탄 카불에 있는 북대서양조약기구NATO 본사 주변 소매점에 뿌렸다. 무서운 사실은 이런 USB를 첩보 도구로 사용하는 국가에서 다른 국가 첩보 요원만 노리는 게 아니라는 점이다. 당신이나 나 같은 평범한 시민도 표적이다. 따라서 꼭 지켜야 할 기본적인 예방책을 다음 페이지에서 소개한다.

---

9 당시 이런 의혹이 기자들 사이에서 있었지만 사실로 판명된 적은 아직 없음.

낯선 기기를 믿지 않는다: 직접 구매했거나 믿을 만한 지인에게 받은 게 아니라면 어떤 USB도 개인 기기에 꽂지 마라. 혹시 대통령 인장이 있거나 '기밀 정보'라는 큼지막한 스티커가 붙은 USB를 발견하더라도 호기심에 넘어가면 안 된다. 컴퓨터가 악성 소프트웨어에 감염돼 후회할 가능성이 높다.

믿을 만한 회사 제품만 산다: USB 같은 저장기기는 품질을 인증 받은 회사나 제조업체의 제품만 사야 한다. 온라인 벼룩시장이나 중고 거래 사이트에서 구매하는 건 절대 추천하지 않는다.

되도록 컴퓨터 여러 대에 꼽아 사용하지 않는다: 같은 기기를 컴퓨터 여러 대에서 사용할 때 주의해야 한다. 휴대용 저장기기는 근본적으로 파일을 한 컴퓨터에서 다른 컴퓨터로 옮기는 기능을 한다. 따라서 감염된 USB는 여러 컴퓨터를 교차 오염시킬 수 있으므로, USB 공유는 무척 위험한 행동이다. 다른 컴퓨터에 파일을 공유하고 싶다면 클라우드 저장소를 추천한다. 클라우드 저장소는 기기가 따로 필요하지도 않고 정보를 암호화 할 수도 있다. 한 컴퓨터에서 감염된 플래시 드라이브나 충전 케이블, 미니 선풍기 따위를 다른 컴퓨터에서 사용했다가는 모두 오염될 수 있다.

생체 인증이나 복잡한 암호를 사용한다: USB 중에는 지문 인증이나 암호를 입력해야 사용 가능한 제품이 있다. 어떤 기기든 가능하다면 반드시 인증 기능을 사용해야 한다. 그러면 기기가 엉뚱한 사람의 손에 들어가도, 그 사람이 악성 소프트웨어를 심어놓거나 정보를 빼가기가 거의 불가능하기 때문에, 당신의 정보가 위태로워질 상황은 걱정하지 않아도 된다.

원칙 2: 지나친 첨단 기술을 조심하라

미주리 주 스프링필드에 사는 31세 남성 마커스는 스마트 홈 유행에 편승해, 집에 있는 모든 전자 제품을 첨단 기기로 바꾸기로 했다. 전구 한두 개 바꾼 정도가 아니라 말 그대로 '전부'를 바꿨다. 마커스는 수천 달러를 들여서 필립스 LED 전구 30개, 에코비Ecobee의 온도 조절 장치 2개와 온도 감지기 8개를 집 안 전체에 배치했다. 현관에는 오거스트August의 스마트락을 설치했다.

마커스는 스마트 홈을 설계할 때 애플의 스마트홈 플랫폼인 '애플 홈 키트Apple Home Kit'와 호환되는 기기를 선택했다. 그렇게 모든 기기를 아이패드에 연결하고 아이패드를 음성 리모컨으로 썼다. 첫 달에는 아무 문제도 없었다. 아침에 일어나면 집 안 조명이 서서히 밝아졌고 집에 들어가는 길에 음성 리모컨으로 현관문을 열었다.

하지만 이 하이테크 천국에 문제가 생겼다. 어느 날 출근길이었다. 진입로에서 이웃이 마커스를 불러 세우더니 밀가루 한 컵만 빌려주겠냐고 물었다. 당연히 마커스는 알았다고 했다. 그때부터 일이 심상찮게 돌아갔다. 마커스가 보고 있는데 이웃은 스스럼없이 현관까지 걸어가서 말했다. “시리, 현관문 좀 열어줘.” 현관문이 열렸다. 충격을 받은 마커스는 단순히 한 번 있었던 일인지, 아니면 실제로 아무나 집에 들어가는 게 그렇게 쉬운지 알아보려고 여러 번 시험했다. 안타깝게도 매번 문은 쉽게 열렸다. 마커스의 아이패드가 현관에서 가까운 거실에 있었던 게 문제였다. 아이패드는 이웃의 명령을 듣고 문을 열어줬다. 마커스는 다음 날 스마트락을 없애버렸다.

사실 인적 요인이 문제인 경우가 많다

분명히 말해두지만 아이패드나 오거스트 스마트락에 기술적 결함이 있어서 이런 문제가 발생한 게 아니다. 원인은 마커스가 아이패드에 비밀번호를 설정하지 않은 데 있다. 비밀번호가 있었으면 물리적으로 아이패드를 가지러 가서 비밀번호를 입력한 다음 현관문을 열라고 말해야 했을 것이다. 마커스가 비밀번호를 설정하지 않은 이유는 비밀번호 자체가 스마트홈의 목적을 훼손하기 때문이다. 마커스는 물리적으로 아무것도 하지 않아도 사물을 제어할 수 있기를 바랐다.

오늘날 많은 가정과 사무실에서 스마트 기술을 활용한다. 하지만 집이나 사무실을 사고팔거나 심지어 임대할 때도 이런 기술적 취약성 탓에 커다란 보안 위험이 발생한다. 당신이 노출한 정보를 이용해서 다른 사람이 집이나 사무실에(혹은 나처럼 집에서 일한다면 둘 다) 침입할지도 모른다. 소위 말하는 스마트 장비를 갖춘 집이나 사무실을 사고팔거나 임대할 때는 다음 3가지에 유의하라.

기기 목록을 작성한다: 집을 사거나 사무실을 빌릴 때는 가장 먼저 기존에 설치된 스마트 기기 목록부터 작성해야 한다. 유지할 기기와 제거할 기기를 결정한 다음, 후자는 당장 없애자.

예전 사용자 정보를 삭제한다: 대부분의 스마트 기기는 사용자 정보와 사용 기록을 보관한다. 예를 들어 보안 시스템은 사람이 들어오고 나갈 때를 기록한다. 이 정보를 이용해서 범죄자가 당신의 업무 일정이나 하루 습관을 파악할 수 있다. 또한 매월 나가는 요금을 특정 기기에 연결했다면 집을 판매할 때 회사에 전화해서 지급 정보를 삭제해야 한다. 잊지 말고 재산 소유권 이전을 증빙하는 서류를 제출하라.

업데이트하고 재설정한다: 이사를 들어가든 나가든, 모든 스마트 기기를 공장 설정으로 업데이트하고 복구하라. 새집에 존재하는 모든 시스템의 비밀번호와 사용자 이름도 바꿔야 한다. 가능하다면 관리자 계정은 일상 로그인 정보와 다르게 독특한 이름과 비밀번호를 설정하자. 마지막으로 경보 시스템과 출입구, 차고 문 개방에 필요한 비밀번호와 게스트 비밀번호를 재설정한다. 마커스의 경우처럼 아무나 밀가루 한 컵을 가지러(혹은 그보다 더한 것을 가지러) 집에 드나드는 상황은 피해야 하지 않겠는가.

우리 집은 내가 일을 하는 공간이기도 하다. 나는 개인적으로 집에 스마트 기기를 전혀 두지 않는다. 지금 기술로는 해킹당할 위험이 크기 때문이다. 가정에도 일에도 위험하다. 혹시 전기가 끊기더라도(배전망 전체가 마비되더라도) 현관문을 열고 집에 들어갈 수 있기를 바라고, 이런 일로 회사가 위험해지는 것도 원치 않는다. 아이패드가 방전됐는데 충전이 안 되어 명령을 못 내린다면 어떨까? 나는 항상 상황이 단순하길 바란다. 그리고 훌륭한 옛날 방식으로 대문을 열고 싶다. 자기 집이나 일터에 무엇이 적절하다고 판단하든 무조건 조심해야 한다.

원칙 3: 가입시 꼭 진짜 정보를 입력할 필요 없다

인터넷으로 쇼핑하다가 아내에게 줄 완벽한 기념일 선물을 발견했다고 하자. 기분 좋게 장바구니에 담고 구매자 정보를 입력한다. 회원 가입을 위해 계정을 생성하라는 요청이 나오고 주소와 이메일, 전화번호를 입력하라고 한다. 그리고 통상적인 보안 질문이 나타난다. "어머니의 결혼 전 성이 무엇인가요?" 그럴 때 잠시 멈춰야 한다. 새빨간 거짓말을 늘어놓을 준비를 하자. 온라인 계정을 설정할 때 생일이나 어머니의 결혼 전 성 같은 정보를 입력하라는 요청을 받아봤는가? 그러면 그냥 지어내라! 비밀번호를 복원할 때 기억할 수 있기만 하면 된다.

거짓말이 필요한 이유는 SNS를 통해 세부 정보를 쉽게 찾아낼 수 있기 때문이다(그래서 SNS에 글을 올릴 때도 조심해야 한다). 어머니 사진을 SNS에 올렸다고 하자. 해커는 어머니의 SNS 계정을 찾아내서 쉽게 결혼 전 성을 알아낼 것이다. 궁극적으로는 계정을 생성할 때 외부로 노출되는 이름에 진짜 이름을 입력할 필요도 없다. 대신에 '하와이'나 '땅콩', 혹은 자신의 별명을 써도 된다. 지극히 평범한 가족 모임 사진을 SNS에 올리더라도, 나쁜 의도를 지닌 사람이 이를 보고 조금만 파헤쳐도 큰 문제가 생긴다.

항상 기본으로 돌아가라

- **재사용하지 않는다:** 정보를 안전하게 지키려면 보안 등급이 높은 비밀번호를 써야 한다. 여러 홈페이지에 비밀번호를 재사용하지 말고 모든 계정의 비밀번호를 정기적으로 변경하라.
- **이중 인증을 사용한다:** 홈페이지에 로그인할 때 늘 이중 인증 방식을 사용한다. 당신이 만든 비밀번호 말고도 다른 형태(문자 메시지나 이메일 인증 등)로 신원을 확인한다.
- **비밀번호 관리자를 활용한다:** 라스트패스LastPass, 삼성패스 같은 비밀번호 관리 애플리케이션을 사용해도 좋다. 이를 통해 온라인 계정에 사용하는 갖가지 비밀번호를 모두 안전하게 보관할 수 있다.

사이버 공격은 막기 힘들며 범죄자가 쉽게 달아날 수 있다. 즉 앞으로 계속 증가한다는 뜻이다. 하지만 사이버 범죄는 단순한 숫자 놀음에 불과하다. 해커는 수많은 사람과 접촉을 시도하면 언젠가 누군가는 늘 미끼를 문다는 사실을 알고 있다. 온라인 계정은 안전하게 지키려고 노력할수록 효과가 발생한다. 당신의 계정을 뚫고 중요한 정보를 수집하는 게 어려울수록, 해커는 상대적으로 보안이 약한 표적으로 눈을 돌릴 가능성이 높다.

원칙 4: 통화 내용 유출에 항상 주의하라

현재 워싱턴 D.C. 대도시권에서는 약 600만 명이 전화 통화를 한다. 이 정도 인구 규모라면 사람(그리고 물건)이 쉽게 섞여들 수 있다. 누군가 여행 가방 정도 크기의 물건을 골목이나 계단통 아래에 뒀다고 하자. 그 물건은 눈에 띄지 않은 채 한동안 그 자리에 있을 것이다. 정확히 그런 일이 미국의 수도 주변에서 일어나고 있다. 사실 그 가방은 노숙자들이 갖고 다니는 빈 여행 가방이 아니고, 다행히(?) 사제 폭탄도 아니다. 바로 이동 전화 기지국을 본떠 만든 소형 전자 장치다. 달리 말하면 이 장치는 휴대폰을 실제 기지국이 아니라 가방 주인한테 연결해서 통화를 가로챈다.

누군가 듣고 있다

미국 국토 안전부에 따르면 이런 스파이 장치의 위협이 커지고 있다. 국토 안전부는 이런 장치로 911 신고나 전화, 문자 메시지를 가로챌 수 있다고 경고한다. 설상가상으로 당국은 이 장치의 주인이 누구인지 알아내지 못했다고 실토했다. 어쩌면 외국 정부에서 설치했을지도 모른다. 국가 공무원들은 대부분 중국이나 러시아의 소행으로 본다. 중요한 건 누군가 휴대폰 통화를 쉽게 엿들으며 많은 데이터를 끊임없이 수집하고 있다는 사실이다. 최근에 예전 CIA 동료와 통화했는데, 그는 자기 통화가 전부 감시된다고 생각하고 있었다. 아마 그 말이 맞을 것이다. 그래서 여기 통화를 암호화하는 스마트폰 앱 3가지를 소개한다. 어디에 살고 있든 이 앱을 사용해서 사생활과 보안을 지킬 것을 추천한다.

- **사일런트 폰:** 이 앱은 iOS와 안드로이드 모두 사용 가능하고 대부분의 사용자에게 무료로 제공된다. 사일런트 폰은 전화와 화상 채팅, 문자를 끝대끝 암호화[10] 한다(양측 모두 이 앱을 사용할 때). 사일런트 폰을 사용하지 않는 사람과도 통신이 가능하고 앱을 사용하는 쪽의 정보는 보호된다. PDF 파일과 DOCS, MOV, MP4, JPEG 파일도 안전하게 보낼 수 있다. 비즈니

---

10 end-to-end encryption 데이터 통신을 할 때 발신 측에서 암호화하고 수신 측에서 해독하는 방식.

스 거래에서 보안이 필요할 때 유용한 기능이다. 심지어 암호화된 전화 회의도 가능하다. 모든 직원이 함께 보안 통화를 해야 할 때 가장 유용한 앱이다.

- **시그널:** 시그널 역시 iOS와 안드로이드 사용자 모두 쓸 수 있는 무료 앱이며 역시 끝대끝 암호화 방식을 사용한다. 즉 통신 서버에서는 사용자의 통신에 접근할 수 없으며 정보를 저장하지 않는다. 이 앱의 장점은 자기 전화번호를 쓸 수 있다는 점이다. 별도로 로그인하고 사용자 이름과 비밀번호, 혹은 개인 식별 번호를 생성할 필요가 없다. 또한 이 앱은 기술 전문가들에게 소스 코드를 공개한다. 누구나 보안 프로토콜을 보고 얼마나 뛰어난 앱인지 확인할 수 있다. 시그널은 그룹 채팅도 완벽하게 암호화한다. 앱에서는 그룹의 속성 정보에 접근할 수 없으므로, 그룹 채팅에 누가 참여했는지 앱 회사도 알 수 없다.
- **페이스타임:** 이 앱은 애플 제품에서만 사용 가능하다. 대신 아이폰이나 아이패드, 맥북 및 맥 데스크톱을 사용하는 사람은 누구나 무료로 설치할 수 있다. 애플은 페이스타임 데이터가 전송 중일 때 이를 해독하지 못하게 설계되었다. 따라서 다른 회사의 메시지 서비스와는 달리 애플은 사용자의 통신 내용을 살펴볼 수가 없다. 연방 법원에서 페이스타임 통신 자료를 요청해도 회사에서는 제출이 불가능하다. 간단히 말해 정보를 저장하지 않기 때문이다. 사용자의 보안 측면에서 애플이 뛰어나다는 점은 의심할 여지가 없다.

요즘 같은 시대에는 모든 이들에게 항상 누군가 당신의 휴대폰 대화를 듣고 있다고 생각하라고 말하고 싶다. 오늘날처럼 첩보 행위가 만연한 시대에는 꼭 국가 비밀 요원이 아니더라도 모든 이가 위험하다.

나는 자율권을 신봉한다. 또 자립을 중시한다. 사실 살다 보면 특히 도움이 많이 필요한 영역이 있다. 그것이 바로 사이버 보안이다. 나는 일부 사업가가 사이버 보안을 깊이 고민하거나 신경 쓰지 않으려 하는 모습을 목격했다. 이번 기회에 가장 기본적이고 중요한 사이버 보안 수단을 생각보다 쉽게 실행할 수 있다는 걸 깨닫기 바란다. 당신은 꿈꾸던 회사를 일구려고 열심히 노력했다. 그러므로 그 회사를 위험에서 안전하게 보호해야 한다.

진정한 자립의 힘은 당신 안에 있다

나는 미국을 위해 CIA 요원으로 일했던 기회를 늘 행운으로 생각한다. 지금도 나는 회사에서 매일 전직 첩보 요원과 함께 일하는 독특한 환경에 있다. 나는 이 책에서 수많은 첩보 요원의 개념을 당신에게 소개했고, 이 개념이 사업을 성장시키는 데 도움이 되리라고 확신한다. 하지만 이 모든 것은 한 가지로 귀결한다는 사실을 명심해야 한다. 당신이 꿈꿔왔던 사업을 창조하고 성장시킬 힘을 지닌 사람은 당신뿐이다. 현장에서 일하는 요원들은 누구보다 자립심이 강한 사람들이다. 자립에 대한 강한 신념이 있어야 사업이 번영하고 영속할 것이다. 장애물을 만나 모든 게 불가능하게 느껴질 때도 마찬가지다. 첩보 요원은 상상하기도 힘든 상황에 부딪히곤 한다. 그리고 그 순간에 항상 자립심을 발휘한다. 당신도 그럴 능력이 있으며, 어떤 순간에도 스스로 지키고 살아남을 수 있는 올바른 기술과 경험을 지녔다고 믿어야 한다.

회사를 운영하는 건 등산과 비슷하다는 생각이 든다. 한 발을 다른 발 앞으로 끊임없이 내디뎌야 하고, 이 여정은 영원히 끝나지 않을 것만 같다. 가끔은 올라가기가 수월해지고, 잠깐 멈추고 쉬면서 경치를 즐길 수도 있다. 그러다 길은 또다시 험난해진다. 우리는 이 험난한 순간을 이겨낼 때 가장 많이 성장한다. 문제를 해결하는 방법을 발견하거나 새로운 모험을 할 준비가 됐다는 사실을 깨달을 때 그런 순간이 찾아온다.

한쪽 발을 다른 발 앞으로 내밀며 나아갈 때, 당신 안에 모든 일을 해낼 힘이 있다는 사실을 기억하라. 자립심은 항상 다음 긍정적인 장소로 이동할 힘을 줄 것이다.

누구나 꿈꾸는
방송 출연
성공법

bonus

보너스

AGENT OF INFLUENCE

사람들은 CIA에 근무했을 때 내가 겪은 깊고 어두운 비밀보다(어쨌든 말하지는 않겠지만) 다른 걸 궁금해한다. "TV에는 어떻게 출연했어요? 저도 출연하고 싶은데 방법이 없을까요?" 우리 문화가 유명인에 중독됐다는 건 부인하기 힘들다. 책을 썼거나 잡지, 신문에 기고하거나 TV에 출연한 사람은 그 분야의 대단한 전문가로 평가받는다(뚜껑을 열어보면 사실이 아닐 때도 있지만). 사람들은 TV에 나오는 사람을 '신뢰'한다.

나는 집으로 피자도 배달시킨 적이 없을 정도로 사생활을 중시하는 사람이다. 그런 내가 수천 명, 나중에는 수백만 명이 지켜보는 TV에 나간다는 게 그리 달갑지는 않았다. 사실 CIA에서 일하면서 많은 일에 대비했지만, TV나 다른 미디어 업계는 전혀 몰랐다. TV라는 세계에는 이렇다 할 인맥이 하나도 없었다. 그래도 미디어에 출연하면 브랜드에 엄청난 홍보가 될 거라는(그리고 공짜다) 사실은 알았다. 물론 출연할 방법만 있다면 말이다.

고민 끝에 나는 TV 출연의 장점이 단점보다 많다는 결론을 내렸다. 장점은 공짜 회사 광고, 엄청난 제품 노출, 나를 전문가로 소개할 수 있다는 점이었다. 내가 파악하기로 단점은 많은 사람 앞에서 바보가 될 가능성밖에 없었다. 나는 어떻게든 체계적으로 TV의 비밀을 풀고 프로그램에 출연하기로 했다.

다행히 그 다짐이 현실이 되면서 회사가 크게 성장했다. 이제는 마케팅 회사를 설립했고 다른 사람에게 TV에 출연하는 법도 가르친다. 나는 30가지가 넘는 TV 프로그램에 출연했다. 전국 시청자들이 보는 NBC의 〈투데이 쇼Today Show〉와 〈굿모닝 아메리카Good Morning America〉, 〈데이트라인Dateline〉, 〈폭스 앤드 프렌즈Fox & Friends〉, 그리고 ABC의 〈샤크 탱크〉 등이다. 레이철 레이와 해리 코닉 주니어가 진행하는 프로그램에 고정 출연도 했다. 이 책에서 두어 번 얘기한 것 같지만 아무리 강조해도 모자란 말이 있다. 내가 할 수 있다면 누구나 할 수 있다.

전투 호흡으로 스트레스와 불안 해소하기

나는 TV 출연을 철저히 준비한 덕분에 잘 진행하리라는 자신감은 있었다. 하지만 많은 사람에게 TV 생방송 출연은 정말 불안한 일이다. 군인들은 전쟁터에서 스트레스 관리를 위해 전투 호흡법을 활용한다. 전투 호흡은 온

몸에 아드레날린이 넘칠 때 차분하게 가라앉히는 방법이다. 다음과 같은 과정으로 실시한다.

1. 넷까지 세면서 코로 숨을 들이마신다.
2. 넷까지 세면서 숨을 참는다.
3. 넷까지 세면서 입으로 숨을 내쉰다.
4. 넷까지 세면서 숨을 참는다.
5. 필요한 만큼 이 과정을 반복한다.

이 호흡법은 상자 호흡법Box Breathing이라고도 불린다.

먼저 스스로를 설득하라

나는 얼마든지 억척스럽게 행동할 수 있지만, 막무가내로 프로듀서들한테 전화해서 TV에 출연시켜달라고 조르면 안 된다는 건 알고 있었다. 대신에 왜 내가 TV에 나와야 하는지 설득할 배경을 구축하기 시작했다. 다음과 같이 질문하면서 내가 무엇을 제시할 수 있는지, 왜 나를 방송에 내보내야 하는지에 대한 답을 고민했다.

- 내 사업이 어떤 면에서 독특한가?
- 내 틈새시장에서 다른 사람은 하지 않고 나만 하는 일이 무엇인가?
- 나는 무엇으로 유명한가?
- 친구와 가족이 내 일에서 가장 흥미로워하는 것이 무엇인가?
- 기업 고객이 다른 회사가 아닌 나를 고용하는 이유가 무엇인가?
- 내 분야에서 내가 최고인 이유는?
- 내가 가진 독특한 역량은 무엇인가?
- 내 기술을 TV에서 어떻게 보여줄 수 있는가?
- 어떻게 하면 기억에 남을까?

나는 전직 CIA 요원이라는 점에서 말발이 서긴 했지만, TV에 나갈 정도로 충분하지는 않았다. 전직 CIA 요원은 많다. 그러다 내 친구와 가족들이 내 일에서 가장 흥미로워하는 부분과 틈새시장을 고려하다 보니 구체적인 생각이 떠올랐다. 나는 호신 목적으로 나를 고용한 고객들에게 접착테이프 탈출법을 가르친다. 범죄자들이 사람들을 납치할 때 손을 테이프로 묶는 경우가 많다. 강력 접착테이프는 쉽게 구할 수 있고 저렴하며 뜯기 불가능해 보이기 때문이다. 사실 테이프를 뜯고 도망가는 건 놀라울 만큼 쉽다. 나는 손목과 발목이 묶여 있을 때, 혹은 의자에 묶였을 때 탈출하는 방법을 자주 가르쳤다. 사람들은 볼 때마다 놀란다. 이 방법은 간단하고 누구나 할 수 있으며 빠르다. 그리고 늘 입을 다물 수 없다는 반응으로 돌아온다. 나는 이것이야말로 TV 출연을 가능하게 해줄 필살기라는 사실을 깨달았다.

필살기를 만들어라

내가 테이프 탈출법을 처음 생각한 사람은 아니지만, 방법만 알면 얼마나 쉬운지 전 국민에게 보여준 사람인 건 사실이다. 이 탈출법은 자신감을 북돋워준다. 나는 이 기술을 어린이부터 93세 노인까지 다양한 사람들에게도 가르쳤고, 전국 방송사에서 셀 수 없이 여러 번 시연했다. 이 필살기 덕분에 많은 TV 프로그램에 출연할 수 있었다.

독자가 무슨 생각을 하는지 알 것 같다. 당신에게는 테이프 탈출은 물론이고 그 비슷한 기술도 없다고? 하지만 문제 될 것 없다. 사람들은 누구나 유명해지기에 충분한 고유의 방법론이나 과정, 비결, 기술, 도구, 혹은 공식을 지니고 있다. 나는 이런 생각을 바탕으로 수많은 사람을 가르쳤고, 나와 함께 일한 회사 중에 TV에 나오기 힘들 만큼 지루한 아이템을 가져오는 업체는 하나도 없었다. 평범한 가정주부에서 백만장자로 성공한 조이 망가노Joy Mangano의 기업 가치는 현재 500억 달러로 추정된다. 하지만 처음 TV에 출연했을 때 그녀는 걸레로 바닥을 닦았다. 지루하게 들리는가? 그녀는 더러운 물에 손대지 않고 직접 발명한 걸레를 짜는 모습을 선보이면 사람들이 반응할 거라고 믿었다. 그것이 조이 망가노의 필살기였고 덕분에 큰 부자가 됐다. 만능 접착제인 '크레이지 글루Krazy Glue'의 제품 시연도 유명하다. 건설 노동자의 헬멧을 철제 대들보에 부착하여 크레이지 글루가 성인 남성의 체중을 거뜬히 버티는 모습을 보여준 것이다. '긴수Ginsu' 칼은 칼날로 주석 깡통을 베어 고객들에게 품질을 입증했다.

다분히 극적인 묘기도 있지만 필살기라고 해서 사람들을 꼭 충격에 빠뜨릴 필요는 없다. 사람들이 평소에 잘 인식하지 못하는 것 중에 삶을 개선할 힘이 있는 독특한 속성을 소개하는 게 중요하다.

좋은 필살기의 특성

- 시각적이며 시연할 수 있다. TV 프로그램은 '말하는 얼굴'을 원하지 않는다. 당신이나 나는 조지 클루니나 앤젤리나 졸리가 아니다. 일류 연예인은 TV에 나와서 말만 해도 충분하지만, 우리처럼 평범한 사람은 시각적으로 무엇인가 보여주면서 시청자를 놀라게 해야 한다.
- 간단하고 짧은 시간에 실행한다. TV에서는 최대 몇 분 이내에 해치운다.
- 시청자에게 문제 해결책을 제시하거나, 삶을 더 편하게 해주는 제품을 선보인다.

- 따라 하기 어려우면 안 된다. 집에서 보는 시청자가 본인도 할 수 있다고 생각해야 한다.
- 언제 어디서든 쉽게 할 수 있어야 한다. 오류가 날 확률이 거의, 혹은 전혀 없어야 한다. TV에서 필살기를 보여주려다 제대로 시작도 못 하는 일이 생겨선 안 된다.

운 좋게도 내 필살기는 개념이 아주 분명했다. 자신의 필살기를 발견하려면 상당히 고민해서 아이디어를 짜내야 할 수도 있다. 하지만 당신이 전문가라면 당신은 이 기술이 별거 아니라고 생각하더라도, 다른 사람에게는 특별해 보일 수 있다는 사실을 기억하라. 예를 들어 정원 사업을 운영하는 사람이 한겨울에 죽은 식물을 되살리는 일을 한다고 하자. 그 사람은 매일 하는 일이지만 정원 일에 문외한인 우리 같은 사람들에게는 대단히 신기해 보인다. 필살기의 미학은 특정한 비즈니스에 한정되지 않는다는 점에 있다. 미용사나 반려동물 미용사, 정원사, 제빵사, 회계사, 피트니스 코치 등 전문가라면 누구나 자기만의 독특한 방법으로 정보 한 토막을 공유해서 사람들을 깜짝 놀래줄 수 있다.

실제 CIA 작전 중 입이 벌어졌던 순간

- 동물 사체를 이용해서 비밀 메시지를 숨긴다.
- 자동차에 양면테이프를 붙여놓고 마약왕의 지문을 수집한다.
- 특별한 연필로 글씨를 쓰면 불이 붙는 가연성 종이에 메모를 남긴다.
- 국제 수배 범죄자의 DNA를 확보하려고 서빙하는 직원을 매수해서 식기를 훔친다.
- 매일 어딘가로 출근하는 평범한 사람으로 보이도록 가짜 브로슈어나 명함을 갖고 다니며 정체를 숨긴다. 그 번호로 전화하면 정말로 신호가 간다.

연습하고 연습하고 또 연습하라

일단 자신의 필살기가 무엇인지 알아냈다면 이제 연습하라. 나는 접착테이프 탈출 훈련을 말 그대로 수백 번 했지만, 또 미친 듯이 연습했다. 나는 합리적이고 분명하며 따라 하기 쉬운 방법을 보여주면서 동시에 어느 정도 극적인 모습을 연출하고 싶었다. 그리고 이 기술이 왜 중요한지에 대한 간결한 설명도 고민했다. 프로듀서(그리고 시청자)가 그저 재미있는 쇼가 아니라(그것도 사실이지만) 진짜 목숨을 구할 수 있는 기술이며, 모든 이가 꼭 배워야 한다는 걸 이해하길 바랐다.

기회가 될 때마다 거울 앞에서, 가족이나 친구, 낯선 사람 할 것 없이 아무나 붙들고 자신의 필살기를 연습하라. 늘 어떤 부분이 잘못될 수 있는지 생각하고 만일의 경우를 생각해서 대비책을 마련해야 한다. 나는 이 기술을 TV에서 선보일 때마다 항상 테이프를 몇 개씩 준비해 간다. 다행히 시연할 때 크게 잘못될 일은 없지만, 혹시라도 테이프를 떨어뜨려서 무대 밖으로 굴러갈 수도 있다. TV 생방송에서 이런 일이 발생하면 그냥 웃어넘기며 가방에서 다른 테이프를 꺼내면 된다.

할 수 없는 걸
할 수 있다고 하지 마라

무엇이든 제대로 전달해서 진정한 전문가라는 걸 증명할 수 없다면 시도해선 안 된다. 프로그램에 출연해서 TV에 사업을 노출할 기회가 생긴다니 솔깃하겠지만, 제대로 할 수 없다면 그럴 가치가 없다. 나는 〈레이철 레이 쇼〉에 10번 이상 출연했고 레이철과 프로듀서들에게 항상 감사한 마음이다. 그런데 한번은 시청자들에게 자물쇠를 따는 모습을 시연해달라는 요청을 받았다. 서류 캐비닛에 달린 자물쇠를 따는 방법을 보여달라는 것이었다. 사실 나는 자물쇠 따기에는 일가견이 있고 보통 30초도 안 걸린다(이상하게도

TV에서 30초는 상당히 긴 시간이다). 하지만 자물쇠가 항상 내 마음대로 열리지는 않는다는 게 문제였다. 어쩌다 까다로운 자물쇠가 걸리면 다섯 번쯤 시도해야 열린다. 전 국민이 다 보는 TV 방송에서 자물쇠를 여러 번 만지작거릴 시간도 없거니와, 그러다가는 비전문가로 보일지도 모른다. 그런 위험은 절대 감수해선 안 된다.

그럼에도 본의 아니게 〈레이철 레이 쇼〉에 출연하기로 했고, 서류 캐비닛의 자물쇠를 어떻게 따는지 시연했다. 천만다행으로 첫 시도에 자물쇠를 열었고 프로그램도 잘 진행됐다. 자칫하면 잘못될 수 있는 상황이어서 가슴을 쓸어내렸다. 자물쇠를 따지 못했으면 얼마나 당황스러웠을까? 프로그램이 몇 분 동안 엉망이 됐을 것이다. 더 큰 문제는 이런 경우 안 좋은 소문이 퍼질 수 있다는 점이다. 전직 CIA 요원인 전문가가 자물쇠를 못 따더라. 이보다 브랜드에 치명적인 소문이 어디 있겠는가? 여러분은 내가 했던 실수를 피하길 바란다. 잘 풀리지 않을 위험이 있다면 애초에 시도하지 말자.

TV 출연을 판매로 연결하는 법

지금까지 몇 번이고 필살기를 연습했고 TV에서 홍보할 준비가 됐다고 하자. 프로듀서들에게 연락하기 전에(효과적으로 접촉하는 법도 곧 소개할 것이다), 당신의 필살기를 훌륭한 콘텐츠로 다듬어서 한층 발전시킬 것을 강력히 추천한다. 사람들을 매료할 기술이 있는 것도 좋지만, 좋은 콘텐츠로 포장해서 기술에 맥락을 부여하고, 당신이 제안하는 기술과 그 TV 프로그램이 잘 어울린다는 걸 증명해야 한다. 그러면 TV에 출연할 확률이 높아진다. 나처럼 지출이 많은 상황이라면 회사에 수익을 가져올 수 있는 방향으로 콘텐츠를 다듬어보자.

무엇보다 나는 생존과 안전에 대한 지식을 공유하는 것을 좋아하며 사람들을 돕고 싶다. 하지만 TV에 출연하는 건 소중한 시간을 쓰는 일이고, 사업과 연계해 수익을 낼 수 있을 때야말로 출연하는 의미가 있다. 나는 TV 출연을 앞두고 출연자 대기실에 앉아서 다른 사람들에게 왜 TV에 나오느냐고 물을 때마다 항상 놀란다. 사람들은 대부분 자기 지식을 공유하러 나왔고 출연하는 자체만으로 행복하다고 한다. 팔고 싶은 것도 없고 돈을 벌 거라고 생각하지도 않는다. 감탄스럽긴 하지만 이해하기는 힘들다. 그들은 '15분 유명세'를 활용해서 수천, 수만, 심지어 수백만 달러를 벌어들일 수 있다는 사실을 모르는 것이다. 비영리 기관에서 일한다고 하더라도, 이 순간을 조직의 수익원으로 활용할 방법을 생각해야 한다. 기부자들에게 손가방을 주면 어떨까? 행사 입장권을 할인해준다면? 누구든지 제품이나 서비스를 유인책으로 쓸 수 있다는 점이 중요하다. 나는 이 간단한 단계를 거쳤고, 덕분에 셀 수 없이 많이 TV에 출연했다. 돈을 더 벌고 싶고 TV에 출연해 사업을 홍보하고 싶으면, 다음 단계를 실행하라.

1단계: 적절한 프로그램을 조사한다

어떤 프로그램이 당신의 필살기와 잘 맞을지 꼭 알아야 한다. 당신이 거주하는 지역 주민들이 즐겨 보는 프로그램이 무엇인지, 당신이 출연할 코너의 길이가 보통 얼마나 되는지도 중요하다. 코너의 구성 방식도 고려한다. 예를 들어 레이철 레이는 내게 한 가지 기술을 시연한 다음, 광고를 내보내고 두 번째 기술을 시연하게 했다. 녹화 장소가 스튜디오인지 다른 곳인지, 야외 촬영을 하는지도 확인한다. 당신의 필살기가 프로그램의 구성과 잘 어울리는지도 살펴본다. 평소에 당신이 관심 있게 보고, 비슷한 성향의 시청자가 좋아할 만한 콘텐츠들은 늘 주의 깊게 살피는 것이 좋다. 예를 들어 나는 총기 안전에 매우 관심이 많아 적극적으로 홍보하고 있다. 따라서 TV에서 훌륭한 관련 콘텐츠를 보면 반드시 메모해둔다. 흥미로운 콘텐츠는 항상 목록으로 만들어 간직해두자.

2단계: '왜 꼭 지금 해야 하는지' 근거를 마련한다

당신이 보여주려고 하는 것이 지금 시청자들에게 왜 중요한가? 자신의 콘텐츠를 설계할 때는 이것이 시청자에게 필요하고 시급하다는 느낌이 있어야 한다. 나는 프로듀서들에게 접착테이프 탈출 기술을 처음 홍보하면서 맥락을 함께 설명했다. 납치범과 범죄자들이 피해자를 결박할 때 접착테이프를 가장 많이 쓰기 때문에 이 기술로 목숨을 건질 수도 있다고 했다. 또한 나만의 비법을 활용하면 어린이나 노인도 쉽게 따라 할 수 있다고 말했다. 그러자 실행하기도 쉽고 생명을 구할지도 모르는 기술을 모든 사람이 꼭 익혀야 한다는 분위기가 형성됐다.

자문해보자:

- **왜 모든 이가 당신의 필살기를 지금 봐야 하는가?**
- **이 기술이 지금 다른 사람의 인생을 어떻게 바꿀 수 있을까?**

당신의 기술이 꼭 역사를 바꾸거나 다른 사람의 목숨을 살려야 하는 건 아니다. 입맛이 까다로운 아이라도 맛있게 먹을 점심을 싸는 법을 알아낸다면 많은 부모의 삶을 편하게 해줄 수 있다. 그 기술에 어떤 가치가 있는지 보여주는 게 중요하다. 지금 하는 일과 관련 있는 콘텐츠가 도무지 떠오르지 않는가? 그럼 다른 사람들은 자기 기술을 어떻게 표현하고 홍보하는지 살펴보며 영감을 얻어보자. 그들은 중요성을 어떻게 전달하는가? 어떻게 시급성을 느끼게 하는가? 자기 기술이나 제품의 어떤 측면에 집중하는가?

3단계: 시각적으로 표현한다

TV는 시각 예술이므로 시각적인 측면에 맞춰 필살기를 조정하는 게 중요하다. 예를 들어 당신이 세탁소 체인을 소유했고 어떤 얼룩도 제거할 방법을 개발했다면 이 기술이 TV에서 어떻게 보일지 생각해보자. 당신이 셔츠에 묻은 케첩을 제거하는 기술을 선보이기 전과 후의 차이를 시청자들이 정확히 보지 못했다면 아무도 감흥을 느끼지 않을 것이다. 필살기를 여러 번 연습하면서 시청자들이 무엇을 보게 될지 자문하라. 시각적으로 충분히 표현되지 않는다면 적절히 수정하자.

4단계: 시간을 배분한다

일단 TV에 나가면 실수는 용납되지 않는다. 자기 코너에 시간을 완벽하게 배분하고, 그 시간 내에 기술을 선보일 수 있도록 몇 번이고 반복해서 연습해야 한다. 지역 뉴스라면 3~4분 정도 시간이 있을 것이고 전국 TV 토크 쇼라면 8~10분 정도 허락될 것이다. 보통 처음에는 지역 TV에서 시작할 테니 4분 정도에 맞춰 콘텐츠를 다듬어야 한다. 당신의 기술을 몇 번 시연한 적이 있어도 (내가 접착테이프 탈출 시연을 세미나나 다른 행사에서 여러 번 했듯이), 오랜 시간을 들여 연습하는 게 좋다. 긴장하면 버벅거리느라 시간이 더 오래 걸리거나, 오히려 말이 빨라지고 누가 쫓아오기라도 하듯이 성급히 끝내버리기도 한다. 코너에 4분이 배정됐고, 아직 반도 다 보여주지 못했는데 시간이 다 끝나간다면 얼마나 당황스럽겠는가? 시범을 보일 때 각 단계가 매번 정확히 똑같이 진행될 수 있게 철저히 연습하자.

5단계: 완벽에 가깝게 연습한다

충분히 조사를 마쳤고 '왜 지금 해야 하는지' 근거를 마련했으며 시간도 배분했다면, 모든 것을 고려해 내 식대로 정리한다. 그리고 대본을 만들어서 친구나 가족들 앞에서 연습한다. 연습한 내용을 녹음해서 검토하고 조정해도 좋다. 어떤 방법을 선택하든 연습이 중요하다. 많이 연습할수록 긴장은 줄어들 것이다.

첩보 요원 팁

연휴를 활용하라

프로듀서들은 항상 다가오는 연휴에 내보낼 만한 콘텐츠를 찾고 있다. 연휴와 어울리는 콘텐츠를 만들어서 TV에 출연할 가능성을 높일 수 있다. 예를 들어 크리스마스맞이 쇼핑 시즌이라면 나는 쇼핑몰 주차장에서 안전을 지키는 방법에 관한 콘텐츠를 준비할 것이다. 당신이 추진하는 게 무엇이든 연휴에 맞춰 엮을 방법을 생각해보자. 정원 손질 서비스가 아버지 선물로 제격인가? 봄맞이 정원 손질 시 해야 할 일과 하지 말아야 할 일을 홍보

해도 좋다. 정비공이라면 노동절맞이 자동차 정비 안전 관련 콘텐츠를 홍보한다. 콘텐츠를 연휴와 결합하면 다른 사람들과 차별화할 수 있다. 또한 전국을 대상으로 한 시장에 자연스럽게 다가갈 기회로 작용한다.

뜻밖의 질문에 대비해라

첩보 요원은 재빨리 반응하는 훈련을 받는다. 그래서 예상치 못한 질문이 나오더라도 즉각 적당한 대답을 생각해낸다. 생각지 못한 질문이 나오더라도 얼른 생각해서 대답할 수 있으려면 기본적인 질문에 대한 답을 구축하고 시장성 테스트를 해봐야 한다. 최대한 많은 친구와 가족, 동료들 앞에서 콘텐츠를 시연한 다음, 아무리 터무니없어도 좋으니 아무 질문이나 해달라고 요청하자. 이런 연습을 반복해서 하면 서비스나 제품에 대해 상상한 것보다 많은 질문을 접할 것이다. 그다음부터는 어떤 질문이 나오더라도 대답할 수 있다.

팔지 않고 판매하는 법을 터득하라

자기 콘텐츠를 만들었다면, 팔지 않고도 판매할 방법을 생각할 차례다. 팔지 않고 판매한다? 무슨 말인지 이해되지 않을 것이다. 앞에서 분명 무엇인가 팔 생각이 아니라면 왜 굳이 시간을 내서

TV에 출연하는지 모르겠다고 했던 것도 떠오를 것이다. 내 말은 무엇인가 판매하는 것과 노골적으로 그렇게 보이는 것은 다른 문제라는 뜻이다. 후자는 지나치게 계산적이고 진부한 사람으로 보이기 쉽다. 그러니 우리는 팔지 않고 판매하는 법을 터득해야 한다.

나는 항상 코너를 진행하면서 비판매 원칙을 고수한다. 예를 들어 우리 회사 인기 상품 중에 전술 펜이라고 불리는 호신용 펜이 있다. 많은 이가 전술 펜으로 목숨을 건졌다며 후기를 보냈다. 만약 TV에 출연하는 내 궁극적인 목표가 이 전술 펜을 판매하는 거라면, '밤에 여성을 안전하게 지켜줄 비밀 호신 장비 5가지'나 '대학생을 위한 최고의 호신 장비' 같은 콘텐츠를 만들 것이다. 그리고 무대에 올라가 전직 CIA 요원이자 안전 전문가로 소개된 다음, 콘텐츠를 진행하며 여성이 휴대하기 좋은 5가지 장비를 다룬다. 이때 의도적으로 전술 펜은 마지막에 소개하면서 누군가로부터 공격받았을 때 이 펜이 얼마나 중요한 역할을 하는지 보여준다. 시청자가 대학생이라면 전술 펜을 어떻게 호신용으로 사용하는지 시범을 보이고, 택시를 탔는데 기사가 수상한 사람일 때 전술 펜으로 창문을 부수는 법을 알려준다.

코너가 끝나갈 무렵 진행자는 이런 펜을 어디서 구하냐고 물어보기 마련이다. 나는 그제야 우리 홈페이지 이름을 흘린다. 무엇보다 중요한 건 이런 콘텐츠를 통해 사람들에게 유용한 정보를 제공해야 한다는 점이다. 엉터리 물건을 팔러 나온 사람으로 보여선 안 된다. 그랬다가는 역효과가 발생할 것이다. 나는 늘 이런 방식으로 콘텐츠를 만들어서 책부터 전술 펜, 손전등, 생존 훈련 코스에 이르기까지 다양한 제품을 판매했다.

프로듀서와 접촉해 TV 출연 기회를 얻어내는 법

필살기를 발견했고 완벽한 콘텐츠를 만들었으며 비판매 전략을 연습했고, 눈을 감고도 정확히 4분 이내에 모든 콘텐츠를 소화할 수 있다고 하자. 이제 TV에 출연하기 위해 프로듀서들과 접촉해야 한다. 상상조차 하기 힘든 필살기를 갖고 있더라도 처음부터 핫한 〈투데이 쇼〉 프로듀서에게 전화할 수는 없다. 전국 TV에 출연하는 건 훌륭한(그리고 가능한) 목표이긴 하지만 처음에는 목표를 작게 잡아야 한다.

지역 방송을 고려한다

우선 대형 전국 프로그램에 출연하는 것보다 지역 프로그램에 출연하는 게 훨씬 쉽다. 지역 방송사는 콘텐츠를 뽑아낼 지역이 상대적으로 좁기 때문에 항상 방송 시간을 채울 방법을 찾는다. 반면에 전국 방송사는 전문가나 유명인 등 거의 무제한으로 출연자를 섭외할 수 있고 미국 전역에서 콘텐츠를 만들 수 있다. 또한 전국 TV에서는 최근 사건을 계속 반영해야 하므로 국내외 중요한 위기가 발생하면 '개를 훈련하는 방법' 같은 콘텐츠는 버려지기 쉽다. 지역 방송은 출연 기회를 얻기가 쉬울 뿐 아니라 위험 부담도 크지 않다. 첫 출연이 생각만큼 매끄럽지 않더라도 여전히 출연 가능성이 크다. 전국 방송처럼 기준이 까다롭지 않기 때문이다. 전국 방송을 망친다면 다시는 그 프로그램에 출연할 수 없을 것이다.

당신의 콘텐츠에 관심 있는 지역 방송사를 찾으려면 집 주변에 어떤 곳이 있는지 둘러보기만 해도 충분하다. 유타 주에서 내가 사는 마을은 정말 작아서 주변에 지역 방송국이 아예 없다. 나는 방송국을 찾으러 솔트레이크시티와 라스베이거스까지 갔다. 그런 곳의 방송국은 작다고 볼 수는 없지만, 어쨌든 전국 방송국도 아니므로 한번 시도해보자는 생각이 들었다. 뉴욕이나 LA처럼 방송 시장이 큰 곳에 살고 있다면 그 주변을 벗어나서 출연할 만한 곳을 찾아보는 게 좋다.

나는 초반에 솔트레이크시티 지역 방송국의 〈유타의 명물Good Thins Utah〉에 출연하면서 수입이 많이 늘었다. 그래서 집에서 비행기로 두 시간 거리 내에 있는 다른 방송국도 도전해보기로 했다. 그 결과 거대한 시장이 눈앞에 펼쳐졌다. 솔직히 수백만 달러를 버는 사업가가 되고자 한다면 두어 시간 비행기를 타는 게 그리 큰 희생은 아니다. 그리고 TV 출연이 얼마나 돈이 되는지 경험하고 나면 두말없이 비행기에 오를 것이다.

TV에 출연하기까지는 시간이 오래 걸린다. 나는 처음에 작업을 시작할 때, CIA에서 작전에 들어가 잠재 자산을 식별하는 데만 몇 달씩 소요했던 경험을 떠올리곤 했다. 시간이 흘러도 별다른 진전이 없다면 첩보 요원은 접근 방식을 다시 점검할 것이다. 이 지역을 물색하는 게 맞을까? 제대로 된 단서를 따라가고 있는 걸까? 마찬가지로, 인내심 있게 과정을 진행하되 이메일에 전혀 답이 오지 않는다면 접근 방식을 재점검하라. 메일 제목을 바꾸거나 필살기를 수정할 수도 있다. 이메일을 다시 작성하거나 다른 방송국의 문을 두드려보자.

접촉해야 할 프로듀서를 정한다

당신의 콘텐츠를 홍보하고 싶은 방송국 목록을 작성한 다음에는 프로그램 출연자를 섭외하는 프로듀서의 연락처를 알아내야 한다. 이때 돈을 투자할 생각이 있는지 스스로 판단해야 한다. 돈을 쓰지 않아도 가능하지만 돈을 투자하지 않으면 시간이 오래 걸릴 수 있다. 먼저 각 방송사 홈페이지에서 해당 코너 프로듀서나 섭외 프로듀서(같은 개념이다)의 연락처를 확인하라. 가끔 info@newstation.com 같은 대표 이메일 주소만 나오기도 한다. 그러면 그 주소로 홍보 메일을 보내고 기다려야 한다.

여기에 쓸 예산이 있다면, 시전Cision이나 먹 랙Muck Rack 등에서 제공하는 미디어 업계 연락처 정보를 구독해도 된다(각자 사는 나라에도 비슷한 서비스들이 분명 있을 것이다. 이건 내가 사는 곳 기준이다). 구독료는 1년에 수백 달러에서 수천 달러 수준이다. 이런 서비스를 이용하면 미디어 업계의 최신 연락처 수백 개를 받아볼 수 있다. 프로그램 프로듀서나 잡지 편집자, 신문 편집자 등 원하는 분야 어디든 접근 가능하다.

어떤 방법을 선택했든 프로듀서 목록과 이메일 연락처를 손에 넣었다고 하자. 그렇다고 무턱대고 이메일을 보내면 안 된다. 갑자기 이메일을 보내서 출연시켜달라고 할 수는 없다. 완벽한 설득용 메일을 제작해야 하기 때문이다.

실제로 읽어볼 만한 제안 메일을 쓴다

상대가 실제로 읽어볼 만한 메일을 쓰는 건 생각보다 그리 어렵지 않다. 간단하게 생각하자. 좋은 구성으로 세심하게 다듬어진, 개인적으로 호소하는 글이 읽히기 마련이다. 그럼 읽지 않을 이메일은 무엇일까? '담당자님께', '관계자 여러분께' 같은 포괄적인 말로 시작하는 이메일이다. 핵심을 밝히지 않는 장황하고 긴 이메일 역시 마찬가지다. 그리고 당신의 기술과 신용을 곧바로 홍보하는 게 중요하다. 프로듀서들은 매일 셀 수 없이 많은 이메일을 받는다는 사실을 잊으면 안 된다. 지역 방송사의 뉴스 프로그램 프로듀서들도 출연하겠다는 사람들로부터 매일 엄청난 이메일을 받는다. 나는 이런 메일을 작성할 때마다 다음 원칙을 따른다. 그리고 수많은 답장을 받았다.

제안 메일을 쓸 때 지켜야 할 원칙

원칙 1: 강렬한 제목을 짓는다

제목이 유혹적이면 프로듀서는 이메일을 열어볼 것이다. 감사하게도 이제 나는 메일 제목에 '〈뉴욕타임스〉 베스트셀러 작가'라고 쓸 수 있다. 하지만 책을 쓰기 전에는 다음과 같은 제목으로 효과를 봤다. 곧바로 핵심을 제시하면서 시급하다는 느낌을 주고, 무엇보다 프로듀서가 봤을 때 어떤 것을 하겠다는 건지 금방 파악할 수 있는 제목들이다.

- '전직 CIA 요원이 밝히는 납치 시 첩보 요원의 생존 비법'
- '전직 CIA 요원이 밝히는 핼러윈맞이 자녀보호 비법 3가지'
- '단 이틀, 전직 CIA 요원이 찾아갑니다'
- '템피 주민을 위한 전직 CIA 요원의 가정 방어 비결'

원칙 2: 각 프로그램에 맞춰 내용을 조정한다

제일 중요하다. 해당 프로그램에 맞춘 말로 메일을 시작해야 한다. 가령 이런 식이다. "톰, 저는 〈굿모닝 위스콘신〉 애청자예요. 최근에 제작한 제물낚시 프로그램은 정말 잘 보고 있어요."

원칙 3: 요점을 언급한다

이메일은 짧은 편이 좋다. 이 사람이 뭘 원하는 건지 애써 찾게 만들지 마라. 상대가 왜 메일을 보냈는지 금방 파악이 안 되면 그 메일은 휴지통으로 직행하기 마련이다. 당신이 얼마나 훌륭한 사람이고 왜 TV에 출연해야 하는지 5페이지에 걸쳐 설명하면 프로듀서는 절대로 읽지 않을 것이다.

"이렇게 메일을 보내는 이유는, 최근 주거 침입이 증가했고 제가 전직 CIA 요원으로서 주택 보유자들을 보호할 수 있는 간단한 방법 4가지를 알고 있기 때문입니다."

원칙 4: 절대 파일을 첨부하지 않는다

프로듀서는 첨부 파일을 열어보지 않는다. 일거리가 늘어나기 때문이다. 메일을 읽다 말고 휴지통에 버릴 확률이 높다. 당신과 콘텐츠에 관한 중요한 정보는 메일 본문에 표시해야 한다.

원칙 5: 실적 관련 링크를 삽입한다

당신에 관한 기사나 예전에 TV에 출연한 자료가 있다면 링크를 첨부해도 좋다. 메일 본문에도 내용을 언급해야 한다.

원칙 6: 마감 시한을 설정한다

메일에 마감 시한을 표시해서 긴박감을 부여하고 상대가 연락하고 싶게 만든다. 가볍게 압박하는 것뿐이므로 무례하게 굴어선 안 된다. 마감 시한은 "저는 그때 가능합니다" "다음 주에 그쪽에 갑니다" 정도면 충분하다. "날 섭외하고 싶으면 24시간 이내에 연락하세요"라고 강하게 나갔다간 절대로 TV에 출연할 수 없다.

첩보 요원 팁

'메일 제목 분할 테스트'를 시행해라

강렬한 제목 2가지를 작성한다. 주소록에 1,000명의 메일 주소가 있다면 A 제목을 500명에게 보내고 B 제목은 나머지 절반에게 보낸다(참고로 이건 TV 콘텐츠를 홍보하는 게 아니라 제품이나 서비스를 홍보하는 메일이다. 이를 잊지 말고 제목을 작성해야 한다). 메일을 보내고 나서 어느 제목이 더 회신을 많이 받았는지 확인한다. 어느 제목이 클릭률이 높고 더 많이 판매로 이어졌는지도 체크해야 한다. 가장 많은 반응을 끌어낸 제목이 우승자가 된다. 내 이메일 주소록에는 지금 19만 명이 있고, 제품 홍보 메일을 보낼 때마다 항상 메일 제목을 분할한다.

효과가 있었던 메일 샘플

프로듀서에게 보내는 이메일은 당신을 가장 잘 표현해야 한다. 왜 TV에 출연해야 하는지, 왜 시청자들이 당신의 필살기를 봐야 하는지 분명히 녹아 있어야 한다. 결국 어떤 이메일이 탄생하는지 보여주기 위해 내가 썼던 메일을 소개한다.

> **메일 제목: 〈뉴욕 타임스〉 베스트셀러를 쓴 전직 CIA 요원**
>
> 안녕하세요 줄리,
>
> 저는 제이슨 핸슨이라고 합니다.
>
> 예전에 CIA 요원으로 근무했고 <뉴욕 타임스> 베스트셀러 《목숨을 건질 수 있는 스파이 비밀》을 썼습니다.
>
> 9월 4일에서 6일 사이에 덴버로 출장을 갈 계획인데, 방송국에서 10킬로미터 정도 떨어진 곳입니다.
>
> 저는 납치당해서 접착테이프로 결박당했을 때 탈출하는 법을 사람들에게 가르칩니다(전 세계에서 납치범들이 가장 많이 사용하는 게 접착테이프예요).
>
> 사람들이 무척 관심 있어 하는 콘텐츠인데, 담당하시는 프로그램 진행자들이나 시청자들도 재미있고 유용하다고 생각할 겁니다.
>
> 그리고 CIA 은신처에서 사용하는 방법을 활용해서 사람들은 잘

모르는 가정 방어 요령도 알려드릴 수 있습니다(안타깝게도 작년 에만 덴버에 5만 3,400건이 넘는 주거 침입이 발생했다고 합니다).

제 약력은 여기서 확인하실 수 있습니다.

https://spyescapeandevasion.com/jason-hanson-biography/

예전에 출연했던 TV 자료입니다.

https://spyescapeandevasion.com/press/

질문 있으시면 언제든 연락해주십시오. 혹시 프로그램 일정과 맞는다면 9월 5일이나 6월 오전에 출연 가능합니다.

읽어주셔서 고맙습니다.

제이슨 핸슨

[이메일 주소]

[휴대폰 번호]

첩보 요원 팁

조금 더 밀어붙이기

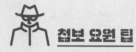

모든 원칙을 신중하게 적용했다면 며칠 안에 회신을 받을 가능성이 높다. 회신이 안 온다면 조금 더 밀어붙일 수 있다. 후속 이메일을 보내서 시급한 느낌을 더해주기만 하면 된다. 내가 긴박감을 더하고 싶을 때는 아래와 같은 표현을 추가해 내 존재를 상기시킨다.

안녕하세요 줄리,

놓치지 말고 꼭 읽어주셨으면 좋겠어요.

제이슨 핸슨입니다. 예전에 CIA 요원으로 근무했고 <뉴욕 타임스> 베스트셀러《목숨을 건질 수 있는 스파이 비밀》을 썼어요.

긴박한 느낌을 더해주는 표현 사례

- '학교 안전 전략으로 아이들의 목숨을 구할 수 있습니다.'
- '이 지역에서 노상강도가 지난달 대비 2배로 늘었어요.'
- '인구 중 50퍼센트가 허리케인 시즌을 대비하지 않는다고 합니다.'

TV 첫 출연에 대박을 터뜨리고 다음 출연을 요청받는 법

축하한다. 당신은 지역 방송국 프로그램에 처음 출연하기로 했다. 제대로 진행한다면 이번 출연으로 인생의 새로운 장이 열리고 끝없는 수익을 창출할지도 모른다. 이런 말이 도움이 될지 모르겠지만 나는 〈유타의 명물〉로 처음 TV에 출연할 때 사실 좀 긴장했다. 무엇인가 새로운 일을 할 때마다 최대한 미리 조사하는 편이지만, 이런 일을 먼저 겪어본 사람이 조언해줬으면 더 좋았을 것 같다. 프로듀서들은 자기 일을 편하게 해주는 사람을 좋아한다. 그리고 자기 프로그램에 출연할 만한 믿음직하고 진실하고 재미있는 사람들을 항상 예비로 마련해둔다. 나는 안전과 생존에 관한 주제라면 항상 프로듀서들이 찾는 출연자가 되고 싶었다.

앞으로 당신의 여정을 편하게 해주고 싶어서, 지금껏 관찰했던 바람직한 TV 출연자의 특징을 정리했다. TV에 처음 출연할 때 다음 원칙을 꼼꼼히 적용하면 얼마든지 잘해낼 테고, 재출연 요청도 받을 수 있을 것이다.

역할에 맞게 차려입는다

나는 TV에 출연할 때 항상 검은 양복에 넥타이를 맨다. 사람들은 전직 첩보 요원이라고 하면 그런 이미지를 기대하는 듯하다. 청바지에 티셔츠를 입고 나가면 편하겠지만, 그러면 신뢰가 가지 않을 것이다. 모두 정장을 차려입으라는 뜻이 아니다. 당신의 전문 분야가 좀 더 재미있고 간단한 옷이 어울린다면 얼마든지 그렇게 입어도 좋다. 당신이 바라는 전문가 이미지에 차림새를 맞추기만 하면 된다.

일찍 도착한다

TV에 출연하기로 약속한 시각에 늦게 도착하면 끔찍한 사태가 벌어진다. 촬영 일정은 완벽하게 계획되어 있고, 당신이 늦게 나타나면 곧바로 프로듀서의 스케줄이 엉망이 된다. 그러면 다시는 그를 볼 일이 없을 것이다. 전국 방송에서는 일정을 극도로 중시하기 때문에 출연자가 길을 잃지 않게 미리 자동차까지 보낼 때도 있다. 그 장소에 익숙하지 않다면 사전에 지리를 익혀라. 비행기를 타고 가야 한다면 되도록 전날에 도착해야 한다. 다시는 스튜디오에 발도 못 붙이는 일이 발생하지 않게 시간을 넉넉히 배분하자.

소품을 여러 번 확인한다

코너를 진행하는 데 필요한 소품이 스튜디오에 있으리라고 생각하면 안 된다. 모든 건 직접 챙기고 여분도 가져가라. 배터리가 필요한 물건이라면 꼭 여분 배터리를 챙겨야 한다. 나는 항상 지나칠 정도로 준비하는 습관이 있다. 출연에 필요한 것들을 철저히 준비하면 매끄럽게 진행할 수 있다. 필요한 게 다 있다는 생각만큼 안정을 가져다주는 것은 없다.

연예인을 보고 흥분하지 않는다

계속 미디어에 얼굴을 비추고 전국 TV에 출연하기 시작하면 출연자 대기실에서 유명 연예인을 만나기도 한다. 그럴 때는 그냥 인사 정도만 하고 할 일에 집중하자. 평소에 좋아하던 뮤지션이라고 해도 마찬가지다. 극성팬처럼 달라붙어서 귀찮게 하는 건 금물이다. 그들이 당신과 얘기하고 싶다면 본인이 직접 말할 것이다.

언젠가 출연자 대기실에 있는데 어떤 출연자가 계속 연예인에게 말을 걸었다. 프로듀서가 들어오자 연예인은 그 출연자를 가리키며 자기한테 접근하지 않게 해달라고 말했다. 프로듀서는 특급 연예인을 프로그램에 출연시키고 싶어 한다. 그런 연예인을 귀찮게 만드는 출연자라면 다시는 출연해달라고 하지 않을 것이다.

친한 친구와 대화한다고 생각한다

당신을 촬영할 차례가 되면 담당자가 안내해준다. 그리고 카메라맨이 카운트다운을 시작한다. 촬영이 시작되면 진행자가 카메라를 바라보면서 원고 내용을 모니터에 띄워주는 텔레프롬프터teleprompter를 읽어 당신을 소개할 것이다. 이때 당신도 카메라를 똑바로 보면서 미소를 지어야 한다. 소개가 끝나고 진행자가 당신을 쳐다보면, 당신이 직접 정보를 시청자와 공유하라는 신호다. 이때는 카메라가 아니라 진행자를 보고 얘기한다. 친한 친구 두 사람이 대화하는 거나 다름없다. 카메라가 있다는 것도 잊어버려라. 연습했던 대로 코너를 진행하면 된다. 당신의 순서가 끝나면 진행자는 다시 카메라를 보면서 당신의 책이나 제품, 서비스들을 언급하고 다음 코너로 넘어간다.

차례가 끝나면 곧바로 나간다

당신의 촬영분이 끝나면 누군가 와서 마이크를 제거해준다. 그리고 지금까지 함께 일했던 프로듀서가 나가는 곳을 알려줄 것이다. 이 과정은 아주 빠르고 사무적으로 진행된다. 그 사람들이 당신과 함께 앉아서 얘기를 나눌 거라고 기대하지 마라. TV 프로그램 촬영은 진행 속도가 아주 빠르며(체계적인 아수라장이다) 곧 다음 코너로 넘어간다.

콘텐츠 확장하기

모든 것이 매끄럽게 진행되고 연습한 보람이 있었기를 바란다. 당신이 제시간에 나타났고 전문가답게 행동했으며 콘텐츠를 잘 전달했으면 또 출연 요청을 받을 확률이 높다. 마치고 돌아가는 길에 함께 일했던 프로듀서를 만난다면, 나는 출연시켜줘서 고맙다며 다른 아이디어가 몇 개 있는데 훌륭한 프로그램이 될 것 같다고 말할 것이다. 당신이 말을 꺼내기도 전에 상대가 먼저 물어볼 때도 많다.

자기 평가

나는 항상 발전하고 싶다. 그래서 TV에 출연한 뒤 녹화본을 받아 모니터링한다. 언젠가 출연 영상을 살펴보는데 내가 다리를 벌리고 앉은 모습이 눈에 띄었다. 정말 끔찍한 광경이었다. 그래서 앞으로는 두 번 다시 그렇게 앉지 않는다. 영상을 보면서 말하는 속도와 목소리, 단어에도 유의한다. 출연 영상을 직접 볼 기회가 있으면 다음 내용에 주의하자.

- 출연 콘셉트에 맞는 옷을 입었는가?
- 발음이 분명하고 목소리 크기도 적당한가?
- 다음번에는 피해야 할 연결어를 사용했는가? 예를 들어 말하는 중간에 "음…"이라고 했는가?
- 자세는 어땠는가?
- 말의 속도를 개선할 수 있는가? 너무 빠르거나 느리게 말하지는 않았는가?
- 시연이 매끄럽게 진행됐는가? 시청자가 감탄할 만큼 놀라웠는가?
- 소품이 적절하고 잘 보였는가?

후속 조치로 부가가치 창출

이상적으로는 프로듀서가 연락해서 다른 콘텐츠가 있는지 묻는 게 가장 좋다. 그렇지 않다면 며칠 이내로 후속 이메일을 보내야 한다. 어느 쪽이든 여러 가지 아이디어를 제시하는 게 중요하다. 다양한 선택지를 제시해서 당신이 무엇을 할 수 있는지 알려주자. 여러 아이디어를 보내야 하는 이유는, 전국 TV 프로그램에서 당신을 선택했다면 한 번으로 그치기보다는 여러 코너를 촬영하고 싶어 할 가능성이 높기 때문이다. 모두에게 좋은 일이다. 다음에 소개하는 이메일은 내가 보낸 후속 메일이다. 덕분에 그 프로그램에 여러 번 출연할 수 있었다.

[받는 이 이름]

방송에 출연하게 되어 영광입니다. 프로그램에 적합한 아이디어가 몇 가지 더 있습니다. 혹시 더 필요한 게 있으면 연락해주세요. 감사합니다.

1. 즉석 무기: 비행기처럼 무기를 지니고 갈 수 없는 곳이 많습니다. 하지만 소다 캔이나 양말은 가능해요. 위험하다는 생각이 들면 양말에 소다 캔을 넣으면 됩니다. 그걸로 사람을 치면 심각한

상해를 입힐 수 있어요. 일단 양말에 소다 캔을 넣는다는 자체가 재미있을 거예요. [진행자 이름]가 그걸로 무엇인가 후려치게 해봅시다(나 말고요). 나무로 된 탁자는 어떨까요? 캔이 엄청난 소리를 낼 겁니다.

2. 뒤에서 머리카락을 휘어잡는 사람 제압하기: 주차장에서 여성을 뒤쫓는 범죄자들이 이런 짓을 많이 합니다. 여성이 머리채를 잡혔을 때 벗어나는 방법을 시연할 수 있습니다.

3. 지팡이를 무기로 쓰기: 나이가 들면 지팡이에 의지하는 경우가 많습니다. 지팡이는 어디든 가져갈 수 있어요. 지팡이를 이용한 간단한 호신술을 몇 가지 소개할게요. 예를 들어 도망갈 틈을 벌려면 어디를 쳐야 하는지 말이죠.

4. 헤드록에 걸렸을 때 벗어나기: 범죄자가 헤드록을 걸고 계속 때리려고 할 때 벗어나는 간단한 방법이 있습니다.

5. 누군가 당신을 바닥에 눕히고 몸에 올라탔을 때: 자세가 좀 괴상하긴 하겠지만 그만큼 우스꽝스러워서 시청자들이 좋아할 겁니다. [진행자 이름]과 제가 레슬링 자세를 취한다고 해봅시다. [진행자]가 바닥에 눕고 제가 위에서 공격할 때, 저한테서 어떻게

벗어날 수 있는지 알려드릴게요.

제이슨

보다시피 프로듀서가 고를 수 있게 여러 가지 아이디어를 보냈다. 한 가지만 보내면 안 된다. 프로듀서가 최대한 쉽게 마음에 드는 아이디어를 골라 당신을 다시 초대하게 만들어야 한다. 프로그램에 출연할 때마다 주머니에 돈이 들어온다는 사실을 잊지 말자.

감사의 글

저를 가르쳤던 이 세상 최고의 첩보 요원들과 비즈니스맨들에게 진심으로 감사드립니다(특히 살다가 위태로운 상황에 부닥치면 벗어나는 지혜를 알려주셨죠. '말로 벗어나거나, 두 다리로 벗어날 수 있다. 아니면 있는 그대로 위험을 감수할 수밖에').

많은 사람이 도와주지 않았다면 이 책이 나올 수 없었을 겁니다. 편집자 매슈 다도나, 온 힘을 다해 성실하게 노력해줘서 고맙습니다. 그리고 이 책이 빛을 볼 수 있게 해준 데이 스트리트 출판사의 모든 직원에게도 감사한 마음을 전합니다. 린 그레이디, 캐리 손턴, 켄드라 뉴턴, 앨리슨 힌치클리프, 켈리 루돌프, 벤저민 스타인버그, 데이비드 파머, 니아메키 왈리야, 안드레아 몰리터, 멜라니 베더, 수엣 총, 레나타 데 올리베이라 그리고 플로이 시리판트 모두 고맙습니다. 내 에이전트 커스틴 노이하우스와 꿈을 실현하게 도와준 폴라 발처에게도 고맙다는 말을 전합니다. 그리고 사랑하는 아내 어맨다, 당신이 없었다면 아무것도 할 수 없었을 겁니다.

마지막으로 국가를 위해 지칠 줄 모르고 일하는 훌륭한 CIA 직원들에게 진심을 담아 감사하다고 말하고 싶습니다.